国家自然科学基金青年项目(反倾销引致贸易政策不确定性的影响研究,编号:71803079)

中国特色经济学·研究系列

倾销的模式、因与影响研究

Patterns, Determinants and Effects of Antidumping

孟宁 著

南京大学出版社

《中国特色经济学·研究系列》丛书编委会

目　录

第一章　反倾销的历史与发展趋势

第一节　反倾销的历史回顾

"倾销"是指企业以低于正常价值的价格在国外市场销售的行为，因其扰乱市场价格，影响目标市场中的其他企业，造成不正当竞争，而被认为是对公平贸易的破坏。因此，在20世纪早期，加拿大、澳大利亚、美国、日本、新西兰、法国和英国等几个发达国家，为了保护本国企业，先后通过立法以制止倾销行为。其中加拿大在1904年首先开始实施反倾销法，通过对外国企业在本国市场的倾销行为征税进行制裁。

早在1947年的关贸总协定(GATT)第六条，就允许缔约国以反倾销和反补贴的贸易政策保护本国产业。然而，GATT早期主要集中在如何减少传统形式的贸易保护，而对缔约国国内的反倾销立法没有约束力，并且对反倾销的程序和规则也没有明确的规定。直到东京回合(1973—1979)达成《反倾销守则》，才做出了第一个有关反倾销规则的重大改变，对实质性损害的标准进行了规定，允许倾销是造成损害的原因之一，而不再要求必须是造成损害的主要原因，增加了"价格承诺"的结案方式，并确定了倾销包括"低于成本的销售"。乌拉圭回合(1986—1994)则重新拟定GATT第六条，签署了《关于实施1994年GATT第六条的协议》，做出了最具实质性的变更，从一般指导原则到具体规则，详细阐述了世贸组织(WTO)成员国应当如何采取反倾销措施。根据GATT/WTO协议，采取反倾销措施必须满足两个标准：一是倾销行为的确存在，即进口商品价格低于正常价值；二是倾销行为对国内相关产业造成了实质性损害、实质性损害威胁或实质性阻碍。

追溯到最初的反倾销法，对低于商品正常价值的判断是根据相同产品在出口商本国市场中的价格,与剔除运输、汇率转换等成本后的进口价格的比较,即出厂价格的比较。20 世纪 70 年代后的另一种做法是针对低于成本的销售,即结构价格的确定(生产成本+管理、销售和其他费用+利润),这种方法要求调查机关必须确定出口国已经卖出足够数量的价格低于平均总成本的商品,为此调查机关会询问出口商的交易价格、成本等详细信息。然而,对外国出口商而言,并没有必要配合调查机关的要求,因为一旦调查机关发现了低于成本的销售行为,就不需要再继续寻找任何价格歧视的证据,并直接设计使得出口价格高于成本加利润的反倾销税,而这个计算所得的成本往往会超过企业的平均总成本。第三种做法是,当出口国的国内市场因太小而不具代表性时,调查机关还可以通过对第三国市场中相同产品的价格进行比较以做出判断,这种方法意味着出口商会因在目标市场和第三国市场制定不同的价格而被征收反倾销税。这三种做法的前提假设是出口国为市场经济国家,WTO 反倾销协议允许进口国对非市场经济国家出口产品的正常价值进行自由裁决。

第二个标准要求调查机关检查市场份额和进口渗透率的变化,以及国内产业的绩效指标,包括相关行业的产出、就业、工资、投资和破产等指数的评估。尽管 WTO 越来越强调倾销与损害之间的因果关系,然而对因果关系的确认在大多数情况下仍然非常困难。根据乌拉圭回合的规则,对倾销和损害的调查都必须有初步裁决和最终裁决,如果对倾销和损害两方面的最终裁决都是肯定的,才可以对进口商品施加反倾销措施,包括征收反倾销税或者限制出口价格(价格承诺)等。

如果出口商在调查过程中做出修改价格或停止以倾销价格继续出口的自愿承诺,并且调查机关认为这样足以消除倾销带来的损害,那么调查程序就可以中止或终止,不会采取临时反倾销措施或征收反倾销税。然而,多数国家会在倾销的初步裁决结果为肯定时,就采取临时反倾销措施,对出口商征收反倾销税,并一直持续到最终裁决,如果最终裁决结果为否定再对其进行返还。理论上,反倾销税只有在有害倾销行为持续存在的情况下才应该继续实施,最终反倾销税应在五年内终止。因此,乌拉圭回合规定了强制性的日落审查程序,根据这一规定,进口国必须每五年进行一次日落复审,对已经实施了五年的反倾销税是否有必要继续进行审查。

WTO 允许各国在反倾销调查中通过抽样确定倾销幅度,因此许多国家通过计算单个外国企业的最高倾销责任作为被调查商品的倾销幅度,并对其他出口目标产品的企业按照加权平均倾销幅度征收反倾销税,反倾销税的数额按规定不得超过倾销幅度。尽管 WTO 规定了关于反倾销应用的总体规则,但各国仍有充分自由对规则进行具体解释。在整个调查过程中,有数百个小的决定会严重影响最终的裁决结果,这也解释了为何 WTO 受理的贸易争端案件中许多都是关于反倾销的,这其中机构的自由裁量权就是争端产生的根源。

在过去几十年中,随着各国关税的不断削减(如图 1.1),全球范围内的贸易阻碍逐渐减少,贸易自由化的进程不断推进;然而与此同时,各类非关税贸易壁垒也越来越多地受到了各国的重视。自 1995 年 WTO 成立以来,在多边贸易制度框架下,WTO 限制或禁止的关税、配额等贸易保护措施已经越来越少,而其在一定程度上允许的反倾销、反补贴和保障措施等引起的贸易摩擦不断增加(尹翔硕、李春顶和孙磊,2007),特别是反倾销的使用越来越多,使得 21 世纪以来反倾销已经成为国际贸易壁垒的主导形式(Prusa, 2001; Zanardi, 2006; Bown, 2011)。反倾销所产生的一系列影响也受到越来越多的关注,反倾销的贸易限制效应甚至从调查阶段开始就已经对进出口产生巨大影响(Staiger & Wolak, 1994; Prusa, 2001),而反倾销税的实施甚至使目标国特定产品出口平均下降 50%～60%(Prusa, 2001; Bown & Crowley, 2007; Carter & Gunning-Trant, 2010)。

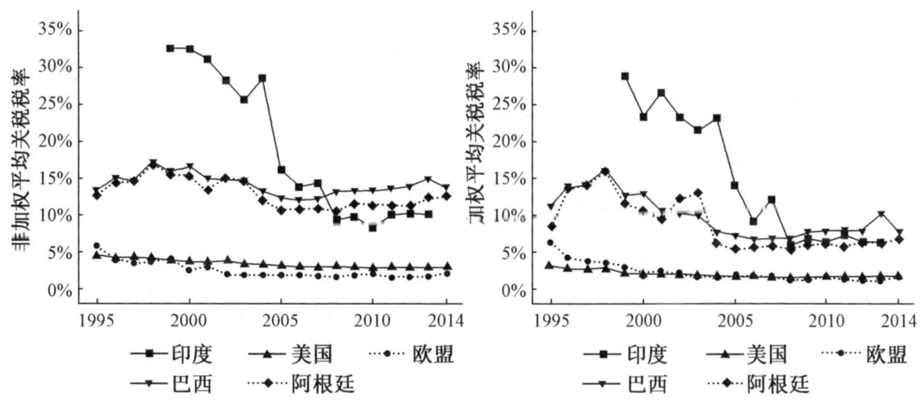

图 1.1　1995—2014 年发起反倾销最多的五国关税变动

注:数据来源于世界银行的世界发展指标数据库(World Development Indicators)。

第二节　全球反倾销的趋势

自加拿大首先就反倾销立法之后的半个世纪，反倾销法都只存在于少数几个发达国家。在此之后，反倾销主要有两波重要的扩散，20 世纪 50 至 70 年代，先后约 30 个国家实施了反倾销法；20 世纪 90 年代至 21 世纪初，又有约 80 个国家立法制裁倾销。至此，反倾销的发展趋势从最初以发达国家等传统反倾销使用者(澳大利亚、加拿大、美国和欧盟等)为主，到后来越来越多的发展中国家加入使用反倾销的行列，成为新兴反倾销使用者(阿根廷、巴西、土耳其、印度和中国等)。尤其在乌拉圭回合之后，新兴使用国发起的反倾销占全球反倾销总量的近一半，有些年份甚至高达 70%以上。并且多数由发展中国家发起的反倾销调查同样针对其他发展中国家，即存在"南南"贸易保护主义的现象(Bown, 2013)。

从反倾销的变化趋势来看，反倾销调查与反倾销措施数量总体上呈正相关关系(如图 1.2 所示)。随着反倾销的扩散，1995 至 2002 年，反倾销调查和反倾销措施数量均翻倍增长，之后又减少至 1995 年的水平。而在 2008 年全球金融危机之后，反倾销调查和反倾销措施数量又呈现逐步增长的趋势。然而，反倾销调查或措施的数量并不是衡量反倾销影响范围的准确方式(Bown, 2011)。有些反倾销调查可能针对某一种特定产品，另一些则可能同时涉及多种产品。因此，Bown(2011)提出，可以通过计算反倾销涉及的 HS 产品类别所占的比例来衡量反倾销的影响范围，另外还可以进一步通过贸易额加权的方式计算反倾销涉案产品的贸易加权占比，从而更加准确地测算反倾销的影响幅度。

表 1.1 展示了反倾销最终措施的发起国(地区)和目标国(地区)的数量及比例分布情况。由表中数据可知，1995—2013 年期间，反倾销发起数量最多的 10 个国家(地区)占全球反倾销措施总数的 75%，并且除了美国、欧盟、加拿大以外，其他主要反倾销发起国均为新兴经济体，其中印度为反倾销措施使用最多的国家。结合反倾销涉案产品占比和贸易加权占比，并不是反倾销立案数量越多的国家，其反倾销的覆盖范围就越大，例如土耳其的案例数量为 154，但其反倾销产品占比高达 6.9%，与排

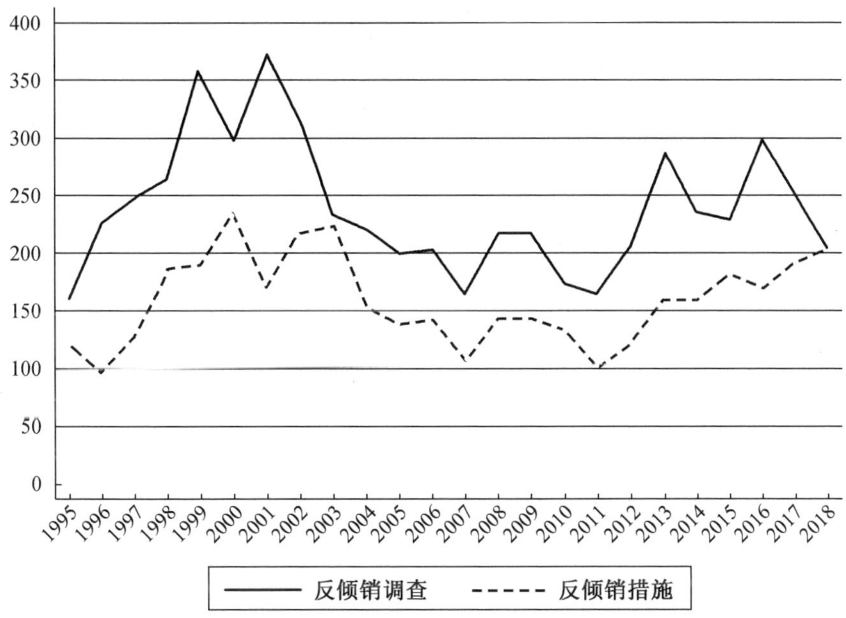

图 1.2　1995—2018 年全球反倾销调查和反倾销措施数量变化趋势

注:数据来源于 WTO 网站数据库 http://www.wto.org/。

首位的印度相当,而土耳其反倾销的贸易加权占比又只有 2.6%。此外,遭受反倾销最多的 10 个目标国(地区)以亚洲国家(地区)为主,其中中国是遭受反倾销最多的国家。而中国、美国、印度和巴西既是反倾销的主要发起国,也是反倾销的主要目标国。

反倾销的发起国(地区)与目标国(地区)的国别分布情况如表 1.2 所示。发起反倾销最多的 10 个进口国(地区)中有 6 个以中国大陆,1 个以中国台湾作为第一目标,并且这些进口国(地区)针对中国的反倾销覆盖率也非常高,以印度为例,其对中国的反倾销涉案产品出口额占中国大陆出口到印度总额的 23%,换言之,中国出口到印度 1/4 的商品销售额遭受到印度对华反倾销的影响。这一比例在巴西、土耳其和阿根廷均高达 10%以上。

表 1.1 反倾销措施的发起国(地区)与目标国(地区)数量分布

	反倾销发起国(地区)			反倾销目标国(地区)	
	案例数	HS 产品占比	贸易加权占比		案例数
印度	519	6.9%	5.8%	中国	719
美国	323	5.8%	3.9%	韩国	201
欧盟	297	3.1%	1.7%	中国(台湾地区)	162
阿根廷	219	3.3%	2.5%	美国	150
巴西	165	1.9%	1.7%	日本	126
中国	164	1.4%	3.2%	泰国	121
土耳其	154	6.9%	2.6%	印度尼西亚	110
南非	131	0.6%	0.3%	俄罗斯	105
加拿大	113	1.1%	0.7%	印度	103
澳大利亚	108	0.7%	0.4%	巴西	86

注:表中为 1995—2013 年的统计数据。数据来源于 Blonigen & Prusa(2016)。

表 1.2 反倾销的发起国(地区)与目标国(地区)的空间分布

进口国(地区)	出口国(地区)	反倾销案例数	反倾销覆盖率(%)
印度	中国	132	23.2
美国	中国	97	9.1
欧盟	中国	85	7.3
阿根廷	中国	68	10.9
土耳其	中国	60	15.7
巴西	中国	50	18.8
印度	欧盟	41	—
印度	中国(台湾地区)	41	—
印度	韩国	39	7.2
阿根廷	巴西	37	—

注:表中为 1995—2013 年的统计数据。数据来源于 Blonigen & Prusa(2016)。反倾销覆盖率是指反倾销所涉及的产品出口额占目标国(地区)对进口国(地区)总出口额的比重。

反倾销所涉及的行业相对集中，表 1.3 报告了全球反倾销案例占比前 10 位的行业，以及这些行业的反倾销案例的起诉国在主要发达国家和发展中国家的分布。根据统计，全球反倾销涉案最多的行业主要是贱金属及其制品(31%)，化学品及相关工业产品(20%)以及塑料、橡胶及其制品(13%)等，这三个行业共占全球反倾销案例总数的 64%。发达国家与发展中国家所针对的主要行业大体相似但略有不同，发达国家反倾销目标行业占比最高的是贱金属及其制品(48%)，而发展中国家反倾销目标行业占比最高的则是化学品及相关工业产品(29%)。如果不仅仅考虑反倾销案例数量，而是关注反倾销涉案产品比例的话，不同国家的目标产品会存在较大差异。根据 Bown & Crowley(2016)的统计，墨西哥针对约 70%的进口纺织品进行反倾销保护，而其他国家的这一比例基本都在 15%甚至 5%以下。另外，以钢铁行业为例，美国、欧盟和印度都有 15%～20%的钢铁行业 HS 产品处于反倾销保护之下，而其他国家则不存在这一现象。

表 1.3　反倾销措施的产品分布

行业	世界		主要发达国家		主要发展中国家	
	案例数	占比(%)	案例数	占比(%)	案例数	占比(%)
贱金属及其制品	1 809	31	873	48	431	17
化学品或相关工业产品	1 164	20	241	13	723	29
塑料、橡胶及其制品	772	13	176	10	444	18
机械设备及其零件、附件	453	8	122	7	226	9
纺织原料及纺织制品	409	7	69	4	229	9
纸、纸板原料及其制品	283	5	66	4	90	4
石料及其制品;陶瓷、玻璃	243	4	47	3	122	5
木材和木制品	110	2	38	2	36	1
杂项制品	105	2	26	1	42	2
矿产品	94	2	25	1	29	1

注：表中为 1995—2018 年的统计数据，数据来源于 WTO 网站数据库 http://www.wto.org/。主要发达国家包括美国、欧盟、加拿大和澳大利亚，主要发展中国家包括印度、阿根廷、巴西、土耳其、南非和中国。

第三节 对华反倾销的特点

近年来,中国对外贸易迅速增长,商品贸易出口总额由 1990 年的 621 亿美元上升到 2015 年的 2.27 万亿美元,增长了近 37 倍。由于中国出口增长对国外市场造成的压力以及中国的非市场经济地位等原因,中国面临的贸易摩擦越来越频繁,涉案金额也越来越大。1995—2014 年,中国共遭受了 1052 起反倾销调查,占同期全球反倾销调查案件总数的 22%,中国已经连续 20 多年成为遭受反倾销调查最多的经济体。特别是进入 21 世纪以来,随着新兴经济体加入反倾销频繁使用国阵营,各国针对中国的反倾销案例数一直在增加。

如图 1.3 所示,从 1995 年到 2014 年,针对中国反倾销案例数平均占比 23%,且总体呈上升趋势,在 2008 年经济危机后的比例甚至高达 36%。根据商务部对中国遭受贸易救济调查的数据统计,在全球金融危机的影响下各国采取贸易保护措施的

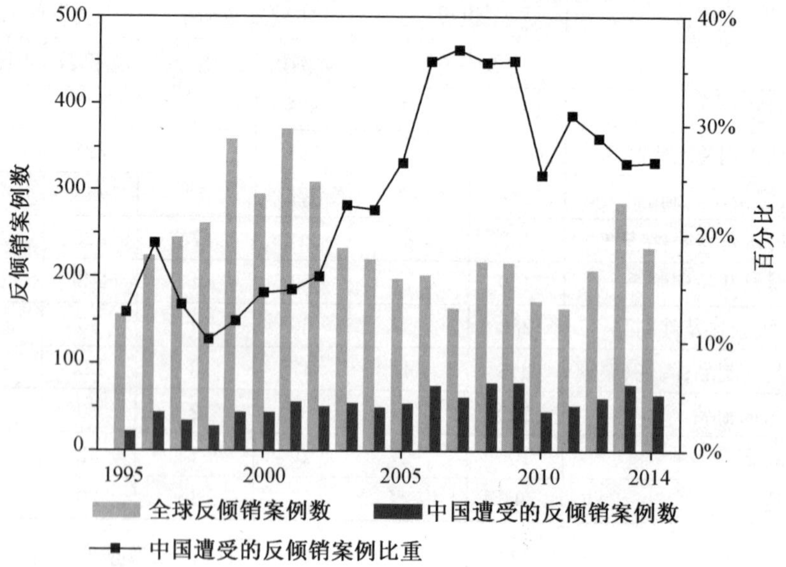

图 1.3 1995—2014 年全球及针对中国的反倾销案例数

注:数据来源于世界银行的全球反倾销据库(Global Antidumping Database)。

频率明显提高,涉案金额也更大,2009—2012 年的平均涉案金额高达 133 亿美元,占总出口额的比重为 0.79%。

根据图 1.4 所示的各国反倾销分布可知,印度、美国和欧盟是对华反倾销的主要发起国,占对华反倾销案例总数的 40%以上,同时,巴西、阿根廷、土耳其等新兴经济体逐渐成为对华反倾销的主体。总体来看,占全球反倾销案例总数 90%的 20 个国家均将中国作为主要目标国,其中土耳其对华反倾销案例数更是占到其案例总数的 42%。而且,中国在各国的反倾销最终裁决中得到肯定性裁决的比例也明显高于其他国家,被裁定的反倾销税额也更高,其中美国对中国征收的反倾销税率接近平均水平的两倍(Bown, 2010)。

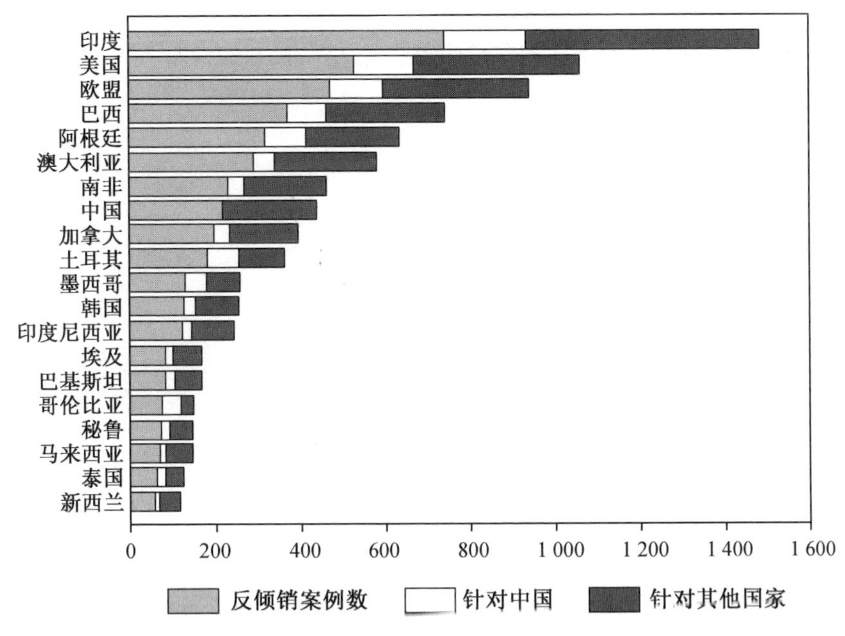

图 1.4　1995—2014 年各国反倾销案例数分布

注:数据来源于世界银行的全球反倾销据库(Global Antidumping Database)。

过去几十年中,我国的对外贸易商品结构经历了不同的发展阶段:从最早期以初级产品[①]为主(1980 年其在贸易总额所占比重为 50.3%)到近年来以工业制成品[②]为主(如图 1.5 上图);然后,工业制成品出口的构成又由劳动密集型制成品为主到后来转变为资本密集型制成品(化学制品、钢铁、机械与运输设备)为主,特别是高技术产品的比重不断上升(如图 1.5 下图)。以机械与运输设备为例,在 2011 年,其出口额在工业制成品出口总额中所占比重为 50.2%,同时在商品贸易出口总额的比重也高达 47.5%。同时,资本密集型制成品的出口额已逐渐超过进口额,说明我国与发达国家之间的贸易已从产业间贸易逐步转向产业内贸易。在此背景下,中国出口竞争压力增大,与进口国贸易摩擦更加频繁。

与此相对应地,对华反倾销同样存在行业集中的特点,仅钢铁及其制品的反倾销案例就占到对华反倾销总数的 23.85%,再加上化学品(9.36%)和塑料及其制品(8.46%),三个行业的案例共占对华反倾销案例总数的 41.67%。

① 初级产品包括食品及主要供食用的活动物、饮料及烟类、非食用原料、矿物燃料、润滑油及有关原料、动植物油脂及蜡。

② 工业制成品包括化学品及有关产品、轻纺产品、橡胶制品、矿冶产品及其制品、机械与运输设备、杂项制品及未分类的其他商品。

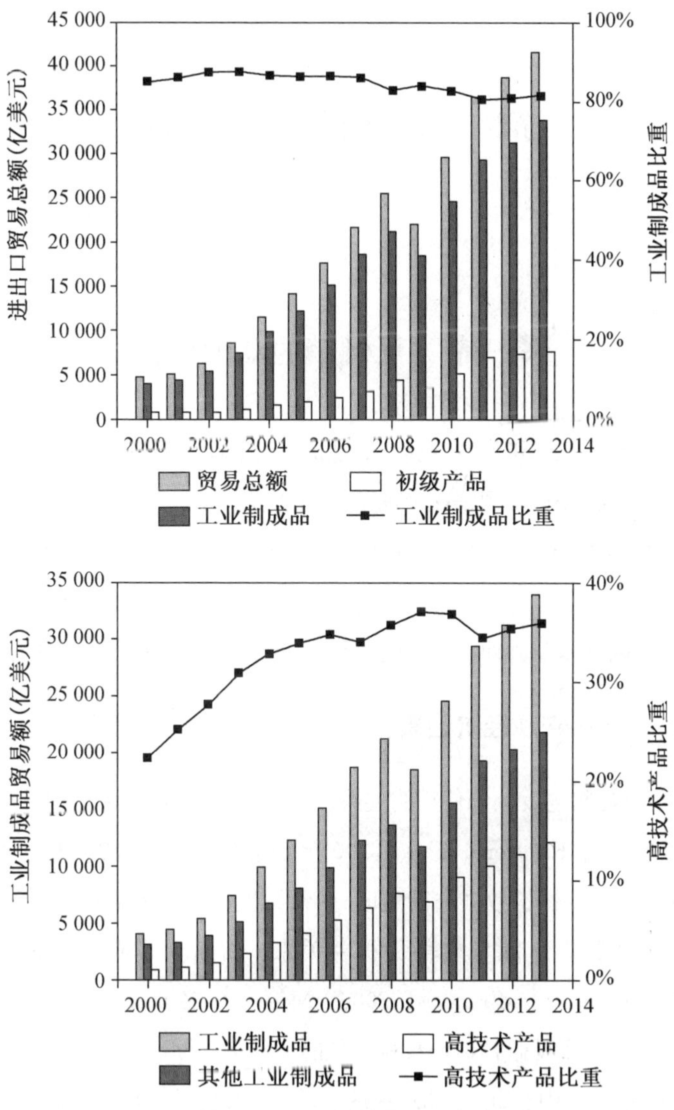

图 1.5　2000—2013 年中国进出口贸易额构成

注:数据来源于《中国统计年鉴》各期。

第二章　相关理论回顾

第一节　反倾销的动因分析

随着20世纪八九十年代各国反倾销法的订立，加之WTO成立后允许成员国通过反倾销进行贸易救济，反倾销在全球范围内逐步扩散。研究者开始关注各国反倾销的使用规律，其中Prusa(1996,2001)、Zanardi(2006)和Bown(2010,2011)等人分别从不同角度分析评估了全球反倾销扩散现象及其成因。本节将从宏观经济因素出发，结合策略性因素以及其他因素，对反倾销动因的相关研究进行梳理总结。

一、反倾销发起的宏观经济因素

进口国经济形势与反倾销使用的关系已被大量研究证实，经济增长放缓会引起更多的反倾销诉讼。Knetter & Prusa(2003)利用美国、欧盟、加拿大、澳大利亚等在1980—1998年间的反倾销数据进行实证分析，发现反倾销发起国的实际GDP增长率与反倾销案件数量之间呈显著负相关关系。后续大量研究(Feinberg, 2005; Blonigen, 2006; Niels & Francois, 2006; Moore & Zanardi, 2009; Bao & Qiu, 2011)也进一步证实了反倾销诉讼数量增长的逆经济周期现象。

实际汇率对反倾销使用的影响却并没有得到一致结论。Feinberg(2005)研究发现美元贬值会导致美国反倾销诉讼增加，而Francois & Niels(2004)及Vandenbussche & Zanardi(2008)则发现汇率对反倾销没有显著影响，但大多数研究认为进口国本币升值时发起反倾销的可能性更大(Feinberg, 2005; Irwin, 2005; Blonigen, 2006; Mah & Kim, 2006; Niels & Francois, 2006)。

对于进口渗透度对反倾销的影响，Blonigen & Bown(2003)、Irwin(2005)、Blonigen(2006)和Mah & Kim(2006)等都认为进口渗透度提高会增加进口国竞争压力，从而引起更多反倾销诉讼。但Leidy(1997)的研究则发现进口渗透度对反倾销并没有显著影响。

有关宏观经济因素的另一个重要方面是对贸易自由化与反倾销关系的探讨。Finger & Nogués(2006)分析拉丁美洲贸易自由化过程中的反倾销和保护措施时发现，临时性贸易壁垒是关税的有效替代品，甚至其保护性更强。Feinberg & Reynolds(2006)也认为各国关税减让是反倾销诉讼增加的重要原因。Bown & Tovar(2011)发现印度关税改革导致反倾销诉讼可能性提高。Moore & Zanardi(2011)在控制其他重要影响因素的情况下，仍然得到类似结论。

此外，Bown & Crowley(2013a)在研究经济危机前后宏观经济波动对贸易保护政策的影响时，基于Bagwell & Staiger(1990，2003)的理论模型分析认为，临时性贸易壁垒会在进口国及其主要进口来源国经济低迷时有所提高，故其在实证检验中加入了贸易伙伴国的经济增长变量，并得到与理论预期一致的结论。另外，Bown & Crowley(2013b)针对新兴经济体的研究发现，外国经济增长对反倾销的影响与发达国家一致，即外国经济增长放缓也会带来进口国反倾销使用的增加。

二、反倾销发起的策略性因素及其他因素

Prusa & Skeath(2002，2005)在考虑经济因素的同时，还研究了策略性因素对反倾销发起的影响。他们分析发现，进口国的反倾销诉讼会考虑出口国的贸易保护反应，即反倾销报复，包括“以牙还牙”的针对性报复和反倾销“俱乐部”，同时还发现在策略性动机上传统反倾销使用国与新兴使用国存在较大差异，新兴使用国的反倾销俱乐部效应更为明显，而传统使用国的针对性报复效应更为显著。Blonigen & Bown(2003)也认为，策略性考量特别是进口国对目标国的出口份额会影响进口国的反倾销行为，同时发现美国针对WTO成员的反倾销会因为成员国可以采用WTO争端解决机制进行报复而减少。Aggarwal(2004)和Feinberg & Reynolds(2006)则发现报复性因素与反倾销诉讼存在显著正相关关系。

除了报复性因素，策略性因素还包括反倾销的传播机制或扩散途径，即传染性因素(Bao & Qiu, 2011)。Bown & Crowley(2006)在研究美国对日本反倾销时，提出所谓的“贸易偏移效应”，即由于美国的贸易保护措施导致日本贸易量转移到第三国，从而引起第三国加强贸易保护措施。Feinberg & Reynolds(2006)扩大样本范围，在同时考虑了报复性因素和偏移效应后发现，偏移效应对反倾销的新兴使用国和传统使用国都有重要影响，而报复性因素主要存在于新兴使用国。Moore & Zanardi(2011)也发现了基于贸易偏移效应的反倾销案例增长。就传染性因素而言，Bao & Qiu(2011)在比较研究中美反倾销行为时，还进一步区分了“偏移效应”和“回声效应”，发现中国和美国反倾销均存在明显的“回声效应”，即当第三国对目标国进行攻击时中美也更倾向于发起反倾销。

除了上述宏观经济因素和策略性因素，部分研究还涉及反倾销发起的其他影响因素。20世纪90年代以来，自由贸易协定(FTA)的扩散引起了学术界的广泛关注，其中包括FTA与反倾销的关系问题。相关研究集中于探讨FTA对反倾销的两方面效应：一是FTA的参与导致进口增长，从而加强贸易保护、增加反倾销；二是FTA的增加有助于成员国之间实现自由贸易，从而减少反倾销。Ahn & Shin(2011)研究发现，无论进口国是否因为FTA而进口量增长，FTA都有利于减少反倾销的使用。而Prusa & Teh(2010)则发现FTA本身是否对反倾销有特殊规定，对反倾销使用模式的影响会有所不同，FTA会减少成员国之间的反倾销，增加针对非成员国的反倾销，但二者的净效应非常小。另外值得注意的是，2008年以来，经济危机的发生对贸易保护政策的影响也受到了广泛关注。理论上，经济衰退时贸易保护主义抬头，但是Bown & Crowley(2013a, 2013b)的研究表明，无论是发达国家还是处于发展中的新兴经济体，经济危机对反倾销的影响并没有达到理论预测的严重程度，甚至有些国家在经济危机发生后反倾销有所减少。

大部分文献最初集中于对欧美发达国家反倾销的关注，也有部分文献针对全球范围内的反倾销进行研究(Prusa, 2001; Feinberg & Reynolds, 2006; 鲍晓华, 2012)。但随着新兴经济体逐渐成为反倾销发起的主体和主要目标，越来越多的研究开始关注发展中国家的反倾销模式(Moore & Zanardi, 2009; Bown & Tovar, 2011;

Zeng, 2011)。此外,Aggarwal(2004)对发达国家和发展中国家的反倾销决定因素进行了对比,而 Bao & Qiu(2011)则就中美反倾销的报复性问题进行了讨论。

目前国内文献针对反倾销动因的研究多集中于分析中国遭遇反倾销的原因,例如王孝松和谢申祥(2009)对中国遭遇反倾销的原因进行了跨国跨行业的综合分析,重点考察了宏观经济因素、进口国特征以及中国的报复能力等因素的影响。其他文献则分别就特定国家对华反倾销的动因进行了研究,其中包括美国(谢建国,2006;沈国兵,2007;李坤望和王孝松,2008)、金砖国家(梁俊伟和代中强,2016)以及其他发展中国家(冉宗荣,2005;梁俊伟和代中强,2015)对华反倾销的动因分析,所考察因素同样集中于宏观经济因素和报复性因素。还有部分文献关注对华反倾销的特定因素分析,例如是否存在歧视(鲍晓华,2011)、区域贸易协定的影响(张燕和谢建国,2011)以及企业异质性因素(谢申祥、王俊力和高丽,2016)。然而,有关中国对外反倾销动因的研究则相对较少,杜鹏和张瑶(2011)重点研究了宏观经济因素如何影响中国对外反倾销行为,但忽略了对策略性因素的考察;叶建亮和刘则(2014)重点分析了行业异质性特征,却没有综合考虑宏观因素的影响。

第二节 反倾销的经济影响

反倾销的经济影响是指反倾销(包括调查、初裁和终裁等阶段)对相关国家贸易、经济和社会福利的影响,主要包括宏观经济影响和微观经济影响。宏观经济影响主要是指包括贸易限制效应(trade destruction effect)、贸易抑制效应(trade depression effect)、贸易转移效应(trade diversion effect)和贸易偏移效应(trade deflection effect)等对贸易流量产生的影响。如图 2.1 所示,A 国对 B 国发起反倾销,导致 B 国企业向 A 国市场的出口减少(贸易限制效应)。因此 B 国企业会将原本出口到 A 国的商品转向国内市场和其他外国市场销售,从而向第三国 C 的出口增加(贸易偏移效应)。与此同时,C 国企业会趁机占领 B 国企业在 A 国的市场份额,从而向 A 国的出口增加(贸易转移效应),但也会因 B 国企业转向 B 国国内市场而导致 C 国企业向 B 国的出口减少(贸易抑制效应)。

除了反倾销对贸易流量的宏观经济影响,越来越多的研究开始关注反倾销对相关进口国和出口国企业的生产、出口和定价等各方面企业行为产生的微观影响。本节将从对外反倾销和遭受反倾销的角度,分别从宏观经济层面和微观经济层面梳理反倾销对进口国和出口国的影响。

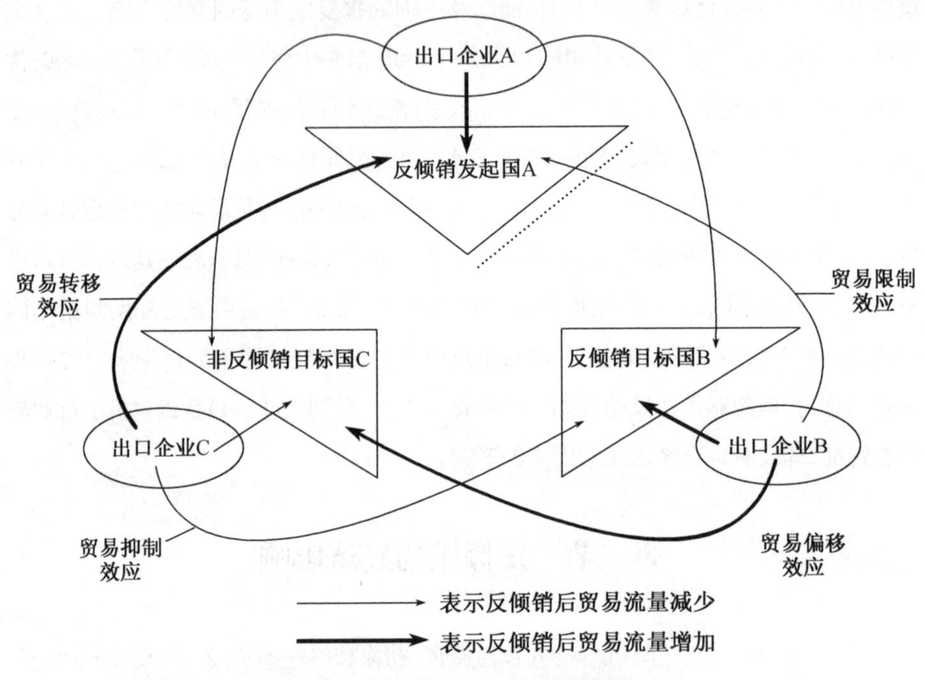

图 2.1 反倾销影响下的贸易流量变化

注:来源于 Bown& Crowley(2007)。

一、反倾销对宏观经济的影响

对于宏观经济层面,反倾销对贸易的影响直接体现在进口国减少进口,也就是反倾销的贸易限制效应。Krupp & Skeath(2002)、Bown & Crowley(2007)和 Carter & Gunning-Trant(2010)等发现,美国反倾销税的征收会造成目标产品的进口减少,且减少幅度高达 50%～60%。另外,Ganguli(2008)和 Konings, Vandenbussche & Springael(2001)分别以印度和欧盟为研究样本,也发现了类似效应。Ethier &

Fischer(1987)、Reitzes(1993)和 Prusa(1994)等认为反倾销对贸易的限制作用是通过反倾销调查的威胁作用产生的。Staiger & Wolak(1994)分析美国 1980—1985 年的反倾销数据发现,大约一半的反倾销在调查阶段就开始对贸易产生影响,反倾销相关行业的进口额平均降低了 17%。Prusa(2001)发现,无论最终是否征收反倾销税,反倾销调查都对进口起到巨大的限制作用。

反倾销对贸易的影响,还包括其他方面的效应。Prusa(2001)和 Krupp & Skeath(2002)在分析美国对外反倾销的数据时发现,美国反倾销使得其从目标国的进口下降、从非目标国的进口上升,即存在贸易转移效应。Konings, Vandenbussche & Springael(2001)和 Khatibi(2009)等对欧盟反倾销的研究也证实了贸易转移效应的存在,但贸易转移效应的影响并不足以抵消贸易限制效应。而 Durling & Prusa (2006)、Malhotra, Rus & Kassam(2008)和 Malhotra & Rus(2009)分别对全球热轧钢板、美国农产品以及加拿大各类产品的反倾销分析发现,贸易转移效应并不显著或者不存在长期效果。Bown & Crowley(2006,2007)分析发现,反倾销及保护措施的实施会改变世界范围内的贸易流向,美国的贸易保护使得日本向第三国的出口有两方面的效应:一是美国对日本征收反倾销税使得日本相同产品向第三国的出口上升了 5%~7%,即贸易偏移效应;二是美国对第三国征收反倾销税使得日本相同产品向第三国的出口下降了 5%~19%,即贸易抑制效应。

早期文献通过统计分析发现,中国对外反倾销存在贸易限制效应(宾建成,2003;鲍晓华,2004),近年来,计量分析研究同样证实了该效应(鲍晓华,2007;刘秋平,2011;苏振东和严敏,2011)。中国对丙烯酸酯的反倾销(沈瑶和王继柯,2004)和对冷轧薄板的反倾销(张倩、杨庆运和徐卫章,2011)都导致从非目标国产品进口增加,从而证实了存在贸易转移效应;赵文涛(2006)则发现只有肯定性裁决才会产生贸易转移效应。李淑贞(2013)从产品进口倾向性的角度发现,反倾销对高进口倾向产品的贸易限制效应比低进口倾向的产品低。王晓磊和沈瑶(2014)以基础化工产品为例,发现对外反倾销的实施具有进口限制效应,并会促使相关产品提高进口价格,从而起到贸易保护作用,但贸易转移效应的存在会削弱反倾销的保护效应。

针对外国对华反倾销的影响效应,研究者一是通过描述性统计分析证实了国外反倾销对中国出口的贸易限制效应(王世军,2003;陈汉林,2008;沈国兵,2008;李秀芳,2009;王静仪,2014)和贸易偏移效应(胡麦秀和严明义,2005;陈汉林,2008;刘重力和邵敏,2009;王静仪,2014),但关于贸易转移效应的研究结论却不一致,李秀芳(2009)利用美国对华化工产品反倾销的数据发现存在贸易转移效应,而王静仪(2014)基于欧盟对华光伏产品反倾销的案例分析则认为不存在贸易转移效应。二是采用计量分析方法和更微观的数据进一步分析反倾销的贸易效应,然而得到的结论不尽相同。向洪金(2008)以美国对华纺织产品的反倾销为例,证实了反倾销的贸易限制效应和贸易转移效应;冯宗宪和向洪金(2010)分析欧盟对华纺织品反倾销的贸易效应时,发现既存在贸易转移也存在贸易偏移,并且贸易效应的大小会因不同产品和反倾销的不同阶段而不同;沈国兵(2011)研究发现美国对华反倾销在多重诉讼时贸易限制效应更大,而单一起诉会造成贸易转移效应;杨仕辉和谢雨池(2011)基于多国对华反倾销的角度分析了各行业贸易限制效应的差异,发现只有部分行业存在贸易限制效应,而其他行业并不存在;杨仕辉、许乐生和邓莹莹(2012)发现印度对华反倾销调查的前两年贸易限制效应较强而之后这种效应会逐渐减弱;谢建国和黄秋月(2014)发现美国对华反倾销的贸易限制效应具有短期特征,而转移效应具有持续性;王孝松、翟光宇和林发勤(2015)通过在引力模型中加入反倾销,并通过中国行业数据分析证实了贸易限制效应,且其具有显著的行业差异。

二、反倾销对微观经济的影响

反倾销在微观经济层面的影响,首先体现在对本国企业的贸易保护效应。早期研究指出,实施反倾销后本国企业会从中受益(Hartigan, Kamma & Perry, 1989; Blonigen & Park, 2004),例如 Marsh(1998)发现在反倾销后美国受保护企业的收益实现了大幅增长。然而,后来也有研究者发现,对外反倾销会导致下游产品的生产成本提高,从而削弱了企业竞争力(Hoekman & Leidy, 1992; Bierwagen & Hailbronner, 1988),且未受反倾销影响国家的相同产品涌入本国市场,即贸易转移效应,也会导致反倾销的正面效应降低(Prusa, 2001)。此外,正面收益还会随着外国企业在进口国当地投资建厂生产而降低(Belderbos & Sleuwaegen, 1998; Haaland & Wooton,

1998; Belderbos, Vandenbussche & Veugelers, 2004)。Besedeš & Prusa(2013)通过研究反倾销不同阶段外国企业在本国市场的进入退出差异性发现,反倾销会导致外国目标企业退出进口国市场,且该效应在反倾销终裁阶段最小,而在起诉和初裁阶段比较大。从进口国的角度来讲,由于反倾销限制了进口,如果反倾销使得效率较高的外国出口企业退出市场,而效率较低的本国企业得以生存,则进口国会承担额外的经济成本(Pierce, 2011)。

还有一些文献从企业层面分别就反倾销对本国企业的生产率、市场势力(market power)和进出口等方面进行了研究。首先,对于企业生产率,Konings & Vandenbussche(2008)研究发现,受保护企业的平均生产率确实有所提高,但是低效率企业因为贸易保护作用而带来的生产率提升却难以弥补高生产率企业受反倾销影响引起的效率损失。Pierce(2011)进一步区分了征收反倾销税对美国制造业企业的收益生产率(revenue productivity)和实际生产率(physical productivity)的差异性影响,尽管反倾销税有利于促进企业收益生产率的提升,但该效应因为价格和成本加成的提高而被高估,在剔除二者的影响后,企业实际生产率是下降的。

其次,关于企业市场势力,Nieberding(1999)的研究证实美国反倾销税对其受保护企业市场势力的提升具有促进作用,而 Blonigen, Liebman & Wilson(2007)却发现,关税、反倾销和反补贴等贸易保护措施对美国钢铁行业市场势力的影响并不显著。同样针对美国的研究,Pierce(2011)发现企业成本加成会随保护率的提高而上升,但反倾销税对企业成本加成的平均效应不显著;Rovegno(2013)发现,1995 年乌拉圭回合以前反倾销或反补贴税对行业成本加成具有显著的正向影响,但 1995 年以后该影响不再显著,并认为日落复审对反倾销持续时间和长期效应的限制是这一变化的原因。此外,Konings & Vandenbussche(2005)的研究发现欧盟反倾销对受保护企业的成本加成具有显著的正向影响。

再次,针对本国企业进出口受对外反倾销影响的研究较少。通过引入企业异质性,Konings & Vandenbussche(2013)探讨了反倾销对受保护企业出口的影响,其结果表明,反倾销保护会提高原非出口企业的国内销售,使受保护企业的密切相关产品出口减少;与非受保护企业相比,反倾销会提高原出口企业退出出口市场的可能性;

反倾销会使出口企业生产率下降，使非出口企业生产率上升。近年来，部分研究开始进一步关注贸易保护对企业中间投入品的进出口影响（Konings & Vandenbussche, 2013; Vandenbussche & Viegelahn, 2014）。Vandenbussche & Viegelahn（2014）基于印度企业—产品层面的微观数据研究发现，由于贸易保护的影响，企业会将中间投入品进口转向不受反倾销影响的产品，特别是规模较大的企业和多产品企业，受影响的中间投入品进口平均下降了 25%～40%；而反倾销对企业进口中间投入品的影响会进一步影响企业最终产品的出口，企业出口销售额会偏向由不受反倾销影响的中间投入品所生产的最终产品。

还有部分研究探讨了反倾销对本国企业投资、技术和研发等方面的影响。Miyagiwa & Ohno（1995）发现，在长期关税或者临时性关税的影响下，贸易保护会加快企业采纳新技术的速度。Gao & Miyagiwa（2005）在研究反倾销对研发行为的影响时发现，双边反倾销措施有利于研发投入的提高，但是其模型假设反倾销税是内生的并与倾销幅度相关。Miyagiwa, Song & Vandenbussche（2016）假定反倾销税外生时却得到了不同结论：反倾销多发生于发展中国家和发达国家之间，并且主要是研发密集度高的行业，反倾销会促进发达国家的研发，但不利于发展中国家的创新。Pierce（2013）主要从企业资本密集度和技术密集度的变化情况研究了反倾销税对美国企业内部结构调整的影响，与非受保护企业相比，受保护企业的资本密集度会提高，但只有反倾销税实施一段时间之后才会产生影响，而反倾销保护对技术密集度并没有稳定的影响。

与上述反倾销对进口国企业的影响相比，反倾销对出口国微观层面的研究的关注点却不尽相同。Brambilla, Porto & Tarozzi（2012）以 2002—2004 年美国对越南鲶鱼业进行反倾销为例，分析了反倾销税对出口商的影响，并发现农户收入增长率会显著下降。Chandra & Long（2013）研究美国反倾销税给中国目标企业生产率带来的影响，发现美国反倾销税导致中国目标企业的劳动生产率下降了 20%，而对行业层面的影响虽然为负，但其效应要小得多。Li & Whalley（2015）研究了各国对华反倾销措施对中国行业生产率的影响，发现进口国反倾销税会提高出口国企业和行业的技术效率，但会降低规模效率，总体上对技术进步和全要素生产率具有正向影响。

发达国家对华反倾销一年后会通过提升技术效率而提高行业全要素生产率，但总利润所受影响为负，单位资本利润所受影响先负后正。

反倾销对出口国企业的影响还体现在出口决策、产品范围以及定价等方面。Lu，Tao & Zhang(2013)运用2000—2006年中国海关数据探讨了中国出口企业对美国反倾销调查的异质性反应，结果发现美国反倾销对中国出口企业的扩展边际和集约边际都有负向影响，并且减少的出口企业是生产率较低的、直接出口的单产品企业。Lu，Tao & Zhang(2018)探究了美国反倾销对中国出口企业产品范围的影响，发现美国反倾销会使中国出口企业缩减产品范围，并且产品结构会更集中于某些产品，但对总出口额没有显著影响；企业减少了未受反倾销影响行业的产品，而增加了受反倾销影响行业中下游的产品。关于出口企业的定价行为，Blonigen & Park (2004)的理论研究认为，出口价格在一定程度上取决于外国企业对反倾销制裁实施可能性的事前信念。Blonigen & Haynes(2002)采用加拿大出口到美国的钢铁产品的价格数据发现，60%的反倾销税实现转嫁从而使得出口离岸价下降。Rovegno (2011)基于韩国产品和企业层面数据研究发现，反倾销税的实施会促使产品单位价值和企业成本加成提高，反倾销税对企业价格调整的影响主要是通过降低出口产品价格而非出口企业内销价格实现。另外，Prusa(1996)和Ganguli(2008)分别对美国和印度进行描述性统计分析发现，反倾销实施后产品到岸价提高，但其并没有运用计量方法对此进行验证。

国内研究中，从企业层面探讨对外反倾销对中国企业影响的文献还比较少。杨艳红和李小平(2012)运用比较分析法探讨了中国对外反倾销对企业市场势力的影响，发现其对企业的国际市场势力没有显著影响，而对国内市场势力具有明显的积极影响。苏振东、刘璐瑶和洪玉娟(2012)研究发现，反倾销调查当年对受保护企业绩效没有显著影响，而肯定性裁决会降低企业绩效，否定性裁决会提升企业绩效。苏振东和邵莹(2013)以化工产品“双酚A”的中国对外反倾销为例，分析发现中国对外反倾销措施提高了企业劳动生产率、企业成本、利润率和资产负债率，其中对劳动生产率的促进作用最为明显。谢申祥和王孝松(2013)采用异质产品的Bertrand双寡头模型分析发现，产品差异度较小时，受反倾销保护的企业会减少研发投入、提高产品价格，而遭受反倾销的外国企业会增加研发投入、降低产品价格。刘爱东、谭园奕和李小霞(2016)利用上市公司数据的研究发现，化工行业对外反倾销会显著提升受保护企业的全要素生产率。陈清萍和鲍晓华(2016)则发现对外反倾销对进口竞争企业起到了保护作用，但却会对下游企业产生损害。

至于遭受反倾销对中国企业的影响，大多数研究都集中于美国对华反倾销的探讨，主要体现在企业绩效(陈阵和孙若瀛，2013；蒋为和孙浦阳，2016)、生产率(奚俊芳和陈波，2014)和出口二元边际(王孝松、施炳展和谢申祥等，2014；蒋为和孙浦阳，2016)的影响。其中，陈阵和孙若瀛(2013)发现美国对华"双反"政策对企业绩效具有显著的负向影响，而奚俊芳和陈波(2014)却发现反倾销对企业全要素生产率具有显著提升作用。王孝松、施炳展和谢申祥等(2014)发现反倾销显著抑制了出口增长的内涵边际和外延边际，蒋为和孙浦阳(2016)也发现在反倾销制裁实施后中国企业对美出口显著下降，且企业绩效和融资状况也遭受反倾销的负面冲击。另外，黄新飞、李锐和黄文锋(2017)基于贸易伙伴对第三国反倾销影响，并在出口二元边际的基础上考虑价格边际的增长，发现出口扩展边际会有所增长而数量边际和价格边际的增长则会受到阻碍。

除此之外，还有一些研究从其他方面探讨了美国对华反倾销的微观影响。林常青(2014)利用1990—2006年中国对美国的出口数据，研究了美国反倾销对中国出口持续时间的影响，结果发现，反倾销在不同阶段都会导致出口持续时间缩短，但初次制裁的影响效应大于终裁；高反倾销税的效应大而时间短，低反倾销税的影响小但时间长。林常青(2016)同样针对美国对华反倾销的研究表明，反倾销显著提高了中国企业对美出口的风险率。唐宜红和张鹏杨(2016)研究发现反倾销对出口价格在短期内有提升作用。谢建国和章素珍(2017)发现美国反倾销调查对中国出口产品质量具有负面影响。

上述针对美国对华反倾销的影响研究，大多基于工业企业数据或贸易数据，还有部分文献利用上市公司数据对企业绩效进行研究。巫强、姚志敏和马野青(2014)通过事件研究法发现，美国反倾销立案调查对中国企业平均累积异常收益率的总体影响为负，而且其会扩散到同行业其他上市公司。基于企业异质性，巫强、马野青和姚志敏(2015)进一步分析反倾销对不同企业的影响发现,规模越大、业绩越好、股权集中度越高的上市公司抵御美国反倾销立案调查的能力越强,而劳动密集度越高的上市公司受到的负面冲击越大。

最后,分别从进口国和出口国角度对反倾销微观影响的相关研究进行归纳总结,如表 2.1 和表 2.2 所示。

表 2.1　反倾销对进口国企业微观影响的文献汇总

研究对象	研究样本	参考文献	影响方向
生产率	欧盟:1993—2003 年	Konings & Vandenbussche(2008)	低效率企业:正向 高效率企业:负向
	美国:1987,1992,1997 年	Pierce(2011)	收益生产率:正向 实际生产率:负向
	中国化工产品"双酚 A":2006—2008 年	苏振东和邵莹(2013)	劳动生产率:正向
	中国化工行业:2012—2014 年	刘爱东、谭园奕和李小霞(2016)	全要素生产率:正向
市场势力	欧盟:1992—2000 年	Konings & Vandenbussche(2005)	正向
	美国钢铁行业:1980—2006 年	Blonigen, Liebman & Wilson(2007)	不显著
	美国:1987,1992,1997 年	Pierce(2011)	正向
	美国:1958—2005 年	Rovegno(2013)	1995 年前:正向 1995 年后:不显著
进出口	欧盟:1995—2005 年	Konings & Vandenbussche(2013)	出口:负向
	印度:1992—2007 年	Vandenbussche & Viegelahn(2016)	中间品进口:负向 最终品出口:负向

表 2.2 反倾销对出口国企业微观影响的文献汇总

研究对象	研究样本	文献	影响方向
生产率	美国对中国:2000—2006 年	Chandra & Long(2013)	负向
	各国对中国:1997—2007 年	Li & Whalley(2015)	正向
	美国对中国:2002—2009 年	奚俊芳和陈波(2014)	正向
绩效	美国对中国:1999—2009 年	陈阵和孙若瀛(2013)	负向
	美国对中国:2000—2010 年	蒋为和孙浦阳(2016)	负向
	欧盟对中国:2012—2013 年	Crowley, Meng & Song(2019)	负向
出口二元边际	美国对中国:2000—2006 年	Lu, Tao & Zhang(2013)	负向
	各国对中国:1996—2010 年	王孝松、施炳展和谢申祥等(2014)	负向
	美国对中国:2000—2010 年	蒋为和孙浦阳(2016)	负向
	各国对中国:2000—2009 年	Crowley, Meng & Song(2018)	负向
定价	美国对加拿大:1989—1995 年	Blonigen & Haynes(2002)	负向
	各国对韩国:2004—2006 年	Rovegno(2011)	正向
	各国对中国:2009 年	唐宜红和张鹏杨(2016)	正向
产品范围	美国对中国:2000—2006 年	Lu, Tao & Zhang(2018)	负向
产品质量	美国对中国:1995—2014 年	谢建国和章素珍(2017)	负向
	各国对中国:2000—2014 年	Meng, Milner & Song(2020)	正向
出口技术复杂度	各国对中国:1996—2010 年	杨连星、张秀敏和王孝松(2017)	负向

第三节 异质性企业贸易理论

随着经济全球化的深入和国际分工的发展,国际贸易格局逐渐呈现以企业为核心的新态势。自 20 世纪 80 年代末 90 年代初以来,企业层面微观数据可利用性的加强对国际贸易研究产生了重要影响,大量的经验研究结论对传统的国际贸易理论提出了挑战。Dunne, Roberts & Samuelson(1989)发现三分之一左右的美国制造业企业都存在每五年进入或退出的现象，而退出者的平均规模小于在位者和进入者，即存在优胜劣汰的选择效应。Bernard & Jensen(1999)同样利用美国企业数据研究企业出口行为时发现，同一行业中，出口企业的规模更大、生产率更高、资本和技术更密集，且支付的工资比非出口企业要高。Bernard & Wagner(2001)在以德国企业为样本时也发现，由于存在出口沉没成本，生产率较高的企业才会选择出口。总之，出口企业的生产率高于非出口企业(Bernard & Jensen, 2004a、2004b; Eaton, Kortum & Kramarz, 2004)，但出口对于企业生产率的作用却并不明显(Clerides, Lach & Tybout, 1998; Bernard & Jensen, 1999)。

此后，国际贸易理论越来越强调企业层面的异质性，并以此解释企业层面新的贸易和投资现象，逐渐形成了以企业异质性、不完全竞争和规模报酬递增为特征的新新贸易理论(New-New Trade Theory)，其中包括：以 Melitz(2003)为代表的异质性企业贸易(Heterogeneous-Firms Trade)理论，主要解释了企业对出口行为的选择；而以 Antràs(2003)为代表的企业内生边界理论(Boundary Theory of the Firm)，主要解释了企业对全球生产组织方式的选择。总体而言，这两种理论研究了影响企业以出口或直接投资方式进入海外市场的决定因素。本节主要基于 Melitz(2003)的异质性企业贸易理论探讨企业的出口决策行为，并就异质性企业贸易理论展开评述。

一、异质性企业贸易相关理论研究

Melitz(2003)在 Krugman(1980)的产业贸易模型中引入企业异质性，建立了垄断竞争分析框架(Dixit & Stiglitz, 1977)下的动态行业模型，同时引入生产率差异用于解释国际贸易中企业的差异和出口决策行为。理论分析结果表明，由于进入市场存在固定成本，只有生产率较高的企业会选择出口。贸易自由化通过两方面的效应使得行业平均生产率提高：一是自选择效应，即企业间存在生产率或边际成本的差异，生产率最低(边际成本最高)的企业在竞争中退出市场，而生产率最高(边际成本最低)的企业则进入出口市场；二是资源再分配效应，由于生产率最低的企业被迫退出市场，贸易中的出口市场份额转而向生产率较高的企业集中，使得资源流向高生产率企业。具体而言，贸易自由化使得市场扩张，出口企业的回报增加，生产规模扩大，从而带来行业内的劳动力需求增加，引起要素价格上涨，生产率最低的企业被迫退出市场，进而劳动力要素和产出流入生产率较高的企业，使得出口市场的行业平均生产率提高。

Baldwin(2010)基于 Melitz(2003)模型对企业类型、贸易量、价格以及生产率的效应进行分析，探讨了贸易开放度扩大的影响，证实不同类型企业的生产率存在差异性，并发现贸易自由化具有再分配效应，且其对生产率较高的企业更为有利，这与根据 Stolper-Samuelson 效应得出的结论相似。Yeaple(2005)在一般均衡框架下探讨了同质企业选择异质性技术的机制，模型分析结果表明，与非出口企业相比，均衡状态下的竞争性技术、贸易成本和异质性员工可获得性的交互作用使得出口企业规模更大，选择的技术更高级，且生产率也更高。

随后，部分文献进一步引入企业技术选择，从而将企业生产率的决定内生化。Yeaple(2005)模型虽然引入了技术选择，但因其基本假定是同质企业，故不将其归入此类(李春顶，2010)。Bustos(2011)在 Melitz(2003)模型基础上结合 Yeaple(2005)的内生技术选择过程发现，由于企业生产率的差异和技术采纳的成本不同，企业会选择不同水平的技术；而贸易自由化通过扩大市场规模、消除技术转让限制及降低利率等路径促使企业采纳新技术，因而只有生产率最高的企业进入出口市场，其出口的高利润可以抵偿采纳新技术的固定成本。因此，贸易自由化后出口企业的技术水平明显高于非出口企业。

另外一些研究从国家间非对称的角度对 Melitz(2003)模型进行扩展。Bernard, Redding & Schott(2007)模型将企业异质性与不完全竞争、规模经济以及国家间要素禀赋非对称条件相结合，分析了由企业引起的跨行业的资源再分配效应，解释了企业退出某行业后的产品转换问题，发现生产率较高的企业会内生选择市场沉没成本更高的产品。Falvey, Greenaway & Yu *et al.* (2004)通过构建两国产业内贸易模型，研究了非对称情况下国家层面和企业层面技术生产率贸易开放程度的影响，发现贸易开放带来贸易成本的下降会提高企业生存的最低生产率，强化选择效应，从而提高行业的平均生产率和福利水平；同时，高效率国家中出口企业的比例更高，选择效应更显著，且进入出口市场的企业收益也更高。Melitz & Ottaviano(2008)通过建立企业异质性和市场竞争程度存在内生差异的垄断竞争模型，考察了贸易自由化引起的国家间竞争均衡结果的非对称性。模型分析结果表明，市场竞争程度由市场中的企业数量和平均生产率水平内生决定；大国内部竞争更激烈，因此企业产量更高、平均生产率更高，而新进入企业的存活率更低，从而生存下来的企业更少。贸易自由化加剧了国家间的竞争，从而提高了总体生产率，且其对大国的影响效应远大于对小国的影响。

二、异质性企业贸易相关经验研究

异质性企业贸易理论认为，由于存在企业生产率差异和出口市场进入成本，只有生产率较高的企业会选择出口，而生产率较低的企业仅在国内市场销售或者退出市场，即存在自选择效应；同时，贸易自由化对不同生产率企业的影响存在差异，引起资源在企业间的重新配置，从而造成行业总体生产率提高，即存在资源再分配效应。基于此，异质性企业贸易理论的相关经验研究，主要是从微观企业层面检验生产率与出口决策的关系，其中生产率更高的企业选择出口（自选择效应），而出口有利于企业生产率的提升（出口学习效应）。

Bernard & Jensen(2004a)利用1984—1992年的美国制造业企业数据，研究了企业异质性、进入成本、市场临近以及出口促进政策等对企业出口选择的影响。结果表明，企业异质性和进入成本均对美国企业的出口选择具有显著影响：与非出口企业相比，出口企业的规模更大、生产率更高；但出口促进政策对企业出口并没有显著影响。Bernard & Jensen(2004b)利用1983—1992年的美国制造业企业数据，对美国制造业企业的出口与生产率的相互作用分析发现，出口企业的生产率水平更高，但出口对企业生产率的增长并没有显著作用；而在同一行业中，出口企业的规模扩张速度比非出口企业要快；同时，有利于高效率企业的资源再分配效应确实存在，并且该效应主要发生在行业内，从而引起行业总体生产率提升。Bernard, Jensen & Schott(2006)利用美国1987—1997年的企业数据检验了贸易成本的降低对企业的影响。结果显示，贸易成本的降低有利于高生产率企业的再分配效应，随着生产率进一步提高，原出口企业的出口量增加，同时生产率较高的非出口企业开始出口，而生产率较低的企业退出市场。这些结论与理论模型的预期相一致，因此通过企业异质性和生产率差异能很好地解释新的贸易现象。

除了上述针对美国企业的经验研究以外，还有一些文献运用其他国家的数据和不同的研究方法对企业生产率和出口的关系进行了检验。Baldwin & Gu(2003)以1974—1996年的加拿大企业数据为样本，研究了加拿大企业出口参与和生产率之间的关系。结果表明，企业出口与生产率提升相关，其中既存在自选择效应也存在出口学习效应，且该效应对于内销导向型企业的影响大于对出口导向型的企业，对出口年份短的企业影响大于出口年份长的企业。Yang & Mallick(2010)运用2000—2002年的中国工业企业数据分析中国出口企业是否生产率更高以及出口是否会提高企业生产率，结果同样表明自选择效应和出口学习效应同时存在。ISGEP(International Study Group on Exports and Productivity, 2008)运用Meta分析法，以14国的面板数据为样本，分析了企业出口与生产率的关系，并发现在控制了各种可观测及不可观测的企业异质性条件后，出口企业生产率高于非出口企业，且随着出口额在企业总销售额中占比的提高，自选择效应会更加显著，但出口学习效应几乎不存在。

除此之外，检验企业出口与生产率之间的自选择效应和出口学习效应的研究还有很多，例如Greenaway & Kneller(2008)对英国、Arnold & Hussinger(2005)和Wagner(2006)对德国、Eaton, Kortum & Kramarz(2011)对法国以及Ranjan & Raychaudhuri(2011)对印度等。几乎所有相关研究都肯定了自选择效应的存在，而对于出口学习效应的存在与否则没有定论(Bernard, Jensen & Redding *et al.*, 2007; Wagner, 2007)。

三、其他相关拓展研究：出口市场、产品和质量

基于异质性企业贸易理论的研究，重点多关注贸易自由化对异质性企业的影响。如前所述，现有文献主要是针对企业生产率与出口关系的相关研究，而近年来也有越来越多的文献开始关注内生的企业生产率增长来源，主要是企业内的资源再分配效应(Redding, 2011)。下面将主要从企业出口决策、多产品企业以及产品质量三个方面梳理异质性企业贸易理论的其他相关拓展研究。

(1) 企业出口决策

根据 Melitz(2003)模型可知,贸易自由化一方面会提高企业退出的生产率临界值,另一方面会降低企业出口的生产率临界值,所以贸易自由化会使低生产率企业被迫退出市场,使高生产率的非出口企业进入出口市场,并且扩大已有出口企业的出口规模。Hummels & Klenow(2005)借鉴 Feenstra(1994)的方法将出口分解为集约边际和扩展边际。具体而言,在产品层面,集约边际是指已有出口产品销售额的增长,扩展边际是指新出口产品的增加和已有出口产品的退出(Chaney, 2008; Amiti & Freund, 2008);而在企业层面,集约边际是指已有出口企业出口额的增长,而扩展边际是指新进入出口市场的企业和已有出口企业的退出(Helpman, Melitz & Yeaple, 2004)。对于中国的出口增长,Manova & Zhang(2012)发现,2003—2005 年间,新出口企业的进入(扩展边际)、已有出口企业的原出口产品和原出口市场(集约边际)及已有出口企业的新出口产品和新出口市场(企业内扩展边际),分别占总出口增长的 30%、42%和 28%。

Bas(2012)利用 1992—1996 年阿根廷制造业企业的数据,研究了中间投入品贸易自由化对企业出口的影响,结果发现,中间投入品关税的下降使得更多的企业选择出口,同时还会提高原出口企业的出口份额。Bernard, Jensen & Schott(2006)基于美国产品层面的进口数据和 1987—1997 年美国制造业企业数据,实证分析了贸易成本下降对企业出口的影响。结果表明,贸易成本下降不仅会促使高生产率的非出口企业进入出口市场,还有利于已出口企业的出口量增加。Chevassus-Lozza, Gaigné & Le Mener(2013)研究了中间投入品关税对加工企业出口表现的影响,理论分析表明,中间投入品关税的下降会增加高生产率企业的出口额,但会造成低生产率企业出口额减少,同时还会降低企业进入国外市场的可能性;同时他们还通过法国农业食品行业的企业数据验证了理论模型的分析结论,结果表明,贸易自由化促使市场份额由低生产率企业向高生产率企业转移,再分配效应有利于高生产率企业获益,而使低生产率企业遭受损失。

(2) 多产品企业

Melitz(2003)模型的基本假定之一是企业仅生产一种产品,尽管该假定便于对企业出口行为进行较为简洁地刻画和分析，但是单产品的设定并不符合现实。根据 Bernard, Jensen & Redding *et al*.(2007)对美国2000年出口数据的分析可知，美国92%的出口额是由12%的多产品企业完成的，这些企业均出口五种以上的产品，并且指向五个以上的目的地。Bernard, Jensen & Redding *et al*.(2010)还发现，美国约三分之一的出口增长来自存活企业的产品调整(新产品进入和旧产品退出)，再次突出了多产品企业的重要性。Berthou & Fontagne(2013)发现1998年70%的法国出口企业都是多产品企业。Goldberg, Khandelwal & Pavcnik *et al*.(2010)基于1989—2003年印度出口企业数据发现，47%的出口企业为多产品企业，且其出口额占总出口额的80%。因此，越来越多的研究开始关注多产品企业，特别是作为企业内资源再分配表现的多产品企业产品调整，已成为内生化的企业生产率的重要来源。

Bernard, Redding & Schott(2011)建立了一个多产品多出口目的地的异质性企业一般均衡模型，通过分析发现：一方面，贸易自由促使企业缩小产品范围，放弃绩效最差的产品，实现企业内的资源再分配，将重心移向生产率更高的产品，从而使企业生产率提升；另一方面，可变贸易成本的提高减少了出口企业的数量、每个企业出口的产品数量及特定企业的特定产品出口量，但其对每个企业每种产品的平均出口量的影响却并不显著；此外，他们还发现多产品企业往往也有多个出口目的地，且出口到某一目的地的产品也多于一种。与此类似，Eckel & Neary(2010)也创建了一个强调弹性生产(flexible manufacturing)的多产品企业一般均衡模型，主要用于研究贸易自由化带来的竞争效应对企业内产品调整的影响。他们认为，贸易自由化会引起市场竞争加剧并造成企业内的自选择效应，即企业会缩小产品范围，放弃边际成本较高的产品并专注于其核心竞争力(core competence)，同时企业通过开拓新市场以增加总出口。Mayer, Melitz & Ottaviano(2014)建立的多产品企业理论模型主要关注市场规模和地理条件(包括贸易伙伴之间的距离等)的竞争效应，及其对企业出口产品范围和出口目的地的产品结构的影响。他们认为，不同的市场规模和地理条件对应于不同的市场竞争程度，而市场竞争程度的加剧会使得产品成本加成的整体分布下降，从而导致企业出口销售向最优产品集中。同时他们还利用法国出口企业的数据对理论分析进行验证，进一步证实了这一竞争效应。

还有一些文献在研究贸易自由化对异质性企业产品调整的影响时,所得到的结论不尽相同。Baldwin & Gu(2009)的模型分析认为,关税下降会减少企业的产品种类,且出口的、规模较大的企业比非出口的、规模较小的企业缩减范围要小。同时他们还利用加拿大企业数据和进口关税数据进行分析,发现进口关税的降低会减少非出口企业的产品种类,但对出口企业的影响并不显著。而 Dhingra(2013)则认为,双边关税或者出口关税减让一方面会使企业减少产品创新(product innovation),增加工艺创新(process innovation),从而减少产品范围,提高产品价格,另一方面也会使规模较大的出口企业增加产品创新,规模较小的出口企业及非出口企业减少产品创新;而进口关税减让的影响则恰好相反。基于 2003—2006 年泰国制造业企业和进口关税数据研究发现,进口关税下降确实引起规模较小的出口企业和非出口企业增加产品创新,而造成规模较大的出口企业减少产品创新。Feenstra & Ma(2007)的模型分析认为,在企业成本一致的假定下,贸易开放会使企业数量减少而每家企业的产品种类增加;但是在企业成本异质性的假定下,低效率企业会退出市场,高效率企业在规模较大的市场中会增加产品种类。然而,与上述结论相反的是,Nocke & Yeaple(2014)的理论研究认为,企业增加产品种类会提高其边际成本,同时企业的边际成本与其规模呈负相关关系,而组织管理能力较强的企业边际成本较低,且对增加产品带来的边际成本上升比较不敏感。因此,多边贸易自由化会使规模较小的企业增加产品范围而规模较大的企业则减少产品范围,并且他们通过 1989—2001 年美国企业数据的分析证实了其理论分析结果。Qiu & Yu(2014)基于企业管理效率的差异研究了单边贸易自由化对企业出口产品范围的影响,结果表明,出口关税减让会增加高效率企业的产品范围,而减少低效率企业的产品范围,该结论在 2000—2006 年中国数据的经验分析中得到了证实。

(3) 产品质量

由于 Melitz(2003)模型仅考虑消费者多样化偏好,却忽略了产品的垂直差异性,因此并不能解释全部的贸易现象。在出口价格上,Melitz(2003)认为企业出口的获利难度会随着地理距离的扩大而增加,地理距离越远则出口价格越低,而产品价格较低的高生产率企业才会选择出口。因此,与非出口企业相比,出口企业的生产率更高而产品价格更低。然而,Baldwin & Harrigan(2011)基于美国贸易数据的研究却发现,地理距离越远,企业的出口产品价格越高。Hallak & Sivadasan(2009)分析印度、美国、智利和哥伦比亚的制造业企业数据发现,规模较小的企业也可能进入出口市场,而规模较大的企业也可能仅在国内销售,且在控制企业规模以后,出口企业的产品质量和价格都较高。Kugler & Verhoogen(2012)基于哥伦比亚制造业企业数据分析发现,企业规模与产品价格呈正相关关系,即规模较大的企业出口价格高于规模较小的企业。因此,越来越多的研究开始关注产品质量,并将产品质量异质性引入模型。

测算产品质量的方法主要有两种:其中一种是直接用产品的单位价值(unit value)来衡量产品质量(Hummels & Skiba, 2004; Schott, 2004; Xu, 2010),还有一种是基于单位价值进行估计(Hallak & Schott, 2011; Henn, Papageorgiou & Spatafora, 2013; Feenstra & Romalis, 2014)。关于贸易自由化对产品价格的影响,Bernard, Jensen & Redding *et al*. (2012)认为,贸易自由化的竞争促进效应会通过降低平均成本和平均成本加成使得产品平均价格下降。Khandelwal, Schott & Wei (2013)研究出口配额对中国纺织和服装业的影响,发现出口配额的取消会造成出口量激增和出口价格下降。对于产品质量,Aghion, Blundell & Griffith *et al*. (2009)认为贸易开放和市场竞争存在两种效应:一是"躲避竞争",即接近世界产品质量前沿的企业会进行产品质量升级,以应对关税降低带来的竞争加剧;二是"可独占性",即远离世界产品质量前沿的企业由于自身产品质量水平较低,难以通过质量升级应对加剧的竞争,所以企业不会进行产品质量升级。Amiti & Khandelwal(2013)通过测算行业层面的产品质量发现,对于接近世界产品质量前沿的产品,进口关税的下降有利于产品质量提升;对于远离世界产品质量前沿的产品,进口关税的下降则会阻碍产品质量提升。这一观点在其他研究中也得到证实,如 Lileeva & Trefler(2010)、Bustos (2011)和 Bloom, Draca & Reenen(2016)等。关于中间投入品的贸易自由化,Bas & Strauss-Kahn(2014)发现,中国进口关税的下降会造成进口中间品价格和出口最终品价格同时上升。Fan, Li & Yeaple(2015)通过理论分析和经验分析发现,关税下降会促使中国出口企业进行产品质量升级。

此外,异质性企业贸易理论模型还有许多其他方面的扩展,如对 FDI 的引入(Head & Ries, 2003; Helpman, Melitz & Yeaple, 2004; Yeaple, 2009; Nocke & Yeaple, 2014)以及与新经济地理学(New Economic Geography)的结合(Baldwin & Okubo, 2005; Okubo, 2010)等。

四、异质性企业贸易理论在中国的发展

近年来,随着中国微观企业数据可获得性的提高,越来越多的国内研究开始关注异质性企业贸易理论。下面将从中国企业异质性与出口的关系以及贸易自由化对异质性企业的影响出发,分别对中国企业生产率、多产品及质量等方面的异质性的相关研究进行梳理。

(1) 企业异质性与出口的关系

有关异质性企业贸易理论的研究,首先是从企业的生产率异质性出发来探讨企业异质性与出口的关系,这主要包括出口自选择效应和出口学习效应两方面。首先,对于出口自选择效应,张杰、李勇和刘志彪(2008)利用 2005 年江苏省制造业企业的微观数据,通过联立方程的方法检验了企业生产率和出口之间的相互关系,结果显示,生产率的提高会促进企业出口,但出口对企业生产率的增长并没有显著影响。易靖韬和傅佳莎(2011)利用浙江省 2001—2003 年的企业面板数据,采用 Heckman 两步法研究了企业生产率和出口的关系,发现只有生产率较高的企业才能克服进入出口市场的沉没成本,从而进入出口市场,即存在自选择效应。除了利用省级层面面板数据的研究,更多的文献是运用中国工业企业数据库并以全国规模以上的工业企业作为研究对象。盛丹、包群和王永进(2011)研究 1998—2001 年中国工业企业数据发现,企业全要素生产率对企业出口和出口量具有显著的正向影响,说明生产率是企业选择出口的重要因素。赵伟、赵金亮和韩媛媛(2011)利用 2000—2003 年的企业面板数据,采用 Probit 回归模型分析得知,企业全要素生产率对企业出口的影响是正向且稳健的。邱斌、刘修岩和赵伟(2012)以 1999—2007 年中国制造业企业数据为研究样本,采用倍差匹配的方法检验了中国企业生产率与出口的相互影响,研究发现,二者之间的相互作用均为显著的正向影响,且两种效应均随着时间而增强。

除了对异质性企业生产率和出口选择之间关系的探讨，部分文献还从其他企业特征的角度检验企业异质性的影响。唐宜红和林发勤(2009)选取2005年的中国工业企业数据，从多方面考察企业异质性并检验了企业生产率、所有制形式、所在地区以及要素比率等对中国企业出口的影响。研究结果表明，生产率是影响企业出口的重要因素，同时外商投资企业和东部地区企业更容易出口，而要素比率的影响则不确定。另外，对于资本密集型的企业，资本密集度提高会显著促进企业出口。赖永剑(2011)基于2005—2007年中国制造业企业的微观面板数据，研究了包括企业规模、经营年限、创新水平、人力资本和外资属性等多方面的企业异质性特征对企业出口决定的影响，结果表明上述企业异质性特征均对出口具有显著的正向影响。陶攀、刘青和洪俊杰(2014)基于2000—2006年制造业企业面板数据，研究不同的贸易方式中企业出口决定的差异发现，生产率提高对纯加工贸易企业出口有显著的负向影响，对于加工和一般贸易并存的企业没有显著影响，而对一般贸易企业具有显著促进作用。同时，所有制结构对不同贸易方式的企业出口参与的影响同样存在差异。

上述研究几乎都证实了自选择效应，即企业生产率对出口决定存在促进效应，但也有部分文献并不支持此结论。李春顶(2010)选取1998—2007年中国制造业30个行业约33万多家企业数据，检验企业生产率与出口的关系发现，行业内出口企业的平均生产率低于内销企业，即中国存在"出口企业生产率悖论"现象，并认为大量存在的加工贸易企业拉低了行业平均生产率，这是该现象存在的重要原因。针对"出口企业生产率悖论"现象，戴觅、余淼杰和Maitra(2014)将2000—2006年中国工业企业数据和海关数据相匹配分析发现，中国企业在特定行业和所有制结构中，出口企业生产率低于非出口企业，即存在"出口企业生产率之谜"，他们认为这一现象的原因同样是中国存在大量加工贸易企业。在剔除加工贸易企业的影响后，结果与理论预期一致，可见区分中国出口企业中加工贸易与一般贸易非常重要。

同时还有部分文献从其他角度解释了"出口企业生产率悖论"的原因。聂文星和朱丽霞(2013)从演化经济学的角度进行分析，认为"出口企业生产率悖论"根本上是企业技术和制度的路径依赖所导致，具体包括企业出口决定的自增强效应，以及市场环境、政策等因素对企业出口的外部冲击。曾萍和吕迪伟(2014)以2011—2012年中国制造业民营上市企业为研究对象证实了“出口企业生产率悖论”，但他们认为融资约束弱化了生产率对出口的促进作用，因此强融资约束才是中国民营企业出口生产率悖论的根本原因，而不是因为存在着加工贸易企业。然而，范剑勇和冯猛(2013)认为“出口企业生产率悖论”现象并非普遍存在，一般情况下出口企业全要素生产率高于内销企业，只有出口密度最大(四分位数)的企业才存在出口企业全要素生产率低于内销企业的现象。

对于出口学习效应，张杰、李勇和刘志彪(2009)基于1999—2003年中国制造业企业数据研究发现，出口对企业全要素生产率具有显著促进作用。钱学锋、王菊蓉和黄云湖等(2011)利用1999—2007年的数据也证实了出口学习效应。戴觅和余淼杰(2011)采用2001—2007年中国制造业企业数据，研究了出口对生产率提升的短期和长期效应，并突出了出口前研发投入的作用。结果表明，对于出口前有研发投入的企业，出口对生产率具有大幅的持续促进作用，且该效应随出口前研发年数的增加而提高；而对于出口前没有研发投入的企业，出口对生产率的促进作用不显著或者仅有较弱的短期效应。邵敏(2012)基于2000—2006年持续经营的工业企业，对短期和长期效应进行了区分，结果发现出口行为对企业劳动生产率的促进效应仅存在于1年或2年内，即仅存在短期效应。胡翠、林发勤和唐宜红(2015)基于2000—2006年的中国工业企业和海关数据考察了出口额对生产率的影响，结果发现出口额的增加对生产率提高具有显著的促进作用，而且，与中国发展水平相近的目的地技术水平越高、加工贸易的出口占比越大或一般贸易方式下出口商品种类越多，出口对企业生产率的提高作用越大。

另外还有研究者认为中国企业的出口学习效应并不存在，如李春顶和赵美英(2010)以2007年中国30多万家制造业企业为研究样本，从总体和行业两个层面分析了出口对企业生产率的影响。结果表明，出口对企业生产率的影响显著性为负，即不存在出口学习效应，其原因可归结为大量存在的加工贸易企业、出口企业的惰性以及较高的国内市场进入成本。张礼卿和孙俊新(2010)研究发现，出口对企业全要素生产率的影响并不显著，认为其原因可能是中国不完善的市场体系以及加工贸易为主的贸易模式。包群、叶宁华和邵敏(2014)否定了存在总体的出口学习效应，甚至发现了出口对企业生产率的负向影响,并认为出口对生产率的影响存在异质性,而且这一现象主要存在于高出口倾向度的外资企业。

(2) 贸易自由化对异质性企业的影响

国内研究界也有越来越多的文献开始运用企业层面数据分析贸易自由化对异质性企业的影响,主要是关税减让对制造业企业生产率的影响。余淼杰(2010)采用1998—2002年中国工业企业数据,通过Olley-Pakes半参数法估计企业全要素生产率,研究了贸易自由化对中国制造业企业生产率的影响,结果发现,进口关税减让对企业生产率提升具有显著的促进作用,与非出口企业相比,出口企业获得的生产率收益更高。余淼杰(2011)采用2000—2006年中国工业企业数据和海关数据研究了进口关税减免对企业生产率的影响,并进一步区分了加工贸易企业和非加工贸易企业的差异,结果显示,最终产品的关税减让通过促进竞争对企业生产率具有显著的正向影响,而且加工贸易通过额外的贸易所得促进企业生产率的提高。程惠芳和梁越(2014)利用2004—2009年中国制造业企业数据,通过对Olley & Pakes(1996)模型的扩展以修正联立性偏误和选择性偏差,研究了贸易政策变动(关税的有效保护率和进口渗透率)对企业生产率的影响,在控制了企业和行业异质性及贸易政策的内生性之后发现,利于本国经济发展的贸易政策变动对企业生产率的提高具有显著促进作用。严冰和张相文(2015)通过动态OP方法对中国工业行业总生产率增长进行分解发现,贸易自由化主要是通过淘汰低效率企业实现资源再配置,从而促进总生产率提高。以上研究都肯定了贸易自由化对中国企业生产率提高的促进作用,然而,王恬和王苍峰(2010)基于1999—2002年中国企业调查数据的研究却发现,关税减让降低了中国企业生产率。

除了对企业生产率的研究,还有研究者关注异质性企业的出口动态,特别是贸易自由化对企业出口选择的影响。黄小兵和黄静波(2013)构建了一个分析贸易成本对企业出口影响的一般均衡模型,并且运用中国制造业企业数据对理论模型进行了验证,结果发现贸易成本的下降会使出口临界生产率水平降低从而促进出口,并且贸易成本的降低对于低生产率企业出口参与的促进效应更大,规模较小的出口企业对贸易成本的变化更为敏感。毛其淋和盛斌(2013)采用1998—2007年中国工业企业数据研究了贸易自由化(产出和投入品关税减让)对企业出口动态的影响,结果表明,贸易自由化不仅对企业出口参与具有显著促进作用,同时还会提高原出口企业的出口强度,并且其对后者的影响更为显著,说明贸易自由化主要通过集约边际影响中国的出口增长;投入品关税减让对企业退出出口市场具有显著的抑制作用,而且还会减少企业进入出口市场的时间并延长出口持续时间;另外,投入品关税减让对本土企业的影响大于外资企业。田巍和余淼杰(2013)运用制造业企业数据和海关数据研究了进口中间品的贸易自由化对企业出口强度(出口占销售的比例)的影响,结果发现中间品关税的下降可以使企业获取更多品种的进口中间品,这既有利于提高企业利润,降低出口市场的进入门槛,又有利于进口成本的下降和出口品生产部门的扩张,从而显著提高了企业的出口强度。陈阵和隋岩(2013)通过研究贸易成本对中国多产品企业出口增长的二元边际的影响发现,贸易成本的变化主要通过扩展边际(出口企业数量)对中国出口增长产生影响。

目前,国内针对多产品企业的研究尚处于起步阶段,讨论贸易自由化对多产品企业影响的相关研究还比较少。钱学锋、王胜和陈勇兵(2013)利用 2000—2005 年的中国工业企业数据和海关数据,全面分析了中国多产品出口企业及其产品范围的特征,结果表明,多产品企业主导了中国的出口贸易,并且 44%的中国出口增长来源于企业产品范围的增加,即企业内的扩展边际,而集约边际并不是出口增长的主导力量。彭国华和夏帆(2013)运用 2002—2006 年中国微观企业数据,研究了出口目的地市场规模和竞争程度对企业核心出口产品的影响,结果发现更大的市场规模和更激烈的市场竞争会使得企业的出口集中于其核心优势产品。陈婷(2015)基于 2000—2006 年中国工业企业和海关匹配数据研究了人民币汇率对多产品企业的影响,结果发现人民币升值会促使企业出口向其核心产品集中,而人民币贬值会使企业出口分散到非核心产品,并且汇率对高生产率企业的影响小于低生产率企业的影响。

同时,针对中国出口产品质量的研究也比较少,早期相关研究主要是针对产品技术复杂度的探讨(Rodrik, 2006; Xu & Lu, 2009; Wang & Wei, 2010;杨汝岱和姚洋,2008;姚洋和张晔,2008)。产品的技术复杂度主要是指产品间的(across-product)技术含量差异,而产品质量强调的是产品内的(within-product)垂直差异性。

殷德生、唐海燕和黄腾飞(2011)认为,单位贸易成本的下降、出口规模的增加及贸易伙伴国的经济规模的扩大,都有利于中国出口产品质量的显著提升。施炳展、王有鑫和李坤望(2013)采用嵌套 Logit 模型估计中国出口产品质量,发现中国出口产品质量总体呈下降趋势,行业资本和技术密集度越高,中国出口产品质量就越低;而加工贸易占比下降、外资企业的竞争效应以及资本密集度的上升会导致出口产品质量下降。李秀芳和施炳展(2013)研究了补贴对出口企业产品质量的影响,结果发现补贴总体上有利于出口产品质量的提升,并且对生产率高、研发水平高、人力资本丰富的企业以及外资企业和高技术企业的影响更为显著,而对融资约束强的企业而言促进作用则比较弱。汪建新(2014)利用海关统计数据研究了进口关税削减对中国各省份出口产品质量的影响,结果显示,进口关税减让会加剧国内市场的竞争激烈程度,对接近出口产品质量前沿的产品来说,其更有可能通过技术创新和高质量进口投入品的使用进行出口产品质量升级,而对远离出口产品质量前沿的产品质量升级的影响为负。

第四节　理论评述

新新贸易理论突破了传统贸易理论和新贸易理论关于企业同质性的假设,它基于新贸易理论中不完全竞争和规模经济的分析框架,同时引入企业异质性用以分析和解释国际贸易中企业的差异和出口决策行为。新新贸易理论的经典模型之一就是 Melitz(2003)模型,之后的许多异质性企业贸易模型都在此基础上进行扩展和完善。Melitz(2003)认为,只有生产率较高的企业会选择出口,而生产率较低的企业仅在国内销售,同时贸易自由化使生产率最低的企业被迫退出市场,引起行业内资源再分配,从而使行业平均生产率得以提高。虽然 Melitz(2003)模型的各种假设便于对贸易现象进行简洁地刻画和分析,并能够用于解释许多新的贸易现象和企业行为,然而由于其过于严格的假设条件有悖于现实,因此后来大量研究在 Melitz(2003)模型的理论框架下,对假设条件进行放松或改变,从而推动了异质性企业贸易理论的不断发展。

关于贸易自由化对异质性企业的影响，早期文献主要讨论贸易自由化对企业生产率和出口的影响。贸易自由化会使低生产率企业缩减规模、退出市场，而高生产率企业扩张规模、进入出口市场，市场份额由低生产率企业向高生产率企业转移，由此行业内的资源再分配效应使得行业平均生产率提高。而且，贸易自由化对企业在出口市场进入/退出以及市场份额转移的影响，也使许多文献在研究贸易自由化的影响时首先关注企业出口的二元边际。随后，研究者通过改变 Melitz(2003)模型的假设来考虑其他方面的企业异质性，如 Hottman, Redding & Weinstein(2016)关注内生的企业生产率，也就是企业内的资源再分配效应，包括对多产品企业(不再是单一产品)和产品质量(考虑垂直差异性)的关注。他们发现，企业质量和产品范围可以解释五分之四的企业绩效，可见产品范围和产品质量作为企业异质性来源的重要性。因此，研究企业内的异质性及其影响机制，进一步探讨企业如何在贸易政策冲击下进行内部的资源再分配，对于异质性企业贸易理论的拓展和深化具有十分重要的意义。

随着贸易自由化进程的推进，包括反倾销在内的临时性贸易保护措施受到越来越多的关注，现有文献更多地以关税减让来衡量贸易自由化的影响，而针对非关税贸易壁垒影响的研究尚显不足，特别是具体到微观企业层面的研究更为稀少。中国已连续多年成为全球最大的反倾销目标国，其涉案产品种类和涉案数额不断增加，因此基于对华反倾销的非关税贸易壁垒影响研究显得尤为重要。已有文献基于对华反倾销微观影响的探讨，大都选取美国对华反倾销作为研究对象。然而，反倾销的特殊性在于，反倾销政策的实施在各国之间以及各种产品之间存在相关性。具体而言，一国对出口国特定产品的反倾销可能引起其他国家对出口国相同产品的反倾销，即“回声效应”(echo effect)；而对出口国特定产品的反倾销还会对出口国其他产品的出口产生抑制作用，即“寒蝉效应”(chilling effect)。因此，只考虑特定国家或者对特定产品的反倾销，都可能对反倾销的影响效应估计产生偏差。

尽管已有文献从不同角度出发对反倾销动因进行了研究，但全面考虑各方面因素的研究则较少，特别是研究的关注点多集中于宏观经济层面，而很少涉及行业和产品层面的讨论。另外，已有文献多关注发达国家或传统反倾销使用国的反倾销行为，而针对新兴经济体的研究尚不全面。同时在后经济危机时代，全球经济形势的新变化对反倾销的影响也值得探究。因此，本书首先以反倾销案例增长最快的新兴经济体为研究对象，并选取了其中最具代表性的中国和印度，将国家和行业层面的异质性纳入模型，且结合产品层面数据深入分析，既考察了不同的反倾销模式和动因，又描述了反倾销发起的背景以及中国在全球经济新形势下面临的贸易摩擦环境。随后，本书基于企业异质性视角，将全球范围内的对华反倾销数据与大型企业微观数据相结合，从企业出口市场、产品范围、产品价格和质量等方面全面细致地考察反倾销对中国出口企业的影响，特别是对企业内部的产品和市场调整的影响，并探讨了反倾销对异质性企业的影响差异。另外，本书不仅关注反倾销对企业的直接影响，还基于反倾销的"回声效应"和"寒蝉效应"等特殊性从企业的市场选择和产品的出口生存风险的角度探究了反倾销的间接影响。

第三章　新兴经济体的反倾销模式与动因

第一节　引　言

自20世纪80年代后期，特别是1995年WTO成立以来，全球反倾销不断扩散，从最初集中于欧美等传统使用国到越来越多的新兴经济体加入反倾销的使用者行列。在1995—2014年间，包括印度、阿根廷、巴西、南非、中国、土耳其在内的新兴反倾销使用国，不仅位于全球反倾销发起数量的前十位，而且其发起的反倾销数量占全球反倾销总量的约一半，有些年份所占比重甚至高达70%以上。新兴经济体逐渐成为全球反倾销的主导力量，贸易摩擦不仅是发达国家与发展中国家之间的问题，在发展中国家之间也越来越严重，新兴经济体的反倾销目标多为发展中国家，即“南南”贸易保护主义逐渐凸显(Bown, 2013)。后经济危机时代，新兴经济体的反倾销模式是否呈现出新特点，以及新兴经济体反倾销发起的动因有哪些，都是值得探究的问题。

中国和印度作为新兴的反倾销使用国，在全球反倾销扩散中均占据了重要地位，但在反倾销模式上却存在巨大差异。中国是全球最大的反倾销目标国，1995—2014年中国共遭遇反倾销1052起，发起反倾销218起；印度则恰好相反，作为全球最大的反倾销起诉国，1995—2014年印度共发起反倾销740起，遭遇反倾销192起。这种发起反倾销与遭遇反倾销的不对称性在其他国家也有显著表现。如图3.1所示，在1995—2014年发起反倾销数量前30位的国家中，以中国(CHN)为代表的发展中国家处于遭遇反倾销较多的位置，以美国(US)、欧盟(EU)为代表的发达国家则处于发起反倾销较多的位置。值得注意的是，印度(IND)作为发展中国家，其反倾销模式却与欧美发达国家更为相似。中国和印度成为反倾销模式不对称性最为明显的两个代表性国家。

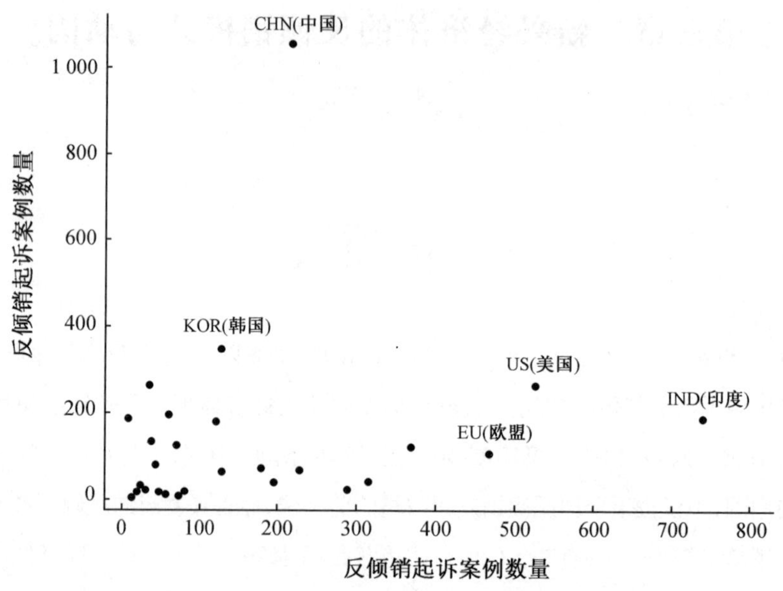

图 3.1　1995—2014 年各国反倾销起诉与被起诉的不对称分布

随着新兴经济体在世界经济中的地位日益提升,其在各方面的经济表现都备受关注。同样作为具有代表性的发展中国家,中国和印度在国际上通常被认为存在诸多相似性,其中贸易方面主要表现为都具有内向型贸易政策的传统,并都为此进行了改革。然而,二者在反倾销模式上却表现出巨大差异,这种差异的原因何在?新兴经济体发起反倾销的动因究竟是什么?本章将以中国和印度为例,通过反倾销各方面影响因素的对比分析,全面研究新兴经济体反倾销的模式与动因。分析的重点主要包括:(1) 以全球反倾销扩散为背景,对比中国和印度反倾销模式的不同,全面考察差异存在的原因,探究不同类型的反倾销模式,揭示中国在新形势下面临的贸易摩擦环境;(2) 以代表性新兴经济体的中国和印度为对象,对比分析其发起反倾销的原因,为新兴经济体的反倾销研究提供相关的经验证据;(3) 采用大样本数据,以中国和印度发起反倾销的起始年份到 2014 年的数据为样本,并进一步考察国家和行业异质性以及产品层面的特征，采取 Probit 模型、计数模型和一系列稳健性检验，保证计量结果的有效性和稳健性。

第二节　实证模型与数据

一、模型设定与计量方法

以中国与印度为例分析新兴经济体的反倾销动因，我们主要考察宏观经济因素、策略性因素和其他因素三个方面的影响，回归模型设定如下：

$$AD_{ijt}=a_0+\alpha'M_{ijt}+\beta'S_{ijt}+\gamma'C_{ijt}+\varepsilon \tag{3.1}$$

被解释变量 AD_{ijt} 表示在 t 年时，进口国 i 是否对出口国 j 的产品发起反倾销，或者发起反倾销的数量。M_{ijt}、S_{ijt}、C_{ijt} 分别表示宏观经济变量、策略性变量和其他变量的向量，α'、β'、γ' 代表系数矩阵，ε 是误差项。

当模型的被解释变量为虚拟变量时，采用 Probit 模型进行估计，而当被解释变量为非负离散计数变量时，如反倾销诉讼数量，则采用计数模型。常用的回归模型是泊松模型(Poisson)和负二项模型(NB)，由于泊松模型要求更为严格(因变量的方差需要等于均值)，通过 Cameron & Trivedi(1990)的方法进行检验，从而选取了负二项模型进行估计，并同时使用泊松模型以检验结果的稳健性。由于采用的是面板数据，故采取国家固定效应的极大似然估计。

二、变量选取与数据描述

根据理论分析，主要将解释变量分为三类：宏观经济变量、策略性变量和其他变量。其中宏观经济变量分为两组，一组是进口国自身的宏观经济状况，包括进口国实际 GDP 增长率、关税、产业结构和贸易依存度；另一组是与出口国相关的宏观经济变量，包括出口国实际 GDP 增长率、进口国对出口国的实际汇率及进口渗透度。策略性变量主要包括针对性报复、一般性报复、反倾销“俱乐部”“偏移效应”和“回声效应”。同时，考虑的其他变量主要是 FTA 和 2008 年经济危机。变量的定义、描述性统计及预期符号的总结见表 3.1。其中,反倾销与进口国宏观经济因素的基本关系如图 3.2 和图 3.3 所示,中国与印度在宏观经济上的表现具有明显差异,中国 GDP 增长率高于印度且更为平稳,而印度关税减让幅度则大于中国,另外中国的产业结构和贸易依存度均高于印度。各影响因素的变量含义及其理论预期如下:

表 3.1 变量描述及预期符号

	变量	变量含义	中国		印度		预期符号
			均值	标准差	均值	标准差	
被解释变量	AD_{ijt} *dummy*	是否反倾销	0.25	0.43	0.24	0.43	—
	AD_{ijt} *count*	反倾销案例数	0.45	1.04	0.54	1.47	—
宏观经济因素	GDP_{it-1}	进口国上一年实际 GDP 增长率	9.62	1.72	6.77	1.96	—
	TAR_{it-1}	进口国上一年加权平均关税	8.71	5.15	20.74	13.62	—
	STR_{it}	进口国工业增加值占 GDP 的比重	45.6	1.18	27.60	2.08	—
	DEP_{it}	进口国贸易额占 GDP 的比重	47.08	10.14	26.19	9.70	?
	$FGDP_{jt-1}$	出口国上一年实际 GDP 增长率	3.16	3.51	3.22	4.54	—
	EX_{ijt}	进口国对出口国的实际汇率	2.18	11.33	−0.46	5.73	+
	IMP_{ijt}	进口渗透度	0.60	0.87	0.16	0.33	+
策略性因素	TFT_{ijt-1}	针对性报复	1.24	2.75	0.09	0.48	+
	RET_{it-1}	一般性报复	54.22	15.66	9.04	3.82	+
	$CLUB_{jt-1}$	反倾销"俱乐部"	5.87	12.03	3.05	8.83	?
	$DEFL_{jt-1}$	反倾销"偏移效应"	4.91	5.34	3.16	6.93	+
	$ECHO_{jt}$	反倾销"回声效应"	4.91	5.14	3.26	6.94	+
其他因素	FTA_{it}	进口国参与的自由贸易协定数量	5.61	5.19	4.70	4.36	?
	REC_{t}	2008 年经济危机	0.39	0.49	0.30	0.46	—

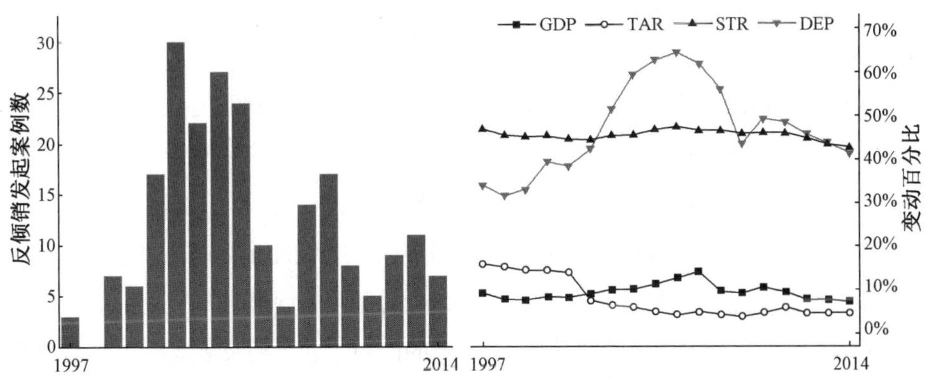

图 3.2　中国反倾销与各宏观经济变量之间的关系

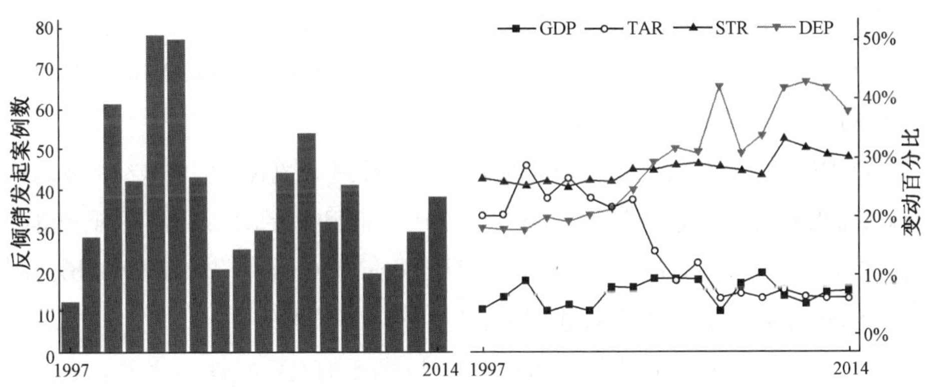

图 3.3　印度反倾销与各宏观经济变量之间的关系

(1) 宏观经济变量

GDP_{it-1}:进口国 i 在 $t-1$ 年的实际 GDP 增长率,通常以此衡量一国的整体经济增长状况。当进口国的经济增长放缓,国内企业的市场份额和盈利能力可能受到影响,因此进口竞争企业会以反倾销诉讼的方式寻求政府保护。同时,为了保持出口量,出口国企业可能会降低出口价格,从而使进口国认定出口国倾销的可能性提高。因此,进口国经济增长放缓时,企业提起反倾销诉讼的数量会上升。

TAR_{it-1}:进口国 i 在 $t-1$ 年的加权平均关税税率。在贸易自由化背景下,WTO

机制促进的关税减让可能会诱导一些国家以反倾销作为关税的替代品。因此，进口国关税税率下降时，反倾销诉讼会增加，变量的预期符号为负。

STR_{it}：进口国 i 在 t 年的工业增加值占 GDP 的比重。反倾销主要针对工业品，因此反倾销与工业发展程度密切相关。一国工业占比较高，说明其工业发展程度较高，且拥有更多有国际竞争力的工业品，因此其发起反倾销的可能性较低。而工业占比较低则说明其工业发展程度不高，所以更易受进口产品的市场冲击，从而提高了国内企业寻求反倾销保护的意愿。因此，产业结构对反倾销诉讼的影响为负。

DEP_{it}：进口国 i 在 t 年的贸易额占 GDP 的比重。它主要反映了一国经济对贸易的依赖程度：一方面进口比重越高表示对进口的依赖程度越高，将促使一国加强对本国企业的保护，增加反倾销的使用频率；另一方面，出口比重越高表示对外国的市场需求和经济发展依赖越强，理论上该国会因此减少反倾销诉讼以维持良好的贸易关系，创造良好的贸易环境以维持经济发展。因此，贸易依存度对反倾销的预期影响并不确定。

$FGDP_{jt-1}$：出口国 j 在 $t-1$ 年的实际 GDP 增长率。以往研究宏观经济波动对反倾销的影响时主要考察进口国的宏观经济形势，而很少考虑出口国的宏观经济波动。考虑到全球经济的系统性影响，本文沿用 Bown & Crowley(2013a, 2013b)的研究结论，认为外国经济增长会对进口国反倾销产生负向影响。

EX_{ijt-1}：在 $t-1$ 年进口国 i 货币对出口国 j 货币的实际汇率。EX 增加表示进口国货币升值，意味着本国产品的市场竞争力减弱，国内企业更倾向于提起反倾销诉讼以寻求保护，同时出口国产品价格下降，也更容易认定倾销损害。因此，进口国货币升值会促进反倾销诉讼的增长。

IMP_{ijt}：i 国在 t 年在 j 国的进口额占 i 国国内总需求的比重，即进口渗透度，并以进口国 GDP 总额作为总需求的代理变量。进口渗透度反映了出口国产品对进口国国内市场的竞争压力。进口渗透度越高，竞争压力越大，国内企业越有可能提起反倾销诉讼以寻求进口保护，所以该变量的预期符号为正。

(2) 策略性变量

TFT_{ijt-1}：出口国 j 在 $t-1$ 年对进口国 i 发起的反倾销总量。该变量反映了进口国对出口国“以牙还牙”的针对性报复动机(tit-for-tat retaliation),最早由 Prusa & Skeath(2005)提出。

RET_{it-1}:进口国 i 在 $t-1$ 年遭遇的反倾销总量。该变量反映了进口国的一般性报复动机。进口国在上一年遭遇反倾销之后,可能在当年采取针对多个国家的反倾销报复,而不一定只针对特定国家。因此,进口国在上一年遭遇的反倾销数量,对当年反倾销的影响预期为正。

$CLUB_{jt-1}$:出口国 j 在 $t-1$ 年发起的反倾销总量。该变量反映了出口国是否为反倾销的积极使用者,即反倾销“俱乐部”成员。如果出口国是反倾销“俱乐部”成员,进口国可能担心遭遇报复而减少对出口国的反倾销诉讼。同时,反倾销“俱乐部”成员主动发起更多反倾销的同时也会成为反倾销的主要目标国,即反倾销“俱乐部”效应。因此,该变量对反倾销诉讼的预期影响不确定。

$DEFL_{jt-1}$:出口国 j 在 $t-1$ 年遭遇的除进口国以外的反倾销数量。出口国遭遇反倾销可能引起“贸易偏移效应”,使贸易量转向第三国,从而导致第三国加强贸易保护措施,所以“偏移效应”的预期符号为正。

$ECHO_{jt}$:出口国 j 在 t 年遭遇的除进口国以外的反倾销数量。由于企业对政府做出肯定性裁决的预期提高,其他国家对出口国的反倾销会提高进口国企业对出口国发起反倾销的意愿,从而产生“回声效应”。由于策略性考量或者信息传导机制(Bao & Qiu, 2011),“回声效应”会对反倾销产生正向影响。

(3) 其他变量

FTA_{it}:进口国 i 在 t 年参与的自由贸易协定数量。FTA 对反倾销发起的影响体现在正负两方面(Ahn & Shin, 2011):一是由于 FTA 参与导致进口增长从而进口国加强贸易保护、增加反倾销,二是 FTA 的增加有助于成员国之间实现自由贸易从而减少反倾销。因此,该变量的预期符号不确定。

REC_t:经济危机的虚拟变量,其中 2008 年到 2014 年取值为 1,在此之前的年份取值为 0。经济危机发生以来,全球的宏观经济形势发生了重大改变,而宏观经济波动必然会对反倾销的使用产生影响,因此本文加入该变量以研究经济危机对反倾销的冲击,其预期影响的方向未知。

为了分析以中国与印度为代表的新兴经济体发起反倾销的动因,我们选取的数据主要基于世界银行 Chad Bown 建立的全球反倾销数据库(GAD)和 WTO 反倾销数据库。以中国和印度开始发起反倾销的年份为开端,选取了中国 1997—2014 年针对 25 个目标国和印度 1992—2014 年针对 54 个目标国[①]发起的反倾销数据作为样本。另外,除了被解释变量,解释变量中的报复性因素也是通过整理进口国和出口国双边的反倾销诉讼数据建立的。

宏观经济变量中的实际 GDP 增长率、工业增加值占 GDP 的比重和贸易额占 GDP 的比重等数据均来自世界银行的世界发展指标数据库(WDI),贸易加权的平均关税数据来自世界银行的世界综合贸易解决方案数据库(WITS)。双边实际汇率来自美国农业部经济研究中心(USDA)网站,进口渗透度涉及的双边贸易流量数据来自联合国货物贸易数据库(UN COMTRADE),其他变量中的自由贸易协定数据来自 WTO 的区域贸易协定数据库(RTA-IS)。

第三节 中国与印度发起反倾销的比较分析

一、反倾销发起的动因分析

将基于理论分析的各影响因素作为解释变量,我们分别以中国和印度历年对目标国是否发起反倾销以及发起的反倾销数量作为被解释变量,利用 Probit 模型和固定效应的面板数据负二项回归进行估计,并分别报告了变量的边际影响(marginal effects)和发生率(incidence rate ratio, IRR)。模型的估计结果如表 3.2 所示。

中国和印度的实际 GDP 增长率都对当年反倾销诉讼具有显著的负向影响,前一年 GDP 增长率每提高 1%,则中国和印度发起反倾销的概率分别下降 6%和 2%,而反倾销案例发生率分别下降 30%和 10%,两国均符合反倾销“逆周期增长”的理论预

① 印度贸易自由化改革从 1991 年开始,因此为了更好地把握其改革之后的反倾销发起趋势,为印度选取了与中国不同的样本起始年份。

表 3.2　中国与印度反倾销的基本动因比较

		中国				印度			
		是否发起反倾销		发起案例数		是否发起反倾销		发起案例数	
宏观经济因素	GDP_{it-1}	−0.061 0*** (−3.019)	−0.059 9*** (−3.144)	0.665*** (−4.28)	0.671*** (−4.12)	−0.017 8*** (−2.784)	−0.015 1** (−2.562)	0.888*** (−4.14)	0.889*** (−4.22)
	TAR_{it-1}	−6.34e−05 (−0.004 47)	−0.000 908 (−0.068 1)	1.014 (0.20)	1.056 (0.80)	−0.014 5*** (−7.048)	−0.011 6*** (−6.778)	0.936*** (−7.00)	0.936*** (−7.16)
	STR_{it}	−0.067 4*** (−2.760)	−0.089 8*** (−3.740)	0.618*** (−4.23)	0.587*** (−4.71)	−0.077 9*** (−5.975)	−0.083 9*** (−6.800)	0.573*** (−9.12)	0.577*** (−9.34)
	DEP_{it}	0.021 3*** (3.341)	0.024 0*** (3.957)	1.156*** (4.73)	1.174*** (5.08)	0.012 7*** (3.562)	0.013 3*** (3.966)	1.097*** (5.44)	1.103*** (6.00)
	$FGDP_{jt-1}$	0.015 8*** (2.852)	0.017 1*** (2.635)	1.072** (2.26)	1.057* (1.65)	0.000 171 (0.062 9)	−0.002 14 (−0.785)	0.980 (−1.49)	0.976* (−1.84)
	EX_{ijt-1}	0.004 03*** (2.631)	0.004 92*** (3.217)	1.021*** (2.59)	1.019** (2.35)	0.003 61 (1.416)	0.005 70** (2.417)	1.022* (1.88)	1.019* (1.74)
	IMP_{ijt}	0.171*** (8.159)	−0.053 9 (−0.811)	2.061*** (4.93)	1.035 (0.13)	0.218*** (6.115)	0.149* (1.903)	1.123 (0.67)	0.757 (−1.27)
策略性因素	TFT_{ijt-1}	0.012 8 (1.053)	0.020 8 (1.428)	1.045 (0.94)	1.097* (1.83)	−0.029 4 (−1.029)	−0.047 0* (−1.729)	0.968 (−0.37)	0.925 (−0.87)
	RET_{it-1}	0.002 75* (1.787)	0.002 45* (1.654)	1.013 (1.52)	1.009 (1.08)	−0.003 39 (−0.978)	−0.004 36 (−1.353)	0.978 (−1.42)	0.978 (−1.49)

(续表)

		中国				印度			
		是否发起反倾销		发起案例数		是否发起反倾销		发起案例数	
	$CLUB_{jt-1}$	−0.003 30 (−1.189)	−0.006 83** (−2.199)	0.991 (−0.87)	0.971** (−2.46)	−0.000 410 (−0.256)	0.001 21 (0.675)	1.008 (1.30)	1.007 (1.06)
	$DEFL_{jt-1}$	−0.003 88 (−0.808)	−0.009 21* (−1.821)	0.994 (−0.35)	0.973 (−1.41)	0.015 7*** (4.649)	0.005 80* (1.774)	1.018*** (3.17)	1.015*** (2.64)
	$ECHO_{jt}$	0.016 4*** (3.368)	0.009 67* (1.753)	1.057*** (2.82)	1.019 (0.86)	0.017 0*** (4.701)	0.005 64 (1.567)	1.014** (2.32)	1.009 (1.56)
其他因素	FTA_{it}	−0.059 0*** (−5.491)	−0.058 6*** (−5.684)	0.705*** (−6.08)	0.731*** (−5.47)	0.008 57 (1.233)	0.0130** (1.966)	1.118*** (3.70)	1.115*** (3.75)
	REC_{t}	0.407*** (3.658)	0.423*** (4.040)	12.713*** (4.50)	12.505*** (4.37)	−0.269*** (−3.763)	−0.278*** (−4.117)	0.127*** (−6.45)	0.127*** (−6.71)
国家效应		No	Yes	No	Yes	No	Yes	No	Yes
回归方法		Probit	Probit	NB	NB	Probit	Probit	NB	NB
样本量		478	478	478	478	1 291	1 260	1 291	1 275

注：括号内为回归系数的 z 统计值，***、**、* 分别表示估计系数在1%、5%与10%的统计水平上显著。

期，且对中国反倾销的负向效应更强。然而，前一年的关税下降仅对印度的反倾销发起具有显著的负向影响，该结果一定程度上支持了反倾销与关税的替代关系，特别是印度自1991年贸易自由化改革之后，关税从1992年的56%下降到2014年的6%，变动幅度非常大。产业结构对中国和印度的反倾销诉讼均具有显著的负向影响，该影响与理论预期相符。而贸易依存度则具有显著的正向影响，说明进口依存度的正向效应大于出口依存度的负向效应。

出口国实际GDP增长率对中国当年反倾销诉讼具有显著的正向影响，而对印度的影响并不显著，该结论与Bown & Crowley(2013)的研究结果有所不同。中国和印度差异的原因在于，一方面，与印度相比，中国在经济全球化进程中的融入程度更高(如表3.3所示)，中国在世界经济中的地位越来越重要的同时，也更容易受到世界经济发展和外国经济形势的影响。另一方面，Gawande, Hoekman & Cui(2011)研究发现，2008年经济危机下，在影响贸易政策反应的各因素中，纵向专业化或国际生产碎片化的参与是最重要的因素，因此各国对贸易政策的态度有所不同：包括中国在内的一些国家更多地参与专业化生产的下游，其贸易保护政策会因本国参与纵向专业化的出口企业的进口需求而有所限制；而包括印度在内的其他国家则更多地从事专业化生产上游的原材料出口，在纵向专业化的参与中，有更多的外国出口商要从这些国家进口，而这些国家本身则没有进口需求的压力。本币升值对中国和印度当年反倾销诉讼都会产生显著的正向影响，这源于本币升值带来的进口竞争压力和对出口的负向影响。进口渗透度对中国反倾销诉讼具有显著正向影响，但在控制国家固定效应后该影响不再显著；而进口渗透度对印度发起反倾销的影响并不显著。

表3.3　中国与印度融入世界经济程度对比

时间	占全球贸易额的比重(%)		占全球FDI的比重(%)	
	中国	印度	中国	印度
2001	4.10	0.76	6.09	0.75
2002	4.77	0.83	7.84	0.89
2003	5.62	0.87	8.25	0.76

(续表)

时间	占全球贸易额的比重(%)		占全球 FDI 的比重(%)	
	中国	印度	中国	印度
2004	6.23	0.94	7.68	0.81
2005	6.76	1.15	7.54	0.53
2006	7.24	1.23	7.33	1.18
2007	7.79	1.31	6.33	1.02
2008	7.91	1.54	7.81	1.98
2009	8.85	1.78	11.35	3.08
2010	9.78	1.88	18.12	1.97
2011	10.12	2.12	13.31	1.95
2012	11.8	1.50	8.63	1.72
2013	12.00	2.00	8.45	1.92
2014	11.30	2.05	10.46	2.80

注:数据来源于世界银行的世界发展指标数据库。

尽管只有部分模型的结果显著,但针对性报复和一般性报复对中国的反倾销诉讼具有正向影响,对印度具有负向影响。由此可见,中国与印度的报复模式有所不同:中国作为典型的新兴反倾销使用国,在遭遇反倾销时会进行反击;而印度的报复模式则与传统反倾销使用国更为相似,这与 Bao & Qiu(2011)针对传统反倾销使用国的分析结果一致。与欧美发达国家相似,印度会受他国反倾销威慑作用的影响。这种相似性可能由于印度发起反倾销的数量较多,高频的反倾销诉讼使得印度反倾销诉讼不仅不会因遭遇攻击而进一步增加,反而还会因为受到震慑而有所减少。在反倾销的传播模式上,中国表现出明显的“回声效应”而不存在“偏移效应”,说明当第三国对目标国发起反倾销时,中国倾向于在策略性考量和信息传递的基础上发起反倾销;而印度仅在特定模型(无国家固定效应)中表现出“回声效应”和“偏移效应”,说明印度在反倾销传播模式上还受到贸易转移的影响。另外,“俱乐部”效应对中国反倾销具有显著负向影响，而印度受反倾销“俱乐部”的影响则不显著。

FTA 的参与数量对中国有显著的负向影响，而对印度则是显著的正向影响。说明 FTA 的参与减少了中国反倾销的使用，有助于实现贸易自由化的目的；印度则因为在 FTA 成员国进口的增长而更倾向于对本国产业的保护。2008 年经济危机对中国的影响显著为正，这与经济衰退可能促使贸易保护主义趋势加剧的预期相符。

二、中国和印度的差异分析

由基本模型的分析可知，各因素对中国和印度发起反倾销的影响存在诸多不同。部分因素只对一个国家具有显著影响，如关税、外国 GDP 增长率和“回声效应”；部分因素对两国影响的方向不同，如一般性报复、自由贸易协定和经济危机；部分因素虽然影响方向相同但程度不同，如本国 GDP 增长率、产业结构、贸易依存度、实际汇率和进口渗透度。但是这些差异在统计意义上是否显著，需要通过合并中国和印度的数据，建立新的模型，从而对变量系数差异的显著性进行检验。模型的回归形式如下：

$$AD_{ijt}=\delta_0+A'X+\delta india+B'X*india \tag{3.2}$$

其中被解释变量 AD_{ijt} 仍然是进口国 i 在 t 年是否对出口国 j 发起反倾销或者发起的反倾销诉讼数量；解释变量 X 为回归模型(3.1)中各变量组成的向量；$india$ 为虚拟变量，印度取值为 1、中国为 0；$X*india$ 是变量 X 与 $india$ 的交叉项。为了研究各因素对中印两国影响差异的显著性，通过对模型(3.2)进行回归，并检验假设 H0：$b_{China}=b_{India}$，其中 $b_{China}=A$，$b_{India}=A+B$，系数估计结果与基本模型结果一致，而系数 B 的显著性即所有变量系数的差异显著性。模型检验结果汇总如表 3.4 所示。

表 3.4　中国与印度反倾销差异显著性汇总

	解释变量	中国	印度	差异
宏观经济因素	GDP_{it-1}	−	−	Y
	TAR_{it-1}	ns	−	N
	STR_{it}	−	−	N
	DEP_{it}	+	+	Y

(续表)

	解释变量	中国	印度	差异
	$FGDP_{jt-1}$	+	ns	Y
	EX_{ijt-1}	+	+	N
	IMP_{ijt}	+	+	N
策略性因素	TFT_{ijt-1}	+(ns)	ns	N
	RET_{it-1}	+(ns)	−	Y
	$CLUB_{jt-1}$	−	+	Y
	$DEFL_{jt-1}$	ns	+	Y
	$ECHO_{jt}$	+	+(ns)	Y
其他因素	FTA_{it}	−	+	Y
	REC_{t}	+	−	Y

注:“+”“−”和“ns”分别表示正显著、负显著和不显著,“+(ns)”“−(ns)”分别表示在部分方程中正显著和负显著;“Y”和“N”分别表示前后对比是否在统计上存在显著差异。

由检验结果可知,中印反倾销在影响程度和影响方向上都存在显著差异。首先在影响程度上,国内 GDP 增长对中国的影响大于印度,而且中国的 GDP 增长速度比印度更快且更稳定(如图 3.2 和 3.3 所示),这也就部分解释了中国发起的反倾销诉讼远少于印度的原因。贸易依存度对中国的正向影响也大于印度,同时中国的贸易依存度本身远高于印度(见图 3.2 和 3.3),说明中国的反倾销政策对于贸易依存度变动的反应更为敏感。至于在影响方向上带来的差异,除了上文提及的一般性报复因素,主要还有 FTA 和经济危机。FTA 对中印反倾销的影响方向差异,一方面是因为目前印度参与的自由贸易协定数量多于中国,所以 FTA 对印度正向影响的边际效应正逐步消失;另一方面由于中国正积极拓展自由贸易协定的数量和范围,因而反倾销诉讼有所减少,体现了中国更加重视自由贸易协定中的贸易伙伴关系。2008 年经济危机对中国的显著正向影响符合理论预期,而对印度的影响显著为负,该影响可从印度反倾销的报复模式解释为,经济危机发生以来,世界各国经济增长放缓,许多国家更倾向于采取贸易保护政策,而印度受到反倾销威慑作用的影响会减少反倾销的使用。

第四节　基于异质性视角的反倾销动因分析

一、基于国家异质性的动因分析

由基本模型的回归分析和差异显著性检验可知，中国和印度在反倾销动因上确实存在显著差异。为进一步探讨差异的具体表现，我们基于国家异质性的视角，通过分样本回归更深入地考察中印针对不同类型国家实施反倾销的动因差异。为此，下面将出口国分为发达国家和发展中国家，按照模型(3.1)进行回归估计和检验，其结果如表 3.5 所示。

由表 3.5 中结果可知，中国对发达国家和发展中国家的反倾销动因总体上相似，但在贸易依存度和外国 GDP 增长上有所差别。贸易依存度仅在中国对发达国家的反倾销上具有显著正向影响，而外国 GDP 增长仅在中国对发展中国家的反倾销上具有显著正向效应。前者是因为中国的进口主要来自发达国家，所以发达国家对中国造成的进口竞争压力更大，因此中国针对发达国家发起的反倾销也更多；后者是因为中国的出口仍以较低质量的加工产品为主，因此其与发展中国家的产品相似度更高，更容易在国际市场上形成竞争。印度对发达国家和发展中国家的反倾销诉讼模式类似，宏观经济因素基本上不存在对发达国家或者发展中国家单独的显著影响。其原因可能是，印度一直频繁发起反倾销，且没有主要针对发达国家或者发展中国家。因此在分样本后，印度反倾销的主观任意性表现更为明显。

尽管中国与印度的报复模式不同，但两国均对发展中国家反倾销的报复性动机更为明显。中国的针对性报复和“俱乐部”效应主要影响对发展中国家的反倾销，印度遭遇反倾销的威胁作用也主要来自发展中国家。这一定程度上反映了全球反倾销应诉国“北消南长”的趋势(鲍晓华，2012)，发展中国家不仅逐渐取代发达国家成为反倾销的主要发起国，而且发展中国家早已成为全球反倾销的主要目标国，尤其是发展中国家相互之间的贸易摩擦有不断上涨的趋势。

其他因素中，FTA 对中国反倾销的负向影响在发达国家和发展中国家的作用

表 3.5　中国与印度反倾销动因比较——基于目标国家类型

		中国				印度			
		是否发起反倾销		发起案例数		是否发起反倾销		发起案例数	
宏观经济因素	GDP_{it-1}	−0.079 2** (−2.343)	−0.049 7** (−2.005)	0.523* (−1.84)	0.697*** (−3.46)	−0.023 5** (−2.508)	−0.011 6 (−1.569)	0.851*** (−3.98)	0.909*** (−2.58)
	TAR_{it-1}	−0.034 2 (−1.421)	0.012 6 (0.725)	0.661* (−1.90)	1.123 (1.55)	−0.006 94*** (−2.665)	−0.014 1*** (−6.218)	0.942*** (−4.27)	0.934*** (−5.37)
	STR_{it}	−0.087 6** (−1.996)	−0.114*** (−3.627)	0.400** (−2.08)	0.585*** (−4.47)	−0.075 1*** (−4.038)	−0.087 4*** (−5.453)	0.682*** (−4.80)	0.524*** (−8.03)
	DEP_{it}	0.017 5 (1.557)	0.030 3*** (3.822)	1.127 (1.07)	1.188*** (4.91)	0.020 4*** (3.839)	0.007 94* (1.846)	1.096*** (4.14)	1.092*** (3.72)
	$FGDP_{jt-1}$	0.021 8** (2.064)	0.013 1 (1.533)	1.211* (1.85)	1.030 (0.79)	−0.005 02 (−1.488)	−0.000 942 (−0.215)	0.960** (−2.31)	0.974 (−1.35)
	EX_{ijt-1}	0.004 20** (2.377)	0.006 46** (2.486)	1.037** (2.24)	1.016 (1.50)	−0.003 93 (−1.064)	0.011 8*** (3.940)	0.993 (−0.40)	1.038** (2.50)
	IMP_{ijt}	−0.279 (−0.804)	−0.070 6 (−0.823)	0.056 (−0.87)	0.987 (−0.05)	0.450 (1.133)	0.147* (1.911)	1.058 (0.11)	1.028 (0.10)
策略性因素	TFT_{ijt-1}	0.033 2** (2.004)	0.007 61 (0.317)	1.361* (1.73)	1.095* (1.66)	−0.151*** (−2.672)	0.027 6 (0.633)	0.566*** (−2.76)	1.106 (1.00)
	RET_{it-1}	−0.000 795 (−0.267)	0.002 21 (1.167)	1.003 (0.12)	1.006 (0.71)	0.000 904 (0.181)	−0.006 97* (−1.694)	0.992 (−0.36)	0.985 (−0.75)

（续表）

		中国				印度			
		是否发起反倾销		发起案例数		是否发起反倾销		发起案例数	
其他因素	$CLUB_{jt-1}$	−0.006 68* (−1.825)	−0.009 54** (−1.973)	0.928** (−2.21)	0.969** (−2.29)	0.001 38 (0.447)	−5.88e−05 (−0.024 8)	1.021** (2.17)	0.993 (−0.81)
	$DEFL_{jt-1}$	0.001 04 (0.104)	−0.012 8** (−2.082)	1.038 (0.44)	0.966* (−1.68)	0.010 3** (2.043)	0.000 475 (0.115)	1.004 (0.46)	0.993 (−0.46)
	$ECHO_{jt}$	0.012 2 (1.374)	0.007 23 (0.994)	1.103 (1.22)	1.014 (0.58)	0.006 27 (1.250)	0.005 99 (1.216)	1.005 (0.70)	1.008 (0.47)
	FTA_{it}	−0.059 7*** (−2.910)	−0.062 6*** (−4.587)	0.517*** (−2.94)	0.761*** (−4.43)	0.000 321 (0.031 1)	0.021 1** (2.476)	1.018 (0.44)	1.216*** (4.53)
	REC_t	0.395* (1.742)	0.493*** (3.673)	57.298* (1.69)	11.548*** (3.89)	−0.225** (−2.139)	−0.306*** (−3.554)	0.235*** (−3.56)	0.076*** (−5.65)
目标国类型		发展中国家	发达国家	发展中国家	发达国家	发展中国家	发达国家	发展中国家	发达国家
国家效应		No	Yes	No	Yes	No	Yes	No	Yes
回归方法		Probit	Probit	NB	NB	Probit	Probit	NB	NB
样本量		177	301	177	301	526	734	526	749

注：括号内为回归系数的 z 统计值，***、**、* 分别表示估计系数在 1%、5%与 10%的统计水平上显著。

方面相似,而印度的 FTA 参与则主要导致其对发达国家的反倾销诉讼增加。同时,2008 年经济危机影响下,中国针对发达国家和发展中国家的反倾销均会增加,而印度则会减少对发展中国家的反倾销却增加对发达国家的反倾销。

二、基于行业异质性的动因分析

在分析了中印反倾销基于国家异质性的差异化动因之后,为了考察中国和印度的反倾销诉讼基于行业异质性的差异,下面利用基于国家—行业(HS-2)层面的数据,对模型做进一步的深入分析,回归结果如表 3.6 所示。对比国家层面(表 3.2)和国家—行业层面(表 3.6)的结果可知,印度的模型结果几乎没有变化,而中国的模型结果存在一定差异。对于印度,大部分变量的符号和显著性都没有改变,只有针对性报复变量在国家—行业层面的模型中变为显著的正向影响,说明印度的反倾销针对性报复行为存在行业差异性,在国家—行业层面针对性报复的正向效应占据主导地位。而中国的模型结果中只有部分宏观经济因素(外国 GDP 增长、实际汇率和进口渗透率)在控制行业固定效应时不再具有显著影响,同时部分策略性因素(针对性报复和"俱乐部"效应)的影响变得更为显著,这说明宏观经济因素在行业层面的影响并不重要,而策略性因素则在部分特定行业更加敏感。

为了克服内生性问题,我们采用滞后一期的宏观经济变量(GDP 增长率、实际汇率和加权平均关税),并在模型中加入了国家固定效应和行业固定效应。同时还考虑了其他可能的影响因素,例如中国加入 WTO 等。经检验,这些变量的影响并不显著,也对模型结果没有影响。同时,还利用产品层面的数据,通过考虑反倾销案例中的涉案产品数把基于行业异质性的分析细化到产品层面。由于反倾销案件在每年的数量有限,并且反倾销诉讼往往不只针对一种产品,因而通过具体到产品层面的数据对模型进行检验十分必要。按照 HS-6 编码对产品进行划分,以反倾销涉案产品数量代替反倾销案件数量,对回归模型(3.1)进行估计和检验,其中涉案产品编码数据来自全球反倾销数据库。为了保持数据一致性,将数据库中的 HS-6 编码和 HS-8 编码按照国际标准统一调整为 HS-6 编码,其模型回归结果如表 3.7 所示。由以上稳健性检验结果可知,模型总体十分稳健。

表 3.6　中国与印度反倾销动因比较——基于国家—行业层面

		中国				印度			
		是否发起反倾销		发起案例数		是否发起反倾销		发起案例数	
宏观经济因素	GDP_{it-1}	−0.059 2*** (−5.114)	−0.056 3*** (−4.851)	0.557*** (−5.32)	0.661*** (−5.20)	−0.008 40*** (−3.096)	−0.006 54** (−2.424)	0.938*** (−3.67)	0.940*** (−3.54)
	TAR_{it-1}	0.013 7 (1.614)	0.013 1 (1.521)	1.106* (1.94)	1.102* (1.86)	−0.006 05*** (−7.798)	−0.006 52*** (−8.356)	0.967*** (−6.69)	0.966*** (−6.72)
	STR_{it}	−0.106*** (−7.843)	−0.106*** (−7.690)	0.484*** (−8.33)	0.491*** (−8.04)	−0.098 2*** (−16.71)	−0.0910*** (−15.76)	0.504*** (−17.29)	0.509*** (−17.01)
	DEP_{it}	0.028 7*** (7.919)	0.027 4*** (7.184)	1.219*** (8.12)	1.213*** (7.78)	0.020 2*** (11.90)	0.018 6*** (11.03)	1.167*** (12.99)	1.163*** (12.69)
	$FGDP_{jt-1}$	0.004 96* (1.662)	0.002 05 (0.587)	1.044** (2.00)	1.034 (1.52)	−0.000 233 (−0.186)	−0.001 14 (−0.827)	0.991 (−1.12)	0.990 (−1.18)
	EX_{ijt-1}	0.001 98** (1.990)	0.001 57 (1.517)	1.010 (1.50)	1.009 (1.25)	0.002 84*** (2.751)	0.003 19*** (3.120)	1.014** (2.25)	1.014** (2.30)
	IMP_{ijt}	0.011 0 (1.228)	0.001 43 (0.042 3)	1.000 (0.00)	0.961 (−0.39)	0.038 5*** (4.052)	0.012 2 (0.496)	1.400*** (4.72)	1.477*** (5.15)
策略性因素	TFT_{ijt-1}	0.020 3*** (4.040)	0.023 5*** (3.782)	1.221*** (5.04)	1.218*** (5.15)	0.017 2** (2.186)	0.017 0** (1.997)	1.163*** (3.14)	1.180*** (3.41)
	RET_{it-1}	0.001 36 (1.564)	0.001 01 (1.111)	1.010 (1.51)	1.007 (1.09)	−0.001 05 (−0.685)	−0.001 79 (−1.180)	0.999 (−0.13)	0.999 (−0.09)

（续表）

		中国				印度			
		是否发起反倾销		发起案例数		是否发起反倾销		发起案例数	
	$CLUB_{jt-1}$	−0.006 36*** (−5.892)	−0.006 32*** (−4.284)	0.954*** (−6.10)	0.954*** (−5.86)	0.000 490 (0.912)	0.000 195 (0.302)	1.001 (0.29)	1.001 (0.34)
	$DEFL_{jt-1}$	−0.003 10 (−1.460)	−0.004 50* (−1.816)	0.972** (−2.21)	0.970** (−2.26)	0.003 21*** (5.479)	0.002 92*** (4.532)	1.026*** (7.84)	1.026*** (7.66)
	$ECHO_{jt}$	0.010 6*** (5.008)	0.007 74*** (2.859)	1.069*** (5.09)	1.059*** (4.11)	−5.27e−05 (−0.092 2)	−0.000 205 (−0.302)	0.999 (−0.31)	0.999 (−0.27)
其他因素	FTA_{it}	−0.057 5*** (−9.244)	−0.055 9*** (−8.639)	0.682*** (−8.47)	0.691*** (−8.16)	0.017 1*** (5.479)	0.014 9*** (4.847)	1.101*** (4.88)	1.097*** (4.73)
其他因素	REC_t	0.500*** (7.482)	0.476*** (7.033)	28.604*** (7.04)	26.281*** (6.81)	−0.306*** (−9.827)	−0.286*** (−9.384)	0.114*** (−10.71)	0.118*** (−10.58)
国家效应		No	Yes	No	Yes	No	Yes	No	Yes
行业效应		No	Yes	No	Yes	No	Yes	No	Yes
回归方法		Probit	Probit	NB	NB	Probit	Probit	NB	NB
样本量		1 826	1 826	1 826	1 826	7 696	7 680	7 696	7 665

注：括号内为回归系数的 z 统计值，***、**、* 分别表示估计系数在1%、5%与10%的统计水平上显著。

表 3.7　中国与印度反倾销动因比较——基于涉案产品数量

		中国				印度			
		国家层面		国家—行业层面		国家层面		国家—行业层面	
宏观经济因素	GDP_{it-1}	0.692*** (−3.06)	0.715*** (−2.80)	0.657*** (−5.32)	0.661*** (−5.20)	0.936* (−1.82)	0.937* (−1.77)	0.938*** (−3.67)	0.940*** (−3.54)
	TAR_{it-1}	1.019 (0.23)	1.006 (0.07)	1.106* (1.94)	1.102* (1.86)	0.942*** (−5.24)	0.942*** (−5.23)	0.967*** (−6.69)	0.966*** (−6.72)
	STR_{it}	0.609*** (−3.54)	0.643*** (−3.10)	0.484*** (−8.33)	0.491*** (−8.04)	0.668*** (−5.44)	0.670*** (−5.39)	0.504*** (−17.29)	0.509*** (−17.01)
	DEP_{it}	1.145*** (3.59)	1.127*** (3.13)	1.219*** (8.12)	1.213*** (7.78)	1.043** (2.11)	1.043** (2.11)	1.167*** (12.99)	1.163*** (12.69)
	$FGDP_{jt-1}$	1.115*** (2.66)	1.087* (1.92)	1.044** (2.00)	1.034 (1.52)	1.002 (0.13)	1.004 (0.25)	0.991 (−1.12)	0.990 (−1.18)
	EX_{ijt-1}	1.022** (2.39)	1.019* (1.85)	1.010 (1.50)	1.009 (1.25)	1.017 (1.20)	1.016 (1.12)	1.014** (2.25)	1.014** (2.30)
	IMP_{ijt}	1.970*** (5.54)	2.468*** (4.27)	1.000 (0.00)	0.961 (−0.39)	2.392*** (4.79)	2.377*** (4.02)	1.400*** (4.72)	1.477*** (5.15)
策略性因素	TFT_{ijt-1}	0.983 (−0.29)	0.998 (−0.03)	1.201*** (5.04)	1.218*** (5.15)	1.065 (0.53)	1.074 (0.60)	1.163*** (3.14)	1.180*** (3.41)
	RET_{it-1}	1.016 (1.54)	1.010 (0.98)	1.010 (1.51)	1.007 (1.09)	0.990 (−0.50)	0.991 (−0.48)	0.999 (−0.13)	0.999 (−0.09)

（续表）

		中国				印度			
		是否发起反倾销		发起案例数		是否发起反倾销		发起案例数	
	$CLUB_{jt-1}$	0.996 (−0.36)	1.007 (0.52)	0.954*** (−6.10)	0.954*** (−5.86)	0.999 (−0.15)	0.996 (−0.46)	1.001 (0.29)	1.001 (0.34)
	$DEFL_{jt-1}$	0.980 (−0.90)	0.978 (−0.90)	0.972** (−2.21)	0.970** (−2.26)	1.033*** (3.12)	1.035*** (3.11)	1.026*** (7.84)	1.026*** (7.66)
	$ECHO_{jt}$	1.073*** (3.13)	1.069*** (2.63)	1.069*** (5.09)	1.059*** (4.11)	1.036*** (3.28)	1.038*** (3.34)	0.999 (−0.31)	0.999 (−0.27)
其他因素	FTA_{it}	0.706*** (−5.15)	0.725*** (−4.80)	0.682*** (−8.47)	0.691*** (−8.16)	1.051 (1.31)	1.049 (1.25)	1.101*** (4.88)	1.097*** (4.73)
	REC_t	14.361*** (3.87)	10.914*** (3.52)	28.604*** (7.04)	26.281*** (6.81)	0.403** (−2.30)	0.411** (−2.25)	0.114*** (−10.71)	0.118*** (−10.58)
国家效应		No	Yes	No	Yes	No	Yes	No	Yes
行业效应		No	No	No	Yes	No	No	No	Yes
回归方法		NB	NB	NB	NB	NB	NB	NB	NB
样本量		478	478	1 826	1 826	1 291	1 275	7 696	7 665

注：括号内为回归系数的 z 统计值，***、**、* 分别表示估计系数在 1%、5%与 10%的统计水平上显著。

第五节　结　论

本章从中印反倾销的对比分析出发，研究了新兴经济体的反倾销模式与动因，以中国和印度为例揭示了不同国家反倾销差异性存在的原因。根据理论分析将影响因素分为宏观经济因素、策略性因素和其他因素三个方面，分别研究了各因素对中国和印度反倾销的影响，并通过合并数据进行了差异显著性检验，进一步对比研究了中国和印度针对不同国家和不同行业反倾销的异质性。

关于中国的反倾销行为，除了外国经济增长的影响方向与理论预期不符，其他因素均较好地解释了反倾销发起的原因，而外国经济增长的正向影响与中国融入世界经济的程度有关。与中国的反倾销行为相比，印度反倾销的规律性特征则相对不明显，特别是策略性因素表现与理论预期不符。

通过差异显著性检验，我们发现经济增长、反倾销"俱乐部"效应以及 FTA 参与对中国反倾销的负向影响均大于印度，这在一定程度上解释了印度发起反倾销数量远多于中国的原因。由于行业异质性，中国在不同行业中的反倾销动因的正向影响较弱，负向影响因素的显著性更强，而印度则并没有体现类似的行业差异性。另外，中印反倾销的显著差异还表现在报复模式和传播模式的不同，特别是在报复模式方面，印度与发达国家更为相似。

中印反倾销针对不同类型国家的表现既有相似之处也存在不同。中国反倾销主要针对发达国家，而印度由于反倾销数量较多、频率较高，因此印度反倾销存在一定的主观任意性，故其针对发达国家和发展中国家的反倾销总体上差异不大；在报复性因素方面，尽管其对中印反倾销的影响方向不同，但中国和印度的行为都主要针对发展中国家，反映了"南南"摩擦加重的趋势；至于其他因素，印度对发达国家和发展中国家的反倾销行为依然相似，而中国则对发展中国家的贸易保护措施较为宽松，尤其是在经济危机之后。

第四章 反倾销对中国多产品企业出口产品调整的影响

第一节 引 言

多产品企业是生产和国际贸易的主体。2000—2009 年,中国出口企业中多产品企业的数量比重为 75%,而多产品企业出口额占中国出口总额的比重高达 94%。如图 4.1 和 4.2 所示,多产品出口企业的数量比重和出口额比重保持在非常稳定的水平,可见多产品出口企业才是中国出口企业的主体。传统贸易理论对单一产品的假

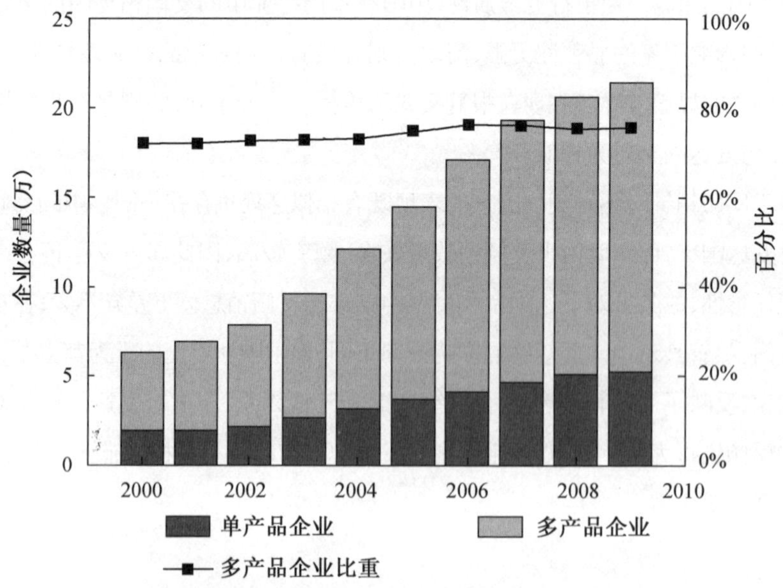

图 4.1 中国出口企业中单产品企业与多产品企业数量分布

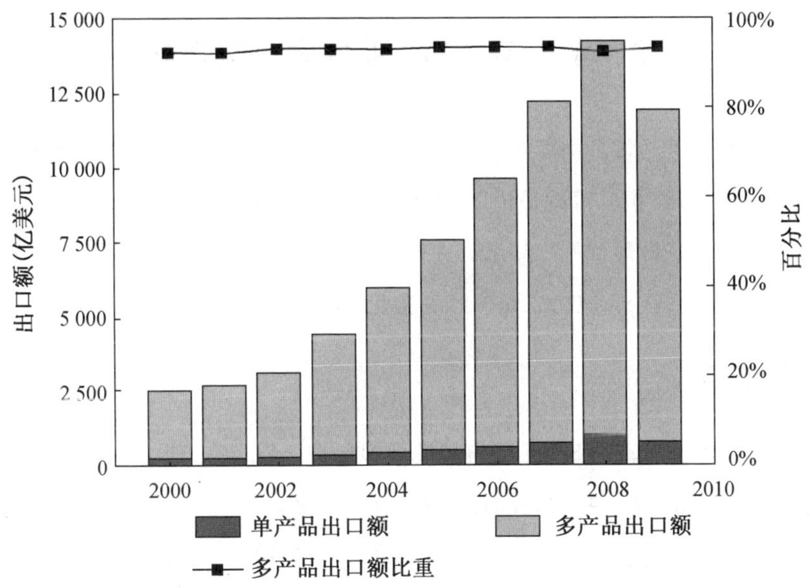

图 4.2　中国单产品企业与多产品企业出口额分布

定尽管便于简洁刻画和分析企业出口行为,但并不符合现实,而且企业内产品调整带来的资源优化配置和产出改进,与企业间的进入退出同等重要(Bernard, Redding & Schott, 2011)。随着微观企业数据的可获得性提高,越来越多的研究开始关注多产品企业,特别是作为企业内资源再分配表现的多产品企业的产品调整。

多产品企业的产品调整主要包括两方面:一是企业增加或减少产品种类,即产品范围的扩张或收缩;二是企业在增加或减少产品种类的同时,改变不同产品间的资源配置,即产品结构的调整。基于扩展的异质性企业贸易理论,从反倾销政策冲击的角度研究中国多产品出口企业的产品调整,本章的分析重点在于:(1) 现有文献多关注以关税削减政策为代表的贸易自由化的影响,而这里则关注临时性贸易政策冲击对中国出口企业产品调整的影响;(2) 已有文献多考虑企业类型、市场特征等方面的异质性,本章还考察以核心产品表示的企业内部产品异质性的影响;(3) 除了关注企业产品范围和产品结构的调整,本章还创新性地对核心产品转换进行了拓展分析。

第二节 多产品企业理论模型分析

为了分析贸易政策冲击下多产品企业在产品调整上的选择，本节参考 Bernard, Redding & Schott(2011)的理论模型，放宽了 Melitz(2003)模型单产品企业的假定，允许异质性企业选择最优的产品组合进行生产和出口。其中异质性来自两方面：一是不同企业之间存在异质性，二是多产品企业内部的产品之间存在异质性。

一、模型设定

Bernard, Redding & Schott(2011)模型假定有 i 个国家，其中 $i\in\{1, 2, 3,\cdots, J\}$，且每个国家均有 L_i 单位的劳动，其供给弹性不变。代表性消费者从连续对称的消费集中选择商品并获得效用，消费区间标准化为[0,1]。消费者需求为不变替代弹性(CES)，因此 j 国的代表性消费者的效用函数采用 Dixit & Stiglitz(1977)形式：

$$U_j=\left[\int_0^1 C_{jk}^{\nu}dk\right]^{\frac{1}{\nu}},\quad 0<\nu<1 \tag{4.1}$$

其中 k 代表商品，每种商品都有连续的企业提供水平差异化的产品种类；C_{jk} 表示包含来自各国的商品的消费指数，同时采用 CES 函数形式：

$$C_{jk}=\left[\sum_{i=1}^{J}\int_{\omega\in\Omega_{ijk}}\left[\lambda_{ijk}(\omega)c_{ijk}(\omega)\right]^{\rho}d\omega\right]^{\frac{1}{\rho}},\quad 0<\rho<1 \tag{4.2}$$

其中 i 和 j 代表国家，ω 表示从 i 国出口到 j 国的商品 k 的产品种类，Ω_{ijk} 表示内生选择的产品种类集合，$\lambda_{ijk}(\omega)\geqslant 0$ 表示产品属性，替代弹性 $\sigma=1/(1-\rho)>1$，价格指数为：

$$P_{jk}=\left[\sum_{i=1}^{J}\int_{\omega\in\Omega_{ijk}}\left(\frac{P_{ijk}(\omega)}{\lambda_{ijk}(\omega)}\right)^{1-\sigma}\mathrm{d}\omega\right]^{\frac{1}{1-\sigma}} \tag{4.3}$$

假设企业生产出口到 j 国的产品 k 的固定成本为 $q_{ijk}(\varphi, \lambda_{jk})$，其中 φ 表示生产率，λ 表示产品属性或消费者偏好。i 国企业进入 j 国市场的固定成本为 F_{ij}，同时每出口一种产品就面临固定成本 f_{ij}。企业出口的可变贸易成本采用冰山成本 $\tau_{ij}>1$，如运输成本等。为方便起见，假设生产的固定成本为 0，只考虑企业出口的固定成本。

二、理论分析

由于企业在一种产品市场中的价格选择无法影响产品的价格指数，所以企业的利润最大化问题可以简化为每种产品的利润最大化问题，从而得到一种产品的均衡价格为边际成本的固定加成：

$$P_{ij}(\varphi,\lambda)=\tau_{ij}\frac{1}{\rho}\frac{\omega_i}{\varphi} \tag{4.4}$$

根据以上定价原则，i 国企业出口到 j 国产品的均衡收入和均衡利润分别为：

$$r_{ij}(\varphi,\lambda)=(\omega_i\tau_{ij})^{1-\sigma}\omega_i L_j(\rho P_j\varphi\lambda)^{\sigma-1} \tag{4.5}$$

$$\pi_{ij}(\varphi,\lambda)=\frac{r_{ij}(\varphi,\lambda)}{\sigma}-\omega_i f_{ij}=0 \tag{4.6}$$

给定生产率 φ，企业选择出口特定产品的临界条件为：

$$r_{ij}(\varphi,\lambda_{ij}^*(\varphi))=\sigma\omega_i f_{ij} \tag{4.7}$$

其中 $\lambda_{ij}^*(\varphi)$可由出口到 j 国的 i 国最低生产率企业的产品属性 $\lambda_{ij}^*(\varphi_{ij}^*)$来表示：

$$\lambda_{ij}^*(\varphi)=(\varphi_{ij}^*/\varphi)\lambda_{ij}^*(\varphi_{ij}^*) \tag{4.8}$$

由此可知，生产率越高的企业，其进入门槛越低，而临界值 φ_{ij}^* 或 $\lambda_{ij}^*(\varphi_{ij}^*)$越高的市场，其进入门槛越高。由于产品属性独立分布于连续且对称的产品中，所以生产率为 φ 的 i 国企业在 j 国市场的出口产品比例和企业的产品属性大于 $\lambda_{ij}^*(\varphi)$的概率数值相等：$[1-Z(\lambda_{ij}^*(\varphi))]$。

企业出口每种产品的期望收入是企业生产率的函数，等于企业出口该产品的概率乘以企业出口该产品的条件期望收入，而企业在特定市场的总收入就是各产品收入的加总，所以企业在特定市场的收入和利润分别为：

$$r_{ij}(\varphi)=\int_{\lambda_{ij}^*(\varphi)}^{\infty} r_{ij}(\varphi,\lambda)z(\lambda)d\lambda \tag{4.9}$$

$$\pi_{ij}(\varphi)=\int_{\lambda_{ij}^*(\varphi)}^{\infty}\left(\frac{r_{ij}(\varphi,\lambda)}{\sigma}-\omega_i f_{ij}\right)z(\lambda)d\lambda-\omega_i F_{ij} \tag{4.10}$$

企业生产率 φ 越低，则出口特定产品的门槛 $\lambda_{ij}^*(\varphi)$越高，企业出口该产品的概率 $[1-Z(\lambda_{ij}^*(\varphi))]$越低。因此，生产率低的企业出口到特定市场的产品比例较低，从每种产品中获得的期望收入也较低。企业出口的零利润临界条件为 $\pi(\varphi_{ij}^{*})=0$。结合企业出口的临界条件、特定产品出口的临界条件以及企业利润函数,可以得到出口产品到 j 国的 i 国生产率最低企业的产品属性临界值 $\lambda_{ij}^{*}(\varphi_{ij}^{*})$:

$$\int_{\lambda_{ij}^{*}(\varphi_{ij}^{*})}^{\infty}\left[\left(\frac{\lambda}{\lambda_{ij}^{*}(\varphi_{ij}^{*})}\right)^{\sigma-1}-1\right]f_{ij}z(\lambda)d\lambda=F_{ij} \tag{4.11}$$

基于贸易成本与出口边际的角度,Bernard, Redding & Schott(2011)的理论分析和经验研究结果表明,可变贸易成本 τ_{ij} 下降会降低外国市场的产品价格,如果考虑到弹性需求,企业收入和可变利润会因此增加。此时,曾经只供给国内市场的低属性产品也在出口市场变得有利可图,从而产生如下结果:(1) 增加特定市场中企业出口产品的数量(企业内的产品扩展边际);(2) 增加特定产品的出口市场数量(企业内的市场扩展边际);(3) 提高出口企业的比例(企业间的扩展边际);(4)提高企业在特定市场中特定产品的出口(集约边际)。另外,对于企业内的出口边际,产品间的出口分布差异明显,企业出口严重偏向其核心产品。

Bernard, Redding & Schott(2011)模型主要讨论贸易成本对企业产品范围的影响,而没有对产品结构展开分析。本章从反倾销政策冲击(可变贸易成本 τ_{ij} 提高)出发,除了关注企业产品范围的变化,还重点关注企业内部产品结构的调整,即不同产品间的出口分布变化。基于模型分析,本章提出如下理论假设:

假说 1:可变贸易成本 τ_{ij} 的提高,会降低企业收入和可变利润,所以属性值较大的产品被迫退出特定市场,因此会减少特定市场中企业出口产品的数量,同时当企业利润低于产品出口的临界值时,属性值较大的产品直接退出出口市场,因此企业在全球市场的产品范围也会收缩。

假说 2:可变贸易成本 τ_{ij} 的提高,使得企业在放弃属性值较大的产品的同时,由于特定市场以及全球市场中的产品总数量减少,从而原本偏向核心产品的企业内部资源会更加偏向其核心产品,核心产品在企业内的出口份额提高。

第三节　实证模型与数据

一、数据描述

本章数据有三个主要来源:中国工业企业调查数据库、中国海关数据库和全球反倾销数据库。工业企业数据库包含了所有国有企业以及大型(销售额500万人民币以上)非国有企业的数据,数据涵盖了平均每年超过20万家企业和超过100个企业财务指标。本文选取了2000—2009年的工业企业数据,其中2000年和2009年分别包括162 885家和316 913家企业,同时参考谢千里、罗斯基和张轶凡(2008)以及余淼杰(2011)普遍采用的做法对数据进行如下筛选:(1) 删除关键变量(总资产、工业总产值、职工人数和销售额)缺失的样本;(2) 删除涉及变量缺失的样本;(3) 删除职工人数少于10的样本;(4) 删除不符合会计原则(流动资产大于总资产、固定资产净值大于总资产)的样本。

海关数据库详细记录了中国企业每笔进出口交易的企业、产品和目的地以及交易额、交易数量和单位价值等月度贸易信息。本文首先将海关月度数据合并为年度数据,然后将工业企业数据库和海关数据库进行匹配,使企业信息与贸易信息相结合,但两个数据库采用不同的编码规则,无法直接匹配。本文借鉴余淼杰(2011)的匹配方法,先利用两个数据库中的企业名称进行匹配,然后利用企业的邮政编码和电话号码后7位进行匹配,数据处理和匹配结果如表4.1所示。匹配结果中的企业数量占海关数据库中企业总数的25%,占工业企业数据库的60%,同时这些企业的贸易额占海关贸易总额的56%。另外,海关数据库中除了制造型企业还包括46%的贸易型企业,而这些贸易型企业并不在工业企业数据库的统计之列。因此,数据匹配结果较为理想。

全球反倾销数据库则提供了在WTO框架下,主要成员国所有反倾销案例信息和目标产品信息。本文从中整理了2000—2009年对中国发起反倾销的17个国家以及HS-6的目标产品信息,并根据企业出口产品和出口目的地,对反倾销所涉及企业进行了识别。最后,本文保留了最可能发生反倾销的 2 225 种 HS - 6 产品,即遭到反倾销起诉的 312 种 HS - 4 产品,将其作为双重差分模型中的对照组样本。另外,由于本文关注多产品企业的产品调整,特别是企业内不同产品的组合调整,因此本文样本剔除了纯粹的单产品企业,即整个样本期间只出口一种产品的企业。

表 4.1 原始数据与合并数据描述

时间	贸易数据		企业数据			合并数据	
	观察值 (1)	出口企业 (2)	原始样本 (3)	筛选样本 (4)	出口企业 (5)	观察值 (6)	出口企业 (7)
2000	1 882 487	62 772	162 885	126 492	35 372	282 820	19 896
2001	2 121 515	68 487	171 256	137 119	38 498	377 976	25 274
2002	2 524 453	78 445	181 557	151 784	43 330	407 020	24 264
2003	3 213 643	95 689	196 222	169 856	48 015	578 441	27 534
2004	3 990 237	120 591	279 092	262 696	—	713 379	39 572
2005	5 056 420	144 031	271 835	258 574	74 633	856 133	43 483
2006	7 801 724	186 619	301 961	290 026	78 465	1 419 500	50 194
2007	7 337 301	193 567	336 768	329 546	78 526	1 058 650	50 209
2008	7 812 483	206 529	411 407	392 052	138 087	1 348 905	63 835
2009	8 091 569	216 230	320 778	316 913	67 616	1 189 510	55 418

注:(1)和(2)分别报告了海关贸易数据中的观察值(产品—企业—国家)和出口企业的数量;(3)列报告了原始企业数据中的企业数量,(4)和(5)分别报告了处理后企业数据中的企业数量和出口企业数量;(6)和(7)分别报告了合并数据中的观察值和出口企业数量。

图 4.3 展示了样本期间我国出口企业的产品范围分布,由图可知,大部分企业的出口产品数量都在 3 个以内,只有少部分大企业产品范围较大。以 2006 年为例,如表 4.2 所示,单产品企业数量占比 24%,出口产品数在 5 个以内的企业数量占比在 70%以上。然而,如果考虑到出口额加权的比例分布,单产品企业出口额只占 6%,而出口 10 个及以上产品的企业出口额占比 60%以上。另外,企业的市场范围也有相似的分布特征。

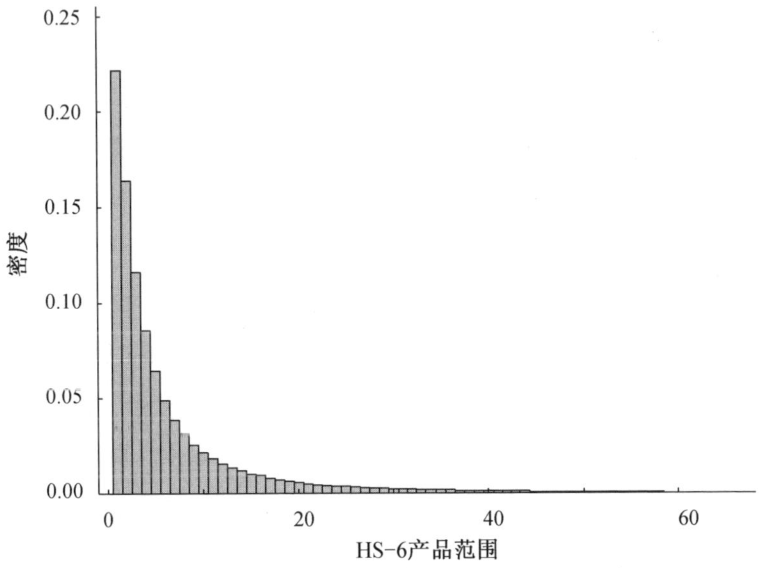

图 4.3　2000—2009 年中国出口企业产品范围分布

表 4.2　2006 年中国出口企业的产品和市场分布

	产品数量	市场数量				
		1	2～5	6～10	≥10	总计
企业数量比例(%)	1	14.29	7.18	1.46	0.83	23.76
	2～5	9.81	17.92	5.71	3.91	37.37
	6～10	2.14	6.19	3.32	2.95	14.60
	≥10	2.18	6.25	5.32	10.52	24.27
	总计	28.43	37.55	15.81	18.21	100
出口额比例(%)	1	1.57	2.00	1.14	1.45	6.15
	2～5	1.67	5.51	4.45	8.87	20.50
	6～10	0.56	2.80	2.86	6.61	12.83
	≥10	1.20	4.82	6.24	48.27	60.52
	总计	4.99	15.13	14.69	65.20	100

二、模型与变量选取

为了研究反倾销对企业产品调整的影响，这里采用双重差分模型，针对出口遭受反倾销产品的处理组企业和出口其他密切相关产品（即与反倾销产品位于相同的HS－4）的对照组企业，观察在反倾销后企业是否会在产品调整方面做出反应。为控制反倾销的内生性问题，对反倾销效应进行了滞后处理。回归的计量模型设定如下：

$$y_{fhct}=\alpha_t+\alpha_c+\alpha_f+\beta_0 AD_{hct-1}+\beta_1 X_{ft}+\varepsilon_{fhc} \tag{4.12}$$

其中，下标 f、h、c 和 t 分别表示出口企业、HS－6 产品、进口国和年份。y_{fhct} 是结果变量，即企业出口的产品范围和产品结构；AD_{hct-1} 是反倾销虚拟变量，当 c 国在 $t-1$ 年针对产品 h 发起反倾销时，取值为 1，否则为 0；X_{ft} 是对企业产品选择有影响的其他控制变量；α_t、α_c 和 α_f 分别表示年份、国家层面和企业层面的固定效应。模型中各变量的描述性统计特征如表 4.3 所示。

表 4.3　各变量描述性统计特征

	变量	定义	均值	标准差
被解释变量	$scope^1_{fct}$	企业 f 在特定市场 c 的产品范围	7.769 294	16.126 15
	$scope^2_{ft}$	企业 f 在全球市场的产品范围	18.948 81	43.609 44
	mix^1_{fct}	企业 f 在特定市场 c 的产品结构	−0.199 11	2.634 861
	mix^2_{ft}	企业 f 在全球市场的产品结构	1.860 618	1.872 617
	T_{fct}	企业 f 在特定市场 c 的产品偏度	0.322 242	0.434 444
	T_{ft}	企业 f 在全球市场的产品偏度	1.392 563	3.907 245
解释变量	AD_{hct-1}	产品 h 于 $t-1$ 年在 c 国遭受反倾销	0.007 255	0.084 86
	$size_{ft}$	企业规模＝ln(职工人数)	5.784 9	1.307 8
	$log(LP)_{ft}$	劳动生产率＝ln(销售额/职工人数)	3.983 6	1.158 7
	$log(cpt)_{ft}$	资本密集度＝ln(资本/职工人数)	3.857 1	1.357 2
	ex_age_{ft}	样本期间企业出口年限	2.457 1	2.173 9

其中，对被解释变量的定义和测度方法说明如下：

(1) 企业出口的产品范围(product scope):包括在特定市场的 HS－6 产品数量和在全球所有市场的产品数量,同时为了排除反倾销内生性的干扰,在计算产品范围时剔除了直接面临反倾销的产品,其计算方法如下:

$$scope^1_{fct} = \sum\nolimits_{h \neq p} countprd_{fhct} \tag{4.13}$$

$$scope^2_{ft} = \sum\nolimits_{h \neq p} countprd_{fht} \tag{4.14}$$

其中 $scope^1_{fct}$ 和 $scope^2_{ft}$ 分别表示企业在特定市场和在全球市场的产品范围,p 表示直接面临反倾销的 HS－6 产品。

(2) 企业出口的产品结构(product mix):借鉴 Mayer, Melitz & Ottaviano (2014)研究中的测度方法,首先按照每种产品每年在特定市场和全球市场的出口额对企业内的产品分别进行排序,将其中出口额最高的产品定义为企业的核心产品(core product),然后以核心产品与出口额排第二位的产品的"距离"(相对销售额)来衡量产品结构的调整情况。测度方法如下:

$$mix^1_{fct} = \log\left(\frac{value_{fbct}}{value_{fsct}}\right) \tag{4.15}$$

$$mix^2_{ft} = \log\left(\frac{value_{fbt}}{value_{fst}}\right) \tag{4.16}$$

mix^1_{fct} 和 mix^2_{ft} 分别表示企业在特定市场和在全球市场的产品结构,其中 b 和 s 分别表示企业在特定市场或者全球市场中销售额最高和第二高的产品。

(3) 企业出口的产品偏度(skewness):对企业产品结构调整的测度方式还包括表现偏度的泰尔指数(Theil index)。它是唯一可以将总体偏度进行稳定分解的指标(Mayer, Melitz & Ottaviano, 2014)。此处具体是指将企业特定产品在全球市场销售额的偏度分解为在不同目标市场销售额的偏度,如果其数值越小,则表示偏度越小,企业内不同产品间的销售额差异越小。测度方法如下:

$$T^I_{ft} = \sum_c \frac{x^I_{fct}}{x^I_{ft}} T^I_{fct} - \sum_c \frac{x^I_{fct}}{x^I_{ft}} T^B_{fct} \tag{4.17}$$

$$T^I_{fct} = \sum_{h \in I} \frac{x^h_{fct}}{x^I_{fct}} \log\left(\frac{x^I_{fct}}{x^h_{fct}}\right), x^I_{fct} = \sum_{h \in I} x^h_{fct} \tag{4.18}$$

$$T_{fct}^{B} = \sum_{h \in I} \frac{x_{fct}^{h}}{x_{ft}^{I}} \log\left(\frac{x_{fct}^{h}/x_{fct}^{I}}{x_{ft}^{h}/x_{ft}^{I}}\right) \tag{4.19}$$

其中 I 表示 HS-2 代表的行业，T_{ft}^{I} 表示企业—行业层面在全球市场的偏度，可以分解为特定目标市场内（within-destination）的偏度 T_{fct}^{I} 和不同目标市场之间（between-destination）的偏度 T_{fct}^{B}。通过以上计算，首先可得到特定市场和不同市场间的偏度，然后全球市场的偏度由加权平均的特定市场偏度和市场间偏度构成，其权重为特定市场出口额占企业总出口额的比重。

对控制变量的设定和预期说明如下：

(1) 企业规模($size_{ft}$)：理论上，规模越大的企业，其生产的产品线越多，出口的产品范围也越大。而对于产品结构，规模大的企业更有能力发展自己的核心竞争力产品，所以其销售额可能偏向其核心产品，但同时规模大的企业可能拥有多种具有竞争力的产品，从而其销售额在各个有竞争力的产品之间可能会相对平均。因此，企业规模对产品范围的预期效应为正，但对产品结构的影响不确定。

(2) 企业劳动生产率($log(LP)_{ft}$)：理论上，企业的生产率越高，企业生产的可变成本越低，越有能力拓宽其产品范围，因此企业劳动生产率对产品范围的影响预期为正。但是，高生产率的企业也有能力从多方面发展核心竞争力，因此生产率对产品结构的影响不确定。

(3) 企业资本密集度($log(cpt)_{ft}$)：与劳动密集型企业相比，资本密集型企业更有条件开拓新产品，因此企业资本密集度对产品范围的预期作用为正。由于资本密集型企业更有能力发展多种产品，因此资本密集度对产品结构的影响并不确定。

(4)企业出口年限(ex_age_{ft})：企业出口时间长，不仅表示企业的出口经验丰富，还有利于企业声誉的形成，这些均可降低企业的贸易成本（如搜寻成本、进入市场的固定成本等），所以出口年限长的企业更有动力在已有市场增加出口产品种类，因此对企业产品范围的预期影响为正。随着企业出口年限的增加，企业可能不断尝试出口新产品，所以其核心产品的相对销售额可能因为核心产品的稳固地位而上升，也可能因为其他产品的出口而下降，因此出口年限对产品结构的影响不确定。

第四节　反倾销对企业出口产品调整的影响分析

一、反倾销对出口产品范围的影响

根据理论分析和模型设定，我们首先考察反倾销对企业产品范围的影响，包括企业在特定市场以及在全球所有市场的产品范围。由于企业产品数量属于计数变量，这里采用了计数模型中的负二项(NB)回归，并以不同固定效应的普通最小二乘(OLS)回归作为稳健性检验，同时在基准模型的基础上引入各个控制变量，分别报告了计数模型的发生率和OLS的回归系数。表4.4和表4.5分别是针对企业在特定市场和全球市场的产品范围的模型估计结果。

表 4.4　反倾销对企业特定市场产品范围的影响

	(1)	(2)	(3)	(4)	(5)	(6)
AD_{hct-1}	0.894*** (−6.68)	0.895*** (−6.21)	−0.814*** (−6.85)	−0.802*** (−6.49)	−1.147*** (−15.34)	−1.179*** (−15.44)
$size_{ft}$		1.158*** (134.34)		1.573*** (114.50)		0.461*** (15.20)
$log(LP)_{ft}$		1.136*** (108.50)		1.140*** (109.16)		0.114*** (11.77)
$log(cpt)_{ft}$		0.997** (−2.20)		0.009 (0.96)		0.053*** (4.66)
ex_age_{ft}		1.014*** (19.61)		0.076*** (13.56)		0.330*** (67.74)
企业效应	No	No	No	No	Yes	Yes
国家效应	No	No	No	No	Yes	Yes
年份效应	Yes	Yes	Yes	Yes	Yes	Yes
回归方法	NB	NB	OLS	OLS	OLS	OLS
样本量	2 412 665	2 249 901	2 412 665	2 249 901	2 412 665	2 249 901

注：括号内为回归系数的 z 统计值或 t 统计值，***、**、* 分别表示估计系数在1%、5%与10%的统计水平上显著。

由表4.4中(1)(2)列的结果可知,反倾销对企业在特定市场的产品范围具有显著负向影响,反倾销的发起使得企业增加一种产品种类的发生率下降10%。为了对比分析,这里同时考虑了与负二项回归控制具有相同固定效应的OLS回归,以及进一步控制企业及国家固定效应的OLS回归。由(3)～(6)列的结果可知,在不同模型中所得到的结论基本一致,即使剔除了直接遭受反倾销的产品,反倾销的发生仍使得企业在特定市场的产品范围缩小了1个左右,与理论预期相符。另外,其他控制变量的结果也基本符合理论预期,企业规模、劳动生产率和出口年限均对企业特定市场产品范围具有显著的正向效应,而资本密集度则在控制了企业和国家固定效应时具有显著的正向影响。

表4.5　反倾销对企业全球市场产品范围的影响

	(1)	(2)	(3)	(4)	(5)	(6)
AD_{hct-1}	0.829*** (−10.04)	0.829*** (−9.44)	−3.276*** (−10.82)	−3.210*** (−10.20)	−0.792*** (−13.06)	−0.831*** (−12.99)
$size_{ft}$		1.191*** (154.11)		4.933*** (158.26)		0.851*** (27.97)
$log(LP)_{ft}$		1.174*** (127.24)		3.372*** (118.58)		0.247*** (22.96)
$log(cpt)_{ft}$		1.059*** (47.27)		1.409*** (53.07)		0.166*** (13.78)
ex_age_{ft}		1.005*** (5.79)		−0.003 (−0.23)		0.862*** (108.75)
企业效应	No	No	No	No	Yes	Yes
国家效应	No	No	No	No	Yes	Yes
年份效应	Yes	Yes	Yes	Yes	Yes	Yes
回归方法	NB	NB	OLS	OLS	OLS	OLS
样本量	2 412 665	2 249 901	2 412 665	2 249 901	2 412 665	2 249 901

注:括号内为回归系数的z统计值或t统计值,***、**、*分别表示估计系数在1%、5%与10%的统计水平上显著。

反倾销对企业在全球市场产品范围影响的回归结果如表 4.5 所示。(1) (2) 列的结果显示,反倾销对企业在全球市场的产品范围具有显著的负向效应,企业增加产品种类的发生率下降 20%。与表 4.4 中的结果对比可知,反倾销发生后,企业在全球范围内的产品收缩比在特定市场中更加严重。(3) ～(6)列的结果表明,这里的模型结果非常稳健,在不同的回归模型、控制不同的固定效应以及引入不同的控制变量后的回归结果仍然显示,反倾销对企业全球市场的产品范围具有显著的负向影响。即使排除了反倾销涉案产品的影响,在反倾销发生后,企业在全球范围内的产品种类仍然会平均缩减 1～3 个。各控制变量的结果也符合理论预期,企业规模、劳动生产率、资本密集度和出口年限均对企业全球市场的产品范围扩张具有显著的促进作用。

二、反倾销对出口产品结构的影响

为了进一步考察企业在应对反倾销时的产品调整,本小节也对反倾销引起的企业出口产品结构变化进行分析。根据模型设定,我们主要从产品结构调整的两种测度方法出发:一是核心产品与销售额第二高产品之间的距离所表示的产品结构;二是表示企业产品销售偏度的泰尔指数。采用同时控制企业、国家和年份固定效应的模型进行 OLS 回归,结果分别报告在表 4.6 和表 4.7。

表 4.6 中的(1) (2) 列报告了反倾销对企业在特定市场产品结构的影响。结果显示,反倾销对企业在特定市场产品结构调整具有显著的正向影响,即反倾销发生后,企业 f 在市场 c 的核心产品 b 与出口额排第二位的产品 s 之间的距离会增大,即企业核心产品的相对销售额会增加。该结论与理论预期相符,企业在贸易成本提高时会将资源更多地偏向其核心产品,从而促使企业核心产品的相对销售额上升。(3) (4)列则报告了反倾销对企业在全球市场产品结构的影响。结果表明,反倾销对企业全球市场的产品结构没有显著影响。另外,控制变量对企业在不同市场的影响并不一致,所以企业规模和劳动生产率对企业在特定市场和全球市场产品结构的影响方向相反。资本密集度和出口年限则对企业在特定市场和全球市场的产品结构均具有显著的负向影响。

表 4.6　反倾销对企业产品结构的影响

	特定市场		全球市场	
	(1)	(2)	(3)	(4)
AD_{hct-1}	0.060*** (3.86)	0.068*** (4.16)	0.008 (0.95)	0.006 (0.73)
$size_{ft}$		−0.117*** (−23.69)		0.015*** (5.30)
$log(LP)_{ft}$		−0.012*** (−4.91)		0.023*** (17.14)
$log(cpt)_{ft}$		−0.010*** (−3.92)		−0.004*** (−3.14)
ex_age_{ft}		−0.037*** (−28.72)		−0.023*** (−29.10)
企业效应	Yes	Yes	Yes	Yes
国家效应	Yes	Yes	Yes	Yes
年份效应	Yes	Yes	Yes	Yes
样本量	2 164 307	2 018 273	2 196 092	2 047 875

注:括号内为回归系数的 t 统计值,***、**、* 分别表示估计系数在 1%、5%与 10% 的统计水平上显著。

表 4.7 报告了反倾销对企业产品偏度影响的估计结果,其中第(1) (2) 列是反倾销对企业在特定市场的影响,第(3) (4)列是反倾销对企业在全球市场的影响。由结果可知,反倾销对企业在特定市场的产品销售偏度具有显著负向效应,说明在反倾销发生以后,企业在该市场的各产品销售额偏度减小,即企业内各产品之间的差异减小。而反倾销对企业在全球范围内产品销售偏度的影响则不显著,该结论并不符合理论预期,但是考虑到反倾销效应对于异质性企业、产品和市场之间存在差异,所以下面还将对反倾销的总体效应进行分解,以做进一步分析。

表 4.7　反倾销对企业产品偏度的影响

	特定市场		全球市场	
	(1)	(2)	(3)	(4)
AD_{hct-1}	−0.011*** (−3.99)	−0.013*** (−4.65)	−0.000 (−0.05)	−0.001 (−0.17)
$size_{ft}$		0.014*** (17.58)		0.016*** (6.98)
$log(LP)_{ft}$		0.002*** (4.21)		0.003** (2.37)
$log(cpt)_{ft}$		0.002*** (5.05)		−0.002 (−1.28)
ex_age_{ft}		0.003*** (16.89)		0.002*** (2.99)
企业效应	Yes	Yes	Yes	Yes
国家效应	Yes	Yes	Yes	Yes
年份效应	Yes	Yes	Yes	Yes
样本量	2 412 665	2 249 901	2 412 665	2 249 901

注：括号内为回归系数的 t 统计值，***、**、* 分别表示估计系数在 1%、5%与 10%的统计水平上显著。

第五节　基于异质性视角的效应分析

一、效应分解

为了进一步考察异质性对反倾销效应的影响，基于面临反倾销的产品是否为企业的核心产品这一标准，我们对反倾销总体效应进行分解。选择核心产品作为异质性标准主要是基于：一是企业在贸易成本提高的压力下进行产品范围收缩时，会首先放弃其非核心产品，我们想要考察，当面临反倾销的产品正是企业的核心产品时，该影响是否会有所不同。二是产品结构的调整主要基于核心产品与其他产品之间的资源分布,因此反倾销对产品结构的影响效应表现为,企业面临贸易成本提高时会将资源配置偏向于核心产品,从而使得核心产品的相对销售额提高、企业各产品间的差异增大。此处的关注点在于,当核心产品面临反倾销时,其出口额会因贸易限制效应而降低,此时反倾销对企业核心产品相对销售额的影响是否会有所不同。

表 4.8 和 4.9 分别报告了反倾销对企业在特定市场和全球市场产品范围的影响效应之分解结果。对比分析可知,反倾销影响下的企业在特定市场和全球市场的产品范围调整相一致。面临反倾销的产品是企业的核心产品与否,企业所做出的反应具有显著差异。如果是企业的核心产品遭受反倾销,则企业在特定市场和全球市场的产品范围都会显著收缩,企业增加产品种类的发生率下降 70%;如果是企业的其他产品面临反倾销,则企业在特定市场和全球市场的产品种类或者增加或者小幅减少。这说明反倾销对企业产品范围的负向效应主要来自反倾销对企业核心产品的影响。回归样本中核心产品在反倾销发生当年的比重为 31.1%,而在面临反倾销的所有产品中核心产品的比重为 30.5%,二者非常相近,说明导致反倾销效应主要来自核心产品的原因,并不是核心产品遭遇反倾销的概率更高,而是企业在面对反倾销影响时对核心产品和非核心产品做出的异质性反应。核心产品贸易成本的提高显然对企业的打击更大,企业不得不减少非核心产品的出口,收缩产品范围,而其对非核心产品的影响则较小。

表 4.8 反倾销对企业在特定市场产品范围的影响效应分解

	(1)	(2)	(3)	(4)	(5)	(6)
AD_{hct-1} * $core_{fht-1}$	0.263*** (−42.24)	0.277*** (−39.57)	−5.749*** (−87.54)	−5.535*** (−75.24)	−2.391*** (−42.56)	−2.421*** (−41.23)
AD_{hct-1} * $noncore_{fht-1}$	1.170*** (8.83)	1.169*** (8.19)	1.352*** (8.22)	1.306*** (7.61)	−0.603*** (−5.81)	−0.626*** (−5.90)
$size_{ft}$		1.158*** (134.30)		1.571*** (114.41)		0.461*** (15.20)
$log(LP)_{ft}$		1.136*** (108.43)		1.140*** (109.17)		0.114*** (11.78)

（续表）

	(1)	(2)	(3)	(4)	(5)	(6)
$log(cpt)_{ft}$		0.997** (−2.20)		0.009 (1.04)		0.053*** (4.65)
ex_age_{ft}		1.014*** (19.78)		0.077*** (13.71)		0.330*** (67.76)
企业效应	No	No	No	No	Yes	Yes
国家效应	No	No	No	No	Yes	Yes
年份效应	Yes	Yes	Yes	Yes	Yes	Yes
回归方法	NB	NB	OLS	OLS	OLS	OLS
样本量	2 412 665	2 249 901	2 412 665	2 249 901	2 412 665	2 249 901

注：括号内为回归系数的 z 统计值或 t 统计值，***、**、* 分别表示估计系数在1%、5%与10%的统计水平上显著。

表4.9　反倾销对企业在全球市场产品范围的影响效应分解

	(1)	(2)	(3)	(4)	(5)	(6)
$AD_{hct-1} * core_{fht-1}$	0.325*** (−41.16)	0.343*** (−42.93)	−12.860*** (−74.00)	−12.357*** (−62.65)	−1.265*** (−22.79)	−1.266*** (−23.06)
$AD_{hct-1} * noncore_{fht-1}$	1.051** (2.40)	1.045** (1.97)	0.932** (2.21)	0.864** (1.97)	−0.585*** (−7.04)	−0.637*** (−7.20)
$size_{ft}$		1.191*** (154.16)		4.930*** (158.18)		0.851*** (27.97)
$log(LP)_{ft}$		1.174*** (127.22)		3.372*** (118.58)		0.247*** (22.96)
$log(cpt)_{ft}$		1.059*** (47.29)		1.410*** (53.13)		0.166*** (13.78)
ex_age_{ft}		1.005*** (5.94)		−0.002 (−0.12)		0.862*** (108.76)
企业效应	No	No	No	No	Yes	Yes
国家效应	No	No	No	No	Yes	Yes

(续表)

	(1)	(2)	(3)	(4)	(5)	(6)
年份效应	Yes	Yes	Yes	Yes	Yes	Yes
回归方法	NB	NB	OLS	OLS	OLS	OLS
样本量	2 412 665	2 249 901	2 412 665	2 249 901	2 412 665	2 249 901

注：括号内为回归系数的 z 统计值或 t 统计值，***、**、* 分别表示估计系数在 1%、5%与 10%的统计水平上显著。

反倾销对企业产品结构和产品偏度的影响效应分解结果如表 4.10 和 4.11 所示。通过对比可知，反倾销对这两种测度企业产品结构调整的指标具有相似影响。对于产品结构调整，反倾销对企业在特定市场和全球市场具有完全相反的效应。在特定市场中，当非核心产品面临反倾销时，企业会将资源配置偏向核心产品，从而核心产品相对销售额提高；而当核心产品面临反倾销时，由于贸易限制效应会使核心产品出口额下降，此时反倾销的负向效应大于正向效应，从而核心产品的相对销售额下降。在全球市场中，当核心产品面临反倾销时，企业在全球范围内的核心产品相对销售额提高，说明核心产品销售额可能因为贸易转移效应使得负向效应的影响不大，此时反倾销的正向效应大于负向效应，从而反倾销对企业产品结构影响的总体效应符合理论预期。

表 4.10 反倾销对企业产品结构的影响效应分解

	特定市场		全球市场	
	(1)	(2)	(3)	(4)
AD_{hct-1} * $core_{fht-1}$	−0.081** (−2.41)	−0.066* (−1.89)	0.105*** (5.47)	0.105*** (5.32)
AD_{hct-1} * $noncore_{fht-1}$	0.111*** (6.38)	0.115*** (6.43)	−0.027*** (−3.16)	−0.030*** (−3.41)
$size_{ft}$		−0.117*** (−23.69)		0.015*** (5.30)

(续表)

	特定市场		全球市场	
	(1)	(2)	(3)	(4)
$log(LP)_{ft}$		−0.012*** (−4.91)		0.023*** (17.13)
$log(cpt)_{ft}$		−0.010*** (−3.93)		−0.004*** (−3.13)
ex_age_{ft}		−0.037*** (−28.71)		−0.023*** (−29.11)
企业效应	Yes	Yes	Yes	Yes
国家效应	Yes	Yes	Yes	Yes
年份效应	Yes	Yes	Yes	Yes
样本量	2 164 307	2 018 273	2 196 092	2 047 875

注:括号内为回归系数的 t 统计值,***、**、* 分别表示估计系数在 1%、5%与 10%的统计水平上显著。

表 4.11　反倾销对企业泰尔指数的影响效应分解

	特定市场		全球市场	
	(1)	(2)	(3)	(4)
AD_{hct-1} * $core_{fht-1}$	−0.039*** (−11.17)	−0.038*** (−10.63)	0.038*** (4.75)	0.038*** (4.56)
AD_{hct-1} * $noncore_{fht-1}$	0.002 (0.47)	−0.001 (−0.41)	−0.017* (−1.85)	−0.019* (−1.94)
$size_{ft}$		0.014*** (17.57)		0.016*** (6.98)
$log(LP)_{ft}$		0.002*** (4.21)		0.003** (2.36)
$log(cpt)_{ft}$		0.002*** (5.04)		−0.002 (−1.27)

（续表）

	特定市场		全球市场	
	(1)	(2)	(3)	(4)
ex_age_{ft}		0.003*** (16.90)		0.002*** (2.99)
企业效应	Yes	Yes	Yes	Yes
国家效应	Yes	Yes	Yes	Yes
年份效应	Yes	Yes	Yes	Yes
样本量	2 412 665	2 249 901	2 412 665	2 249 901

注：括号内为回归系数的 t 统计值，***、**、* 分别表示估计系数在 1%、5%与 10%的统计水平上显著。

二、拓展分析

在考察了反倾销对企业产品范围和产品结构调整的影响后，我们发现，遭受反倾销的产品是否为企业的核心产品会使得企业做出异质性反应。特别是对于产品结构调整，反倾销对企业在特定市场和全球市场具有完全相反的效应。而产品结构调整的测度基础是核心产品的相对销售额，所以如果存在核心产品的转换（core product switching），即企业转向不同的产品作为自己的核心产品，那么也会对企业产品结构的调整产生影响。因此，下面还将对反倾销是否会影响企业核心产品的转换进行拓展分析，其中核心产品的定义为：

$$core_{fhct}=\begin{cases}1 & value_{fhct}=value_{fbct}\\0 & value_{fhct}<value_{fbct}\end{cases},\quad value_{fbct}=\max\{value_{fhct}\} \tag{4.20}$$

$$core_{fht}=\begin{cases}1 & value_{fht}=value_{fbt}\\0 & value_{fht}<value_{fbt}\end{cases},\quad value_{fbt}=\max\{value_{fht}\} \tag{4.21}$$

$core_{fhct}$ 和 $core_{fht}$ 分别表示企业在特定市场和全球市场的核心产品虚拟变量，$value_{fbct}$ 和 $value_{fbt}$ 分别表示企业在特定市场和全球市场的核心产品销售额。

企业在特定市场和全球市场的核心产品转换定义为：

$$\Delta core_{fhct}=\begin{cases}1 & core_{fhct}\neq core_{fhct-1}\\ 0 & core_{fhct}=core_{fhct-1}\end{cases} \tag{4.22}$$

$$\Delta core_{fht}=\begin{cases}1 & core_{fht}\neq core_{fht-1}\\ 0 & core_{fht}=core_{fht-1}\end{cases} \tag{4.23}$$

$\Delta core_{fhct}$ 和 $\Delta core_{fht}$ 分别表示企业在特定市场和全球市场的核心产品转换，如果企业的核心产品变为不同的 HS-6 产品，则变量取值为 1，否则为 0。

$$\Delta value_{fbct}=\log(value_{fbct})-\log(value_{fbct-1}) \tag{4.24}$$

$$\Delta value_{fbt}=\log(value_{fbt})-\log(value_{fbt-1}) \tag{4.25}$$

同时，用一阶差分表示企业在特定市场和全球市场的核心产品销售额变动，如果 $\Delta value_{fbct}$ 或 $\Delta value_{fbt}$ 增大，说明企业对核心产品进行改进或者核心产品的销售额增加；如果 $\Delta value_{fbct}$ 或 $\Delta value_{fbt}$ 减小，则说明企业的核心产品销售额减小，或转换为更差的产品。

由于企业是否进行核心产品转换是二元响应变量，这里采用 Probit 模型进行回归并报告变量的边际效应。表 4.12 显示了反倾销对企业在特定市场和全球市场进行核心产品转换的影响。由结果可知，反倾销对企业在特定市场和全球市场的核心产品转换都具有显著的正向效应，说明反倾销加快了企业在不同市场的产品转换进程。对于其他控制变量，企业规模和劳动生产率对核心产品转换都是正向影响，而资本密集度和出口年限则都是负向影响。说明规模更大、生产率更高的企业会加快核心产品转换，而资本密集型企业和出口年限长的企业其核心产品相对稳定，转换率低。

表 4.12　反倾销对企业核心产品转换的影响

	特定市场		全球市场	
	(1)	(2)	(3)	(4)
AD_{hct-1}	0.003 28*** (3.29)	0.087 2*** (3.11)	0.012 5*** (3.66)	0.023 7** (2.23)
$size_{ft}$		0.190*** (93.84)		0.078 5*** (111.02)

(续表)

	特定市场		全球市场	
	(1)	(2)	(3)	(4)
$log(LP)_{ft}$		0.046 3*** (22.31)		0.021 7*** (24.86)
$log(cpt)_{ft}$		−0.009 61*** (−5.36)		−0.006 37*** (−8.51)
ex_age_{ft}		−0.010 9*** (−8.96)		−0.063 6*** (−130.97)
回归方法	Probit	Probit	Probit	Probit
年份效应	Yes	Yes	Yes	Yes
样本量	1 105 801	1 026 597	1 604 012	1 493 227

注：括号内为回归系数的 z 统计值，***、**、* 分别表示估计系数在 1%、5%与 10%的统计水平上显著。

为了进一步考察反倾销后企业转换的产品是否优于以前的核心产品，下面基于反倾销对企业核心产品销售额变动的影响进行回归，结果如表 4.13 所示。由此可知，反倾销对企业核心产品销售额具有显著负向影响；结合表 4.12 的结果，说明反倾销使得企业核心产品转向比以往更差的产品。表 4.14 中的结果是对表 4.13 中反倾销影响的效应分解，进一步考虑了前一年是否是核心产品以及核心产品与反倾销的交叉效应。从结果来看，在全球范围内，反倾销对企业核心产品转换的负向效应主要来自对遭受反倾销的核心产品的影响，而稳定的核心产品有利于企业对核心产品的改进；在特定市场，只要面临反倾销，不管遭受反倾销的是否为核心产品，都会对企业的核心产品转换产生不利影响，企业的核心产品销售额下降。

表 4.13　反倾销对企业核心产品销售额变动的影响

	特定市场		全球市场	
	(1)	(2)	(3)	(4)
AD_{hct-1}	−0.087*** (−6.61)	−0.077*** (−5.66)	−0.020*** (−2.79)	−0.016** (−2.19)
$size_{ft}$		0.045*** (9.47)		0.037*** (14.44)
$log(LP)_{ft}$		0.024*** (10.86)		0.027*** (22.59)
$log(cpl)_{ft}$		−0.027*** (−11.16)		−0.042*** (−35.21)
ex_age_{ft}		−0.105*** (−97.21)		−0.123*** (−203.07)
企业效应	Yes	Yes	Yes	Yes
国家效应	Yes	Yes	Yes	Yes
年份效应	Yes	Yes	Yes	Yes
样本量	1 105 801	1 026 597	1 604 012	1 493 227

注:括号内为回归系数的 t 统计值,***、**、* 分别表示估计系数在 1%、5%与 10%的统计水平上显著。

表 4.14　反倾销对企业核心产品销售额变动的影响效应分解

	特定市场		全球市场	
	(1)	(2)	(3)	(4)
AD_{hct-1}	−0.044*** (−2.72)	−0.037** (−2.23)	−0.007 (−0.84)	0.005 (−0.56)
$core_{fht-1}$	0.004 (1.52)	0.004 (1.44)	0.042*** (29.63)	0.043*** (29.41)
$AD_{hct-1} * core_{fht-1}$	−0.090*** (−3.43)	−0.083*** (−3.04)	−0.028** (−1.98)	−0.025* (−1.70)

（续表）

	特定市场		全球市场	
	(1)	(2)	(3)	(4)
$size_{ft}$		0.045*** (9.48)		0.038*** (14.78)
$log(LP)_{ft}$		0.024*** (10.86)		0.027*** (22.65)
$log(cpt)_{ft}$		−0.027*** (−11.15)		−0.042*** (−35.07)
ex_age_{ft}		−0.105*** (−97.15)		−0.123*** (−202.46)
企业效应	Yes	Yes	Yes	Yes
国家效应	Yes	Yes	Yes	Yes
年份效应	Yes	Yes	Yes	Yes
样本量	1 105 801	1 026 597	1 604 012	1 493 227

注：括号内为回归系数的 t 统计值，***、**、* 分别表示估计系数在 1%、5% 与 10% 的统计水平上显著。

第六节　结　论

本章分别从企业产品范围和产品结构调整出发，研究了反倾销对企业出口产品调整的影响，包括在特定市场和全球市场的影响效应。基准模型结果显示，在反倾销影响下企业会收缩其产品范围，同时企业在全球范围内的产品收缩比在特定市场中表现得更为明显；关于产品结构调整，反倾销促使企业在特定市场中核心产品的相对销售额提高，但会减少所有产品之间的总体差异，因而反倾销对企业在全球市场的产品结构调整没有显著影响。

基于产品异质性视角，本章还对反倾销影响企业产品调整的总体效应进行分解。

结果发现，反倾销对企业产品范围的负向效应主要来自其对核心产品的影响，说明核心产品贸易成本的提高对企业的打击更大，企业不得不减少非核心产品的出口，收缩产品范围，而其对非核心产品的影响则较小。同时，在考虑产品异质性后，反倾销对企业在特定市场和全球市场的产品结构调整具有完全相反的效应。在特定市场中，只有当非核心产品面临反倾销时，企业资源配置才会偏向核心产品，而当核心产品面临反倾销时该结论并不成立；在全球市场中，当核心产品面临反倾销时，由于贸易转移效应的影响，企业产品结构仍然偏向其核心产品，而对面临反倾销的非核心产品来说则不一定。

最后，本章检验了反倾销是否会影响企业的核心产品转换。分析结果表明，反倾销加快了企业在特定市场和全球市场的核心产品转换，但是反倾销使得企业的核心产品表现更差。通过进一步分析我们发现，在全球市场中，反倾销对核心产品转换的负向效应主要来自遭受反倾销的核心产品，而稳定的核心产品有利于企业对核心产品的改进；在特定市场中，不管面临反倾销的是核心产品还是非核心产品，反倾销都会对企业的核心产品转换产生不利影响，具体表现为企业的核心产品销售额下降。

第五章 反倾销对中国出口企业产品质量选择的影响

第一节 引 言

产品质量的提升是促进产品出口和经济增长的原动力(Amiti & Khandelwal, 2013)。大量研究发现,与欠发达国家相比,高收入国家的企业往往会生产和出口更高质量的产品(Schott,2004;Hummels & Klenow,2005;Hallak,2006)。在过去几十年中,中国的对外贸易飞速发展,出口规模已居世界第一位,然而在出口质量方面,中国却一直没有明显的优势和改进(施炳展,2010;李坤望、蒋为和宋立刚,2014;张杰、郑文平和翟福昕,2014)。同时,伴随着劳动力成本上升,原材料价格提高,中国的比较优势正逐渐削弱,很难长期维持出口产品的价格优势。中国亟须优化出口结构、提升产品质量,增强出口和经济持续增长的动力。因此,对中国出口企业产品质量升级的探讨显得尤为重要。

产品价格包含的质量信息是对产品质量进行研究的重要前提。因此,文献中通常将单位价值或价格用作出口产品质量的代理变量。大量文献(例如,Schott,2004;Hummels& Klenow,2005;Halrak,2006;Fajgelbaumy, Grossman & Helpman,2011;Malrick & Marques,2012)分析了质量和价格差异如何与出口中的异质性表现相关,例如“ Alchien-Allen 效应”和“质量选择效应”(Kneller & Yu,2016)。然而,用价格作为质量的代理变量需要一些强有力的假设,因为价格不仅可以反映质量,还可以反映生产成本以及成本加成。新近的研究(Khandelwal,2010;Khandelwal, Schott & Wei,2013)从需求残差中获得了新的产品质量指标,这种方法能够更精确地测量和分析产品质量。Khandelwal(2010)开发了这种方法,并发现在具有更大质量差异范围或较长质量阶梯的市场中，单位价值与估计质量的相关性更强。此外，许多其他研究（Manova & Zhang，2012；Fan，Li & Yeaple，2015；Malrick & Marques，2016；Manova & Yu，2017）也表明质量差异在质量和价格之间的关系中起着重要作用。在强调质量差异范围的模型中，生产效率最高的企业通过提高质量、价格和成本加成来应对竞争，而生产效率最低的企业要么退出市场，要么以相反的方式来应对（Antoniades，2015）。这些研究表明，质量差异是了解企业出口绩效及其应对贸易政策冲击的不同反应的关键。

在此基础上，本章利用不同的产品质量测度方式，研究了多产品企业如何根据其产品质量差异对反倾销调查做出不同的应对，提供了有关贸易政策变动对多产品企业绩效影响的新证据，并通过关注多产品企业如何利用特定市场中产品之间的质量调整来应对临时贸易冲击，为贸易政策变动影响企业绩效的研究提供了新的视角。利用2000—2014年的中国海关数据库，首先分析了企业—产品—国家层面滞后一年的反倾销效应并发现，企业可能会通过调整受影响市场中高质量和低质量产品之间的份额，从而提高产品质量。

其次，本章还探讨了生产同一产品的企业之间以及企业内部产品之间的调整。在扩展边际上，反倾销后贸易成本的增加对出口企业产生选择效应。也就是说，随着较高的贸易成本，只有出口高质量产品的企业才能生存，而低质量产品的企业则退出，这导致平均出口质量提高。然后，基于不同的质量离散度指标，我们发现反倾销后质量离散度增加(特别是对于差异化产品和研发集中度较高的产品)，这意味着特定产品的企业之间存在资源重新分配。此外，我们通过分位数回归检验了不同质量百分位的企业对反倾销的异质性反应。事实证明，对于特定产品，只有产品质量较高的企业在反倾销后会提高产品质量，而产品质量较低的企业不会受到影响。我们对HS-4产品层面的反倾销效应进行估计时，也发现了类似的结论，从而进一步证明了产品间的溢出效应。在集约边际上，反倾销导致的市场环境恶化可能会促使生产率更高的幸存企业重新分配资源，而生产率较低的企业要么退出，要么做出相反的决策。也就是说，与退出的企业相比，幸存的出口企业更有可能改善其绩效以应对贸易成本的上升(Jabbour，Tao & Vanino *et al.*，2019)。该发现表明，反倾销促使幸存企业主要对更接近其核心竞争力的产品进行产品质量提升,并促使企业将资源重新配置到其质量更高的产品上。

与本章直接相关的文献主要包括两个方面的内容。首先,本章为反倾销如何通过对产品进行调整来影响企业出口产品质量提供了新的经验证据,为有关临时贸易壁垒对企业绩效的影响做出了有益补充。许多文献已经从不同方面研究了反倾销对企业的影响,如成本加成(Konings & Vandenbussche,2008)、生产率(Pierce,2011;Chandra & Long,2013)、出口(Lu, Tao & Zhang,2013)以及市场进入(Crowley, Meng & Song,2018),但反倾销还可能影响企业在价格和质量方面的异质性选择,特别是对于多产品企业而言。然而,以往的研究很少对此进行探讨。在另一较为相关的研究中,Lu, Tao & Zhang(2018)通过使用2000—2006年间的中国海关数据,分析了中国多产品企业如何调整产品范围和产品结构以应对美国的反倾销。与他们不同的是,本章将反倾销案例扩展到了2000—2014年间中国的所有贸易伙伴国,并进一步探讨了反倾销后的产品调整如何影响出口企业的产品质量水平和质量分布。分析表明,严峻的市场条件促使企业将销售转移到他们具有核心竞争力的产品,这与Lu, Tao & Zhang(2018)的观点一致。此外,与他们的发现不同,多产品企业内除了产品之间会有沿着质量阶梯的调整,我们还发现了生产同一产品的企业之间的调整,即反倾销导致受影响产品的质量分布更加离散。

其次,本章还通过有效识别贸易政策变化对企业和产品层面的冲击,为贸易政策与产品质量和价格之间的关系研究提供了新的证据。企业内部产品层面的调整会对总体经济产生重大影响(Lopresti,2016),因此充分了解企业在产品层面的决策以及其随贸易政策变化的调整至关重要。关于贸易政策对质量和价格的影响,许多文献(Verhoogen, 2008; Antoniades, 2015; Bas & Strauss-Kahn, 2015; Fan, Li & Yeaple,2015; Manova& Yu,2017)通过分析关税下降后的企业决策来研究贸易自由化的影响,并证明贸易自由化对产品质量和价格的异质性影响。然而,针对所有进口来源国的所有出口企业的关税是需求和供给方面的综合效应,这使得我们很难清楚地识别出贸易政策冲击的效应。本章通过关注临时贸易壁垒对产品质量的影响做进一步讨论,并将其作为此类文献的补充。临时贸易壁垒(例如反倾销)只针对特定国家或特定国家内的特定企业，使得我们能够通过控制可能随时间变化的产品层面供需因素，来识别企业面对贸易政策冲击的反应。具体而言，我们以反倾销作为企业—产品—国家层面的贸易冲击，并利用不同测度方式表示的产品质量和质量离散度，对反倾销如何影响企业产品质量选择进行了实证分析。

由于 Melitz(2003)模型仅考虑消费者水平多样化的偏好，却忽略了产品的垂直差异性，所以其并不能解释全部的贸易现象。因此，越来越多的研究开始关注产品质量，并将产品质量异质性引入模型。基于 Hallak & Sivadasan(2009)的质量内生模型，为了探讨贸易政策冲击对出口企业产品质量和价格选择的影响，本章主要从以下三个方面来研究反倾销的影响：(1) 基于行业异质性和国家异质性，分析了反倾销对不同行业以及不同目标市场的企业出口产品质量和价格的影响；(2) 基于企业异质性，从企业的市场退出入手，研究了不同企业的产品质量和价格在面对反倾销时的异质性反应；(3) 基于企业内的产品和市场异质性，考察企业在产品质量和价格面临反倾销的影响时如何在不同产品和市场间做出调整。

第二节　质量内生理论模型分析

本节参考 Hallak & Sivadasan(2009)的理论模型，构建质量内生的异质性企业理论模型，分析贸易政策冲击下企业的质量和价格选择。模型中的企业表现为两方面的异质性：一是生产率，生产率越高的企业，其生产的可变成本越低，从而产品价格也越低；二是质量水平，它是指企业在给定固定成本下的质量生产能力，能力越高，其生产的产品质量越高。产品价格和产品质量均会影响企业的利润。因此，在贸易政策冲击的情况下，企业的最优决策会在产品价格和产品质量上有所表现。

一、模型设定

Hallak & Sivadasan(2009)模型假定垄断竞争的市场结构和不变的替代弹性需求，每个企业只生产一种产品 j，产品 j(即企业 j)面临的需求由下式表示：

$$q_j = p_j^{-\sigma} \lambda_j^{\sigma-1} \frac{E}{P}, \sigma > 1 \tag{5.1}$$

其中 p_j 和 λ_j 分别表示产品 j 的价格和质量，E 是外生给定的支出水平，σ 是替代弹性，价格指数 $P = \int_j p_j^{1-\sigma} \lambda_j^{\sigma-1} dj$ 。

模型中的产品质量是指除价格以外的其他所有影响消费者需求的产品属性。包含质量的消费量定义为 $\tilde{q}_j = q_j \lambda_j$，质量调整价格为 $\tilde{p}_j = p_j / \lambda_j$，所以企业收入 $r_j = p_j q_j = \tilde{p}_j \tilde{q}_j$，可表示为：

$$r_j = \tilde{p}_j^{1-\sigma} \frac{E}{P} \tag{5.2}$$

由此可知，收入更高的企业收取的质量调整价格更低。

模型中的企业异质性包括两方面。一是生产率 φ 的异质性，给定产品质量，生产率越高的企业可变生产成本越低，企业的边际成本函数如下：

$$c(\lambda, \varphi) = \frac{c}{\varphi} \lambda^{\beta}, 0 \leqslant \beta < 1 \tag{5.3}$$

其中 c 是常数，β 表示边际成本的质量弹性，边际成本随产品质量 λ 递增。

另一种异质性为质量水平，表示企业以给定固定成本生产高质量产品的能力，企业的固定成本函数为：

$$F(\lambda, \xi) = F_0 + \frac{f}{\xi} \lambda^{\alpha}, \alpha > (1-\beta)(\sigma-1) \tag{5.4}$$

其中 F_0 是企业的固定成本，f 是常数，α 是固定成本的质量弹性。固定成本随产品质量 λ 递增，给定产品质量，高水平的企业固定成本更低。

二、理论分析

企业通过选择最优的价格和质量使其进入市场后的利润 Π 最大化，我们分别对价格和质量求一阶导数可得：

$$p_d = \frac{\sigma}{\sigma-1} \frac{c}{\varphi} \lambda_d^{\beta} \tag{5.5}$$

$$\lambda_d(\varphi, \xi) = \left[\frac{1-\beta}{\alpha} \left(\frac{\sigma}{\sigma-1} \right)^{\sigma} \left(\frac{\varphi}{c} \right)^{\sigma-1} \frac{\xi}{f} \frac{E}{P} \right]^{\frac{1}{\alpha}} \tag{5.6}$$

其中 d 表示只在本国销售的国内企业，$\alpha'=\alpha-(1-\beta)(\sigma-1)>0$，生产率有利于降低边际成本，质量水平有利于降低固定成本，从而对质量具有正向效应。式(5.5)和(5.6)合并可以得到最优价格：

$$p_d(\varphi,\xi)=\left(\frac{\sigma}{\sigma-1}\right)^{\frac{\alpha-\beta-(\sigma-1)}{\alpha'}}\left(\frac{c}{\varphi}\right)^{\frac{\alpha-(\sigma-1)}{\alpha'}}\left[\frac{1-\beta}{\alpha}\frac{\xi}{f}\frac{E}{P}\right]^{\frac{\beta}{\alpha'}} \tag{5.7}$$

给定生产率 φ，生产高质量产品意味着高边际成本，所以质量水平 ξ 越高的企业其产品价格也越高。但是给定质量水平 ξ，生产率对价格的影响并不确定，因为这取决于 $\alpha-(\sigma-1)$ 的符号，一方面高生产率会降低边际成本从而降低价格，另一方面高生产率带来高质量选择从而提高边际成本和价格。

将质量和价格的函数(5.5)和(5.6)代入企业收入函数(5.2)，可得

$$r_d(\varphi,\xi)=H\left(\frac{\varphi}{c}\right)^{\frac{\alpha(\sigma-1)}{\alpha'}}\left(\frac{\xi}{f}\right)^{\frac{\alpha-\alpha'}{\alpha'}}\left(\frac{E}{P}\right)^{\frac{\beta}{\alpha'}} \tag{5.8}$$

其中 $H=\left(\frac{\sigma-1}{\sigma}\right)^{\frac{(\alpha\sigma-\alpha')}{\alpha'}}\left(\frac{1-\beta}{\alpha}\right)^{\frac{\alpha-\alpha'}{\alpha'}}$，企业收入是生产率 φ 和质量水平 ξ 的增函数。由 CES 需求函数可知，企业的营业利润为 $\frac{r}{\sigma}$，所以净利润为 $\prod_d=\frac{1}{\sigma}r_d-F_d$，从而企业的利润函数可以表示为：

$$\prod{}_d(\varphi,\xi)=J\left(\frac{\varphi}{c}\right)^{\frac{\alpha(\sigma-1)}{\alpha'}}\left(\frac{\xi}{f}\right)^{\frac{\alpha-\alpha'}{\alpha'}}\left(\frac{E}{P}\right)^{\frac{\beta}{\alpha'}}-F_0 \tag{5.9}$$

其中 $J=\left(\frac{\sigma-1}{\sigma}\right)^{\frac{\alpha\sigma}{\alpha'}}\left(\frac{1-\beta}{\alpha}\right)^{\frac{\alpha}{\alpha'}}\left(\frac{\alpha-\alpha'}{\alpha'}\right)$，企业利润随生产率 φ 和质量水平 ξ 的提高递增。企业生存的零利润临界条件为：

$$\underline{\xi}(\varphi)=f\left(\frac{F_0}{J}\right)^{\frac{\alpha-\alpha'}{\alpha'}}\left(\frac{\varphi}{c}\right)^{\frac{-\alpha}{1-\beta}}\left(\frac{E}{P}\right)^{\frac{-\alpha}{\alpha-\alpha}} \tag{5.10}$$

对于不同水平的生产率 φ，都存在一个最低的质量水平 ξ 使得企业可以获得非负利润。而质量水平门槛 $\underline{\xi}(\varphi)$ 随生产率 φ 的提高递减，所以企业需要在生产率和质量水平之间权衡，高生产率的企业允许低质量水平存在，而高质量水平的企业即使生产率较低也可以继续生产。

定义 η 为企业的综合生产能力，它同时包含企业生产率和质量水平的信息，表达式如下：

$$\eta(\varphi,\xi)\equiv\left[\left(\frac{\varphi}{c}\right)^{\frac{\alpha'}{\alpha}}\left(\frac{\xi}{f}\right)^{\frac{1-\beta}{\alpha'}}\right]^{\sigma-1} \tag{5.11}$$

所以企业收入和利润都可以用 η 表示为：

$$r_d(\eta)=\eta H\left(\frac{E}{P}\right)^{\frac{\alpha'}{\alpha}} \tag{5.12}$$

$$\prod{}_d(\eta)=\eta J\left(\frac{E}{P}\right)^{\frac{\alpha'}{\alpha}}-F_0 \tag{5.13}$$

那么 η 即可表示企业异质性，η 相同的企业也会获得相同的收入和利润。

在进入市场前，企业不清楚自己的生产率或质量水平，而市场进入的固定成本为 $f_e>0$，企业通过支付固定成本进入市场，然后了解到生产率和质量水平服从 $\upsilon(\varphi,\xi)>0$ 的二元概率分布。所以企业进入市场的零利润临界条件为：

$$\overline{\prod}(P)=\int_0^{\bar{\varphi}}\int_{\underline{\xi}(\varphi,P)}^{\bar{\xi}}\prod{}_d(\varphi,\xi,P)\upsilon(\varphi,\xi)d\xi d\varphi=f_e \tag{5.14}$$

一旦 P 给定，即可得到均衡的价格、质量水平、企业收入、利润以及临界值。企业的生存概率为 $P_{in}=\int_0^{\bar{\varphi}}\int_{\underline{\xi}(\varphi,P)}^{\bar{\xi}}\upsilon(\varphi,\xi)d\xi d\varphi$，所以质量水平门槛 $\underline{\xi}(\varphi,P)$ 越高，则企业进入市场的概率越低。生产率和质量水平的联合密度函数为 $h(\varphi,\xi)=\frac{1}{P_{in}}\upsilon(\varphi,\xi)$，通过代换可得

$$P=\int_j p_j^{1-\sigma}\lambda_j^{\sigma-1}dj=M^{\frac{\alpha'}{\alpha}}HE^{\frac{\alpha-\alpha'}{\alpha}}(\tilde{\eta})^{\frac{\alpha'}{\alpha}} \tag{5.15}$$

其中 $\tilde{\eta}=\int_0^{\bar{\varphi}}\int_{\underline{\xi}(\varphi,P)}^{\bar{\xi}}\eta(\varphi,\xi)h(\varphi,\xi)d\xi d\varphi$ 是生存企业的平均生产能力，由式(5.15)可得 $M=HE^{\frac{\alpha'-\alpha}{\alpha}}P^{\frac{\alpha'}{\alpha}}\tilde{\eta}^{-1}$，由于该等式右边随 P 的增加递增，所以在均衡状态下市场竞争越激烈，进入市场的企业越多。

在开放经济的情况下，假设外国与本国的市场结构相同，但参数 F_0^*、c^*、f^*、E^* 与本国不同。本国企业和外国企业的出口固定成本分别为 f_x 和 f_x^*，贸易成本为冰山形式 τ。当企业面临是否出口的决策时，若企业边际利润大于出口固定成本，企业选择出口。出口企业在本国市场和外国市场都面临 CES 的需求，所以在国内市场和

国外市场收取的价格相同。此时企业面临的总需求为国内市场和国外市场需求的加总,即 $q^w=q+q^*$,用 $q^w=p^{-\sigma}\lambda^{\sigma-1}W$ 表示,其中 $W=\frac{E}{P}+\tau^{-\sigma}\frac{E^*}{P^*}$。由此可以得到出口企业最优的质量、收入和利润分别为:

$$\lambda_u(\varphi,\xi)=\left[\frac{1-\beta}{\alpha}\left(\frac{\sigma}{\sigma-1}\right)^{\sigma}\left(\frac{\varphi}{c}\right)^{\sigma-1}\frac{\xi}{f}W\right]^{\frac{1}{\alpha'}} \tag{5.16}$$

$$r_u(\eta)=\eta HW^{\frac{\alpha}{\alpha'}} \tag{5.17}$$

$$\Pi_u(\eta)=\eta JW^{\frac{\alpha}{\alpha'}}-F_0-f_x \tag{5.18}$$

如果 $\Delta_u\Pi=\Pi_u-\Pi_d$ 表示企业出口与不出口的利润差距,则:

$$\Delta_u\Pi(\eta)=\eta JA-f_x,\text{其中 } A=\left[W^{\frac{\alpha}{\alpha'}}-\left(\frac{E}{P}\right)^{\frac{\alpha}{\alpha'}}\right]>0 \tag{5.19}$$

当 $\Delta_u\Pi(\eta)\geqslant 0$ 时,企业选择出口。令 $\Delta_u\Pi(\eta)=0$,即可得到企业出口的临界值 η_u。所以当生产能力大于 η_u 时企业才会选择出口,企业出口的临界条件为:

$$\underline{\xi}_u(\varphi)=\left(\frac{f_x}{JA}\right)^{\frac{\alpha-\alpha'}{\alpha}}f\left(\frac{\varphi}{c}\right)^{-\frac{\alpha(\sigma-1)}{\alpha-\alpha'}} \tag{5.20}$$

其中 $\eta_u=\eta(\varphi,\xi_u(\varphi))$。如图 5.1 所示,在开放经济中,当质量水平小于 $\underline{\xi}(\varphi)(\eta<\underline{\eta})$ 时,企业退出市场;当质量水平在 $\underline{\xi}(\varphi)$ 和 $\xi_u(\varphi)$ 之间($\underline{\eta}\leq\eta<\eta_u$)时,企业只在国内市场销售而不出口;当质量水平大于 $\xi_u(\varphi)(\eta\geqslant\eta_u)$ 时,企业既在国内市场销售也出口到国外市场。

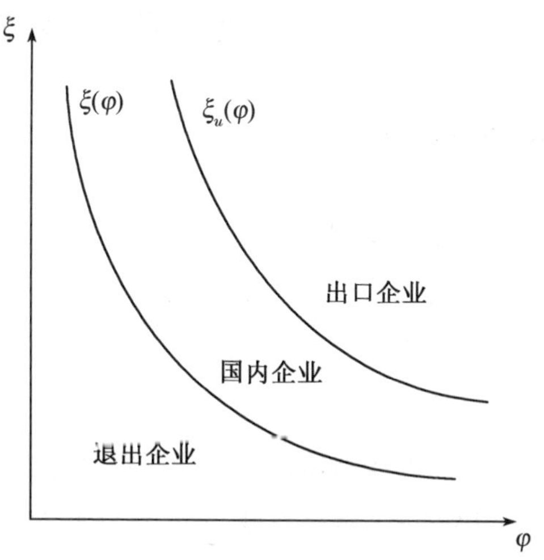

图 5.1 开放经济条件下的均衡

由模型分析可知,只有生产能力(生产率和质量水平的组合)达到生存门槛的企业才会进入市场,同时只有生产能力达到出口门槛的企业才会进入外国市场,因此出口企业的生产能力高于国内企业。可变贸易成本 τ 的上升,使得外国市场的进入门槛提高,也提高了对企业的生产能力要求。因此,生产能力较低的企业退出外国市场,而生产能力较高的企业继续出口。质量水平越高表示企业生产高质量产品的能力越强,而给定产品质量,生产率越高的企业其生产的可变成本越低,所以产品的质量调整价格越低。

Hallak & Sivadasan(2009)的质量内生模型主要考察生产同一产品企业间的异质性,而本章还将其拓展到多产品、多目的地企业在不同产品间和不同市场间的异质性。结合以上理论分析,本章提出如下假设:

假说1:可变贸易成本τ的上升,使得外国市场的进入门槛提高,质量水平较低(产品质量较低)或生产率较低(质量调整价格较高)的企业退出市场,继续出口的企业(在位企业)产品质量较高,产品的质量调整价格较低。

假说2:可变贸易成本τ的上升,使得企业利润下降,迫使竞争力低的企业退出市场的同时,也使得在位企业重新配置企业内部资源,偏向其原本有竞争力的产品和市场,从而提高这些产品和市场的出口产品质量、降低产品的质量调整价格。

第三节　实证模型与数据

一、回归模型

(1) 估计方法

为了估计反倾销对多产品企业出口质量的影响,我们比较受影响与不受影响的观察值在反倾销前后的差异。一种最直接的方法是在企业—产品—国家—年份层面上检验反倾销效应,将企业—产品—国家三元组分为处理组和对照组。

为了识别反倾销效应,这里采用双重差分法(DID)比较处理组中的目标产品和对照组中的非目标产品出口商的结果变量,回归方程如下所示:

$$y_{fhct}=\alpha_h+\alpha_{ct}+\alpha_{ft}+\beta_0 AD_{fhct-1}+\varepsilon_{fhct} \tag{5.21}$$

其中y_{fhct}是结果变量,即企业f在第t年出口到目的地国c的产品h(HS-6层面)的产品质量指标;AD_{fhct-1} 是滞后一期的虚拟变量,在反倾销调查发起后一年①,处理组取值为 1,否则为 0;α_h 表示控制产品层面特性的产品固定效应,并确保产品质量不同产品间具有可比性;α_{ct} 是国家—年份固定效应,可以控制国家层面的冲击,例如需求冲击;α_{ft} 是企业—年份固定效应,可以控制随时间变化的企业特征,例如可能影响企业质量选择的财务状况等。在基准回归模型中,关键系数为 β_0。

(2) 对照组

正如 Konings& Vandenbussche(2008)和 Pierce(2011)所述,在分析反倾销效应时存在两种潜在的偏误。第一个是自我选择偏误,因为受反倾销影响的观察值与不受反倾销影响的观察值本来就不同。当面临来自中国出口商的更强劲的进口竞争时,目标国企业就更倾向于寻求反倾销保护,所以不同行业的反倾销强度会存在差异。如表 5.1 所示,在 2000—2014 年间,针对中国的大多数反倾销案例都集中于特定行业,例如金属、化工和电子产品。第二个是政府选择偏误,进口国关于是否实施反倾销的政治决定是内生的,与经济增长、就业等因素有关。

这里的处理组是将产品出口到反倾销发起国的目标企业所组成的企业—产品—国家三元组。为了更好地利用双重差分法,引入了两个对照组,以排除两类偏误的影响并有效识别反倾销的因果关系。一方面,基于倾向得分匹配方法(PSM)构建了一个匹配对照组(对照组 1),首先针对产品—国家受到反倾销调查的可能性(倾向得分)进行估计(Logit 回归结果见表 5.2),Logit 回归中选取的变量包括各国 HS-6 产品的进口价值、实际 GDP 增长率、实际汇率,表示该产品先前是否曾受过反倾销的虚拟变量以及 HS-4 产品固定效应(Lu, Tao & Zhang,2013),然后利用最邻近匹配法选取匹配对照组。另一方面,将相同 HS-4 产品类别(即目标产品的密切相关产品)的所有其他产品—国家对作为受反倾销影响的 HS-6 产品的对照组(对照组 2)。图 5.2 展示了处理组和对照组的示意图,处理组是受反倾销影响的企业—产品—国家三

① 这里选择反倾销调查发起时间作为事件时间有三个原因:首先,调查发现反倾销发起和初裁阶段的影响明显大于最终裁决阶段(Besedeš & Prusa, 2017)。第二,反倾销调查的发起、初裁和终裁阶段的时间在年度数据上比较接近,反倾销的最终措施通常在调查发起后的两年内实施。第三,在全球反倾销数据库中,与其他两个阶段相比反倾销调查发起的信息更为完整。

元组，而对照组由没有受反倾销调查的产品—国家对组成，并且这里的对照组包括那些仅出口密切相关产品的企业。

表 5.1　2000—2014 年对华反倾销在不同行业涉及的案例和交易分布

HS-2	行业	案例		交易	
		数量	比例(%)	数量	比例(%)
29	有机化学品	1 471	3.12	55	10.70
39	塑料及其制品	5 991	12.72	19	3.70
44	木及木制品；木炭	1 613	3.42	9	1.75
48	纸及纸板；纸浆、纸或纸板制品	2 251	4.78	11	2.14
54	化学纤维长丝	1 284	2.73	14	2.72
64	鞋靴、护腿和类似品及其零件	3 264	6.93	10	1.95
73	钢铁制品	10 186	21.62	66	12.84
84	核反应堆、锅炉、机器、机械器具及其零件	4 209	8.93	24	4.67
85	电机、电气设备及其零件；录音机及放声机、电视图像、声音的录制和重放设备及其零件、附件	2 361	5.01	33	6.42
87	车辆及其零件、附件，但铁道及电车道车辆除外	2 015	4.28	15	2.92
94	家具；寝具、褥垫、弹簧床垫、软坐垫及类似的填充制品；未列名灯具及照明装置；发光标志、发光铭牌及类似品；活动房屋	3 101	6.58	3	0.58
95	玩具、游戏品、运动用品及其零件、附件	1 335	2.83	4	0.78

表 5.2　反倾销调查可能性的 Logit 回归结果

	反倾销
产品进口额	0.258*** (0.001 60)
GDP 增长率	−0.071 6*** (0.001 36)

（续表）

	反倾销
实际汇率	−0.001 46*** (0.000 041)
是否曾经受到反倾销	0.036 3*** (0.002 86)
产品固定效应	Yes
样本量	13 110 622
Pseudo R-squared	0.14

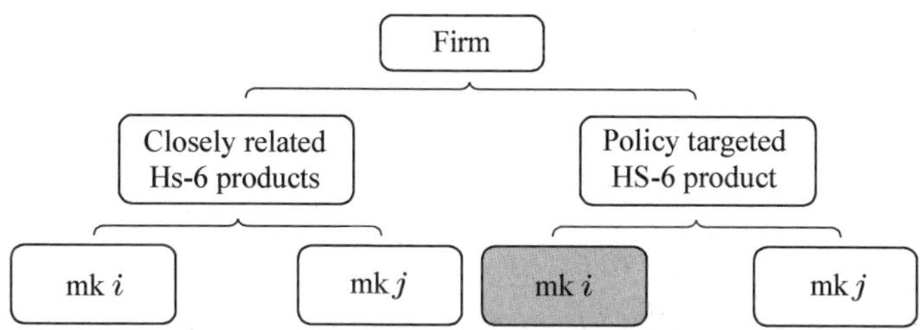

图 5.2　企业—产品(HS-6)—市场层面的处理组与对照组

(3) 企业与产品异质性

反倾销是否不仅影响目标产品的平均质量水平，还影响企业之间的质量离散度？我们引入被广泛使用的熵测度泰尔指数作为离散度的主要测度方式，估计反倾销对企业间产品质量离散度的影响。其中泰尔指数的定义如下：

$$Theil_{hct} = \frac{1}{n_{hct}} \sum \frac{y_{fhct}}{\bar{y}_{hct}} \ln\left(\frac{y_{fhct}}{\bar{y}_{hct}}\right) \tag{5.22}$$

其中 y_{fhct} 是企业 f 在 t 年出口到国家 c 的产品 h 的产品质量，$\bar{y}_{hct}$ 是 t 年内 c 国产品 h 的平均质量，n_{hct} 是 t 年内向 c 国出口产品 h 的企业的数量。参考 Lu & Yu (2016)的做法，我们还采用了另外两种离散度的测度方式进行稳健性检查，一是变异系数($CV_{hct} = \frac{\sqrt{V_{hct}}}{\bar{y}_{fct}}$)，即产品质量的标准偏差($\sqrt{V_{hct}}$)与产品质量平均值的比例；另

一个是相对平均偏差($RMD_{hct}=\frac{1}{n_{hct}}\left|\frac{y_{fhct}-\bar{y}_{hct}}{\bar{y}_{hct}}\right|$),即每个企业—产品的质量与平均产品质量的绝对距离再除以均值。

在企业内部,多产品企业面对反倾销时可能在不同产品间选择不同的出口质量,因此之后我们还分析了反倾销将如何影响企业内部的产品质量调整。考虑到多产品企业和多目的地企业可能在产品层面存在进入和退出的情况,故排除了所有进入和退出,并集中探讨存活企业的产品质量调整①。如果在 t 年和 $t-1$ 年同一企业出口 HS-6 产品到同一目的地,则将其定义为存活企业,并引入企业 f 出口产品 h 到 c 国所占的市场份额以及企业 f 出口产品 h 到 c 国市场在企业中所占的份额,分别称为市场份额(MS)和产品份额(PS),回归模型的设定如下:

$$y_{fhct}=\alpha_h+\alpha_{ct}+\alpha_{ft}+\beta_0 AD_{fhct-1}+\beta_1 MS_{fhct-1}+\beta_2 AD_{fhct-1}*MS_{fhct-1}+\varepsilon_{fhct} \tag{5.23}$$

$$y_{fhct}=\alpha_h+\alpha_{ct}+\alpha_{ft}+\beta_0 AD_{fhct-1}+\beta_1 PS_{fhct-1}+\beta_2 AD_{fhct-1}*PS_{fhct-1}+\varepsilon_{fhct} \tag{5.24}$$

其中 $MS_{fhct-1}=\frac{value\ of\ exports_{fhct-1}}{\sum_{f=1}^{F} value\ of\ exports_{fhct-1}}$,$PS_{fhct-1}=\frac{value\ of\ exports_{fhct-1}}{\sum_{h=1}^{H} value\ of\ exports_{fhct-1}}$,$F$ 是在 $t-1$ 年向 c 国出口产品 h 的中国企业总数,而 H 是企业 f 在 $t-1$ 年出口的产品总数。具有较高市场份额的企业在市场 c 中的产品 h 应该更具竞争力,因此更有可能提高质量。产品份额则反映了产品 h 对企业 f 的相对重要性,也就是说,较高的产品份额意味着产品 h 更接近企业 f 的核心竞争力。因此,在反倾销引致的企业内部资源重新分配中,企业更有可能对那些产品份额更高的产品进行质量提升。

二、产品质量测度

基于产品价格和质量之间存在高度相关性的事实,我们首先利用出口单位价值取对数来衡量产品质量,然后以企业—产品单位价值的对数值减去出口相同产品的

① 当一个多产品、多目的地企业的一种产品在一个特定市场受到反倾销时,企业内部有两种资源再分配的机制,一是同一市场不同产品之间的调整,二是同一产品不同市场之间的调整,本章集中讨论前者。

所有企业的平均值作为替代度量。单位价值表示产品的绝对价格水平,而减值的单位价值则反映了产品价格与市场平均值之间的距离,因此可以在不同产品间进行比较。此外,鉴于价格可能同时反映产品质量和生产成本,我们还根据需求残差采用了另一种产品质量的代理变量。根据 Khandelwal(2010)、Khandelwal, Schott & Wei (2013)及 Manova & Yu(2017)的研究,相同价格水平下销售量更高的企业被认为是高质量的生产商。利用该方法,可以估计 t 年企业 f 出口到 c 国的产品 h 的质量。假设消费者的偏好包含质量 q,则效用函数可表示为:

$$U=\left(\int_{h\in\Omega}(q_c(h)x_c(h))^{(\sigma_i-1)/\sigma_i}dh\right)^{\sigma_i/(\sigma_i-1)} \quad (5.25)$$

在 c 国市场中对特定企业出口的需求量由下式表示:

$$x_{fhct}=q_{fhct}^{\sigma_i-1}p_{fhct}^{-\sigma_i}P_{ct}^{\sigma_i-1}Y_{ct} \quad (5.26)$$

其中 x_{fhct} 表示 t 年 c 国市场对企业 f 产品 h 的需求,Y_{ct} 是 c 国的总收入。对上述方程两边取对数后,可以利用以下 OLS 回归中的残差来推断产品质量:

$$\ln(x_{fhct})+\sigma_i\ln(p_{fhct})=\alpha_h+\alpha_{ct}+\varepsilon_{fhct} \quad (5.27)$$

其中,国家一年份固定效果 α_{ct} 同时反映了目标国的价格指数 P_{ct} 和收入水平 Y_{ct},产品固定效应 α_h 则控制了产品的价格和数量。产品质量的估计值是 $\ln(\hat{q}_{fhct})=\hat{\varepsilon}_{fhct}/(\sigma_i-1)$。该方法背后的逻辑是:在价格给定的条件下,需求量更高的产品其质量更高。因此,在已知替代弹性 σ_i 的情况下,就能够对产品质量进行估计。

已有文献对替代弹性进行了各种估算(Head & Ries, 2001; Anderson & Van Wincoop, 2004; Broda & Weinstein, 2006; Khandelwal, Schott & Wei, 2013; Fan, Li & Yeaple, 2015)。这里选取 Broda & Weinstein(2006)估计的行业层面(HS-2 层面)的替代弹性值,然后将产品质量的估计值作为公式(5.21)中因变量的主要测度方式,以检验反倾销对出口产品质量的影响。

三、数据描述

本章主要有两个数据来源,一是中国海关数据,二是全球反倾销数据。其中海关数据包含 2000—2014 年的月度交易数据,以及有关贸易企业、海关代码、产品代码、货物价值和数量、目标国等丰富的信息。参照 Fan, Li & Yeaple(2015)的做法，利用 Brandt, Van Biesebroeck & Zhang(2012)的产出平减指数对出口价值进行了平减，并以平减后的出口价值除以出口量来计算产品的单位价值。反倾销数据来自世界银行的全球反倾销数据库，该数据库涵盖了 1980—2016 年全球所有反倾销案件，通过收集所有国家针对中国的反倾销案例，我们构建了本章所用的反倾销数据。根据计算，在 2000—2014 年间，共有 21 个进口国针对中国发起了 846 次反倾销调查，涉及的 HS－6 产品大约有 1 028 种(约占所有 HS－6 产品种类的 19%)①。

由于本章的分析集中于反倾销对出口产品质量的影响，因此仅需利用海关数据库中的出口数据，并将其加总为企业—产品—国家层面的年度数据，其中产品定义在 HS－6 位层面，从而与反倾销数据匹配。然后，按照以下方式构造样本：首先，识别海关数据中的贸易中介企业(Ahn, Khandelwal & Wei, 2011；Fan, Li & Yeaple, 2015)，剔除这些企业从而专注于制造企业。其次，根据 Lall(2000)的分类，剔除资源型行业的产品并重点关注制造业行业的产品质量提升。第三，剔除规模较小的贸易伙伴国(地区)，将回归样本限制在 36 个目的地中，其中包括发起对华反倾销的所有国家(地区)和每年中国排名前 20 位的贸易伙伴(见表 5.3)，这些国家(地区)从中国的进口额占中国出口总值的 90%以上。然后，仅保留至少连续两年出口的企业，以便在检验反倾销的滞后效应时剔除偶然出口的企业，同时将样本限制在 2000—2014 年间至少出口过两种 HS－6 产品的多产品出口企业。最后，选择所有曾作为反倾销目标的 HS－4 产品，并以其中的非目标(密切相关)产品作为对照组，利用双重差分模型对反倾销效应进行估计。

---

① 在估计样本中，本章剔除了存在涉案产品重合的 142 个反倾销案例，剩余的 650 个反倾销案例共涉及 21 个进口国和 958 个 HS－6 产品类别。

表 5.3　样本中的国家(地区)列表

国家(地区)	对华反倾销	国家(地区)	对华反倾销	国家(地区)	对华反倾销
阿富汗	否	以色列	是	新加坡	否
阿根廷	是	牙买加	是	南非	是
澳大利亚	是	日本	是	韩国	是
巴西	是	马来西亚	是	中国(台湾地区)	是
加拿大	是	墨西哥	是	泰国	是
哥伦比亚	是	新西兰	是	特立尼达和多巴哥	是
欧盟	是	挪威	否	土耳其	是
埃及	否	巴基斯坦	是	阿联酋	否
中国(香港地区)	否	秘鲁	是	美国	是
印度	是	菲律宾	否	乌拉圭	是
印度尼西亚	是	俄罗斯	否	越南	否
伊朗	否	沙特阿拉伯	否	匈牙利	否

为了避免选择偏误,我们对处理组和对照组进行共同趋势检验,以观察产品质量的不同衡量指标在反倾销之前的时间趋势①。图 5.3 分别展示了处理组和对照组在反倾销前后的出口单位价值、减值单位价值和估计产品质量的时间趋势。从图 5.3(a)中可以观察到,反倾销调查之前,单位价值存在上升趋势,并且处理组和对照组在反倾销调查之前没有呈现出明显的时间趋势差异,这意味着结果变量不存在选择偏误。反倾销调查之后,处理组和对照组的趋势开始有所不同,尤其是对照组 1。从图 5.3(b)和 2(c)中也可以看到,处理组和对照组在反倾销发生之前的时间趋势相似,但反倾销调查后的时间趋势有所不同。

最后,通过检验产品之间的差异来考察企业内产品间的质量调整。表 5.4 报告了基于出口额(行)和产品质量(列)的企业一目的地层面的产品排序,第一部分展示

① 这里将 t=0 定义为反倾销发生的年份,由于反倾销措施持续时间最长为 5 年,因此只保留反倾销发生前后 4 年的样本以构建图 5.3,这些样本占样本总量的 80%以上。

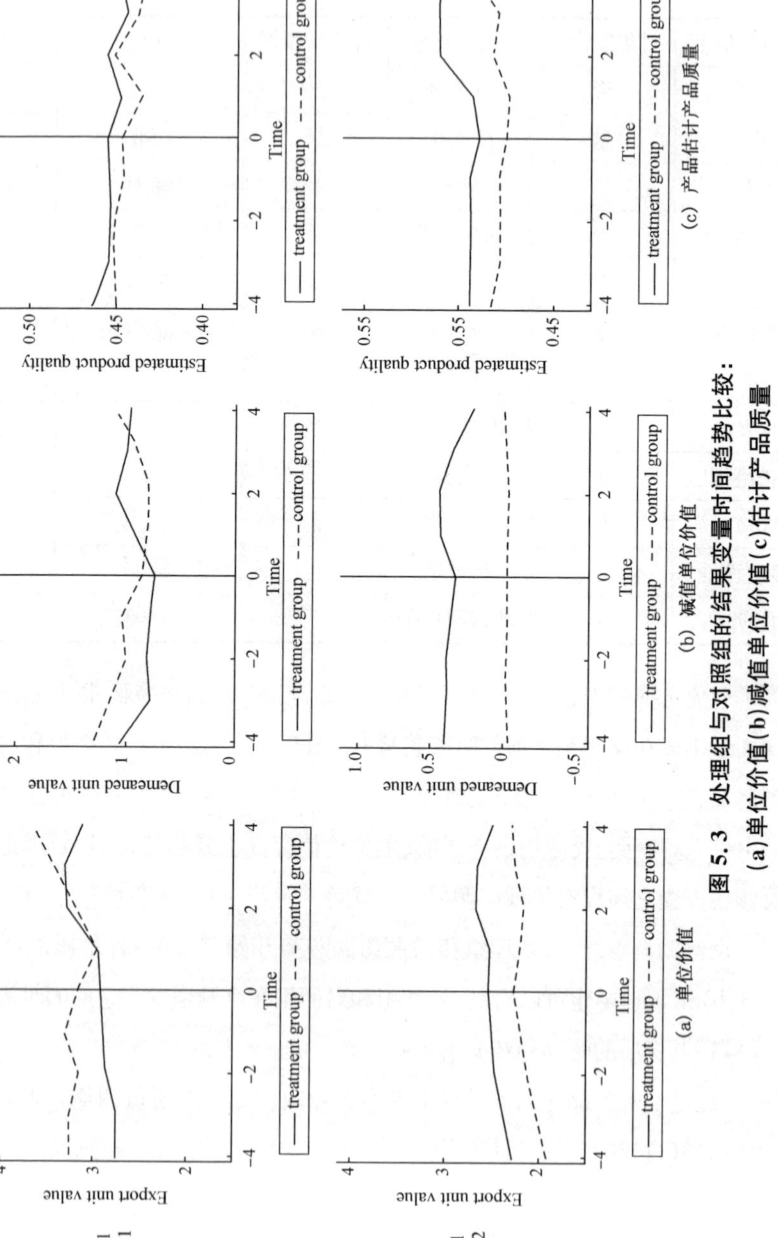

图 5.3 处理组与对照组的结果变量时间趋势比较：
(a)单位价值(b)减值单位价值(c)估计产品质量

了基于全样本的平均排序，第二和第三部分展示了反倾销前后一年的排序。在每个企业—目的地中，最畅销或质量最高的产品排在第一位，次之的排第二，依此类推。表中每个单元格显示了依据出口额和质量获得某一排名的所有企业—产品—国家三元组的百分比。最畅销的产品往往也是企业质量最高的产品，即企业的核心产品，其产品质量高且对企业销售额贡献最大。通过比较反倾销前后一年的产品排序，可以观察到部分产品排序所占比例在反倾销前后的变化。在反倾销之后，更多的企业—产品—国家三元组获得较高的排名，而较少三元组获得较低的排名，这表明对于给定的企业—目的地，企业在不同质量的产品间进行了销售份额的调整。

表 5.4　企业—目的地层面产品排序

按出口额排序		按产品质量排序						
		1	2	3	4	5	>5	总计
全样本	1	**6.43**	1.97	0.96	0.57	0.37	1.34	11.64
	2	2.03	**2.59**	1.20	0.67	0.43	1.50	8.42
	3	1.00	1.17	**1.46**	0.79	0.51	1.65	6.58
	4	0.60	0.67	0.77	**0.96**	0.56	1.83	5.39
	5	0.40	0.44	0.48	0.54	**0.69**	1.97	4.52
	>5	1.55	1.63	1.73	1.85	2.00	**54.70**	63.46
	总计	12.01	8.46	6.60	5.39	4.55	62.99	100.00
反倾销一年之前	1	**30.02**	6.51	1.84	0.75	0.37	0.68	40.18
	2	6.58	**9.74**	2.43	0.93	0.44	0.80	20.93
	3	1.87	2.48	**3.56**	1.18	0.54	0.89	10.52
	4	0.72	0.97	1.21	**1.67**	0.66	1.00	6.24
	5	0.36	0.45	0.56	0.67	**0.90**	1.16	4.10
	>5	0.62	0.77	0.91	1.04	1.19	**13.51**	18.03
	总计	40.17	20.92	10.52	6.24	4.10	18.04	100.00

(续表)

按出口额排序		按产品质量排序						
		1	2	3	4	5	>5	总计
反倾销一年之后	1	**31.13**	6.38	1.82	0.73	0.37	0.73	41.16
	2	6.44	**9.83**	2.41	0.91	0.44	0.79	20.82
	3	1.87	2.45	**3.48**	1.14	0.53	0.88	10.34
	4	0.73	0.94	1.17	**1.66**	0.65	0.98	6.14
	5	0.35	0.45	0.55	0.67	**0.90**	1.13	4.05
	>5	0.63	0.77	0.91	1.03	1.17	**12.98**	17.49
	总计	41.15	20.82	10.34	6.14	4.06	17.49	100.00

注:通过计算企业—目的地层面的产品出口额所占比例来计算本表中的数值,每个单元格显示了企业—产品—国家三元组分别按照出口额和产品质量在每年的排序所占的比例。

第四节　反倾销对企业出口产品质量的影响分析

一、基本结果分析

首先利用双重差分方法对模型(5.21)进行基准回归,估计了2001—2014年企业面临反倾销调查时的质量选择,结果如表5.5所示。(1)～(3)列报告了基于对照组1的回归结果,而(4)～(6)列则是基于对照组2的回归结果。由表5.5的(1)和(2)列可知,反倾销影响下产品的出口单位价值和减值单位价值分别增加了8个和7个百分点,(3)列显示估计的产品质量显著提高了约14%。反倾销对估计的产品质量影响幅度远大于对出口单位价值的影响,这表明多产品企业会同时进行质量调整和生产效率调整。在质量调整方面,生产高质量产品的企业产品价格也更高,因为其产品的边际成本和成本加成较高;而在效率调整方面,具有较高生产率的企业具有更低的边际成本,因而能够承受更低的价格(Manova & Yu,2017)。也就是说,生产效率更高的存活企业在反倾销后会有产品质量的提高,在质量调整后会有价格(或成本)

的下降，这与回归结果中反倾销对估计质量的影响大于对出口单位价值的影响相对应。基准回归结果在基于对照组1和对照组2的各模型中都比较稳健。平均而言，企业在反倾销后会提高受影响市场中目标产品的质量，这是由于在贸易成本可能上升的情况下出口产品质量的临界值将会提高。这与Melitz(2003)模型一致，即出口市场份额较小的企业通常生产率或质量较低，如果贸易成本上升，则他们继续出口的可能性较小，从而提高了平均生产率或产品质量的临界值，这就是效率选择或质量选择效应。

表5.5　反倾销对出口产品质量的影响

	(1)	(2)	(3)	(4)	(5)	(6)
	对照组1			对照组2		
	单位价值	减值单位价值	估计产品质量	单位价值	减值单位价值	估计产品质量
AD_{fhct-1}	0.081 9*** (0.011 7)	0.072 8*** (0.011 8)	0.139*** (0.014 7)	0.021 7*** (0.005 64)	0.025 8*** (0.005 59)	0.214*** (0.007 70)
产品效应	Yes	Yes	Yes	Yes	Yes	Yes
企业—年份效应	Yes	Yes	Yes	Yes	Yes	Yes
国家—年份效应	Yes	Yes	Yes	Yes	Yes	Yes
样本量	1 158 431	1 158 431	1 154 311	13 198 126	13 198 126	13 143 744
R-squared	0.698	0.639	0.528	0.724	0.578	0.371

注：***、**、*分别表示在1%、5%和10%的水平上显著，括号中汇报了聚类稳健标准误，聚类标准为企业层面。对照组1是基于倾向得分匹配得到的匹配对照组，对照组2是与反倾销目标产品处于相同的HS-4产品类别下的所有非倾销产品(下同)。

二、企业间与企业内的异质性分析

(1) 产品内企业间的异质性

更高质量的产品往往由更成功的企业生产和出口(Manova & Yu,2017)。由于企业之间存在质量差异，对于特定产品而言，反倾销可能对不同企业之间的产品质量产生不同的影响。因此,除了平均质量水平外,还应该研究反倾销是否对质量离散度有影响。我们利用第三节中描述的不同质量离散度的测度指标,来研究反倾销对产品内企业间质量离散度的影响。表 5.6 中的估计结果表明,反倾销促使企业间质量离散度增加,这表明反倾销导致贸易成本增加,因而企业间产品质量差异的范围变得更大。利用不同测度方式和模型做出的回归结果都十分稳健。这与 Antoniades (2015)的发现一致,即市场竞争的激烈程度不仅降低了成本的临界值,而且扩大了质量差异的范围。这些结果为反倾销影响目标产品内企业间的资源再分配提供了产品—目的地层面的证据①。

表 5.6　反倾销对出口产品质量离散度的影响

	(1)	(2)	(3)	(4)	(5)	(6)
	对照组 1			对照组 2		
	CV	RMD	Theil index	CV	RMD	Theil index
AD_{hct-1}	0.052 2*** (0.019 6)	0.028 9*** (0.008 03)	0.018 1** (0.007 51)	0.021 8*** (0.005 22)	0.013 4*** (0.001 53)	0.009 95*** (0.001 52)
产品效应	Yes	Yes	Yes	Yes	Yes	Yes
国家—年份效应	Yes	Yes	Yes	Yes	Yes	Yes
样本量	10 826	11 454	11 454	414 243	500 325	500 325
R-squared	0.105	0.249	0.099	0.107	0.479	0.119

为了进一步分析产品质量差异范围的影响,这里引入了两种指标来研究产品的技术特征。一个是差异化产品的虚拟变量(Rauch,1999),另一个是研发集中度指标(Kroszner, Laeven & Klingebiel,2007)。基于这两种指标,我们通过比较差异化产品和同质化产品,以及研发集中度高(高于中位数)和研发集中度低(低于中位数)的产品,检验了反倾销对质量离散度的异质性影响。如表 5.7 所示,反倾销发生后,差

① 与此同时,同一产品内企业间的异质性反应也证明,产品质量的提高并不是因为企业在反倾销后为了逃避处罚而普遍提高了产品价格。因为如果是这样的话,所有出口反倾销目标产品的企业都会提高价格或质量。然而,事实是只有那些具有较高质量(或价格)的企业才会提高产品的质量(或价格)。

异化产品的质量离散度增加，而反倾销对同质化产品的质量离散度并没有稳健的影响。同样地，表 5.8 中的结果表明反倾销主要影响具有较高研发集中度的产品质量离散度，即对于具有更大质量差异范围的产品，质量离散度增加更为显著。

表 5.7　反倾销对差异化和同质化产品的出口产品质量离散度的影响

	(1)	(2)	(3)	(4)	(5)	(6)
	对照组 1			对照组 2		
	CV	RMD	Theil index	CV	RMD	Theil index
差异化产品：						
AD_{fhct-1}	0.127*** (0.038 0)	0.065 2*** (0.013 7)	0.040 5*** (0.015 0)	0.052 0*** (0.017 4)	0.034 5*** (0.00 488)	0.023 5*** (0.005 91)
产品效应	Yes	Yes	Yes	Yes	Yes	Yes
国家一年份效应	Yes	Yes	Yes	Yes	Yes	Yes
样本量	6 382	6 638	6 638	369 122	436 826	436 826
R-squared	0.155	0.290	0.162	0.128	0.507	0.154
同质化产品：						
AD_{fhct-1}	0.006 21 (0.020 2)	0.003 04 (0.009 45)	0.003 55 (0.006 83)	0.015 9*** (0.005 38)	0.008 40*** (0.001 57)	0.006 86*** (0.001 42)
产品效应	Yes	Yes	Yes	Yes	Yes	Yes
国家一年份效应	Yes	Yes	Yes	Yes	Yes	Yes
样本量	4 517	4 889	4 889	46 573	64 951	64 951
R-squared	0.081	0.164	0.081	0.035	0.334	0.056

表 5.8　反倾销对不同研发集中度产品的出口产品质量离散度的影响

	(1)	(2)	(3)	(4)	(5)	(6)
	对照组 1			对照组 2		
	CV	RMD	Theil index	CV	RMD	Theil index
高研发集中度:						
AD_{fhct-1}	0.099 7*** (0.030 4)	0.052 4*** (0.011 3)	0.034 5*** (0.012 1)	0.024 7*** (0.007 65)	0.016 1*** (0.002 12)	0.011 9*** (0.002 41)
产品效应	Yes	Yes	Yes	Yes	Yes	Yes
国家—年份效应	Yes	Yes	Yes	Yes	Yes	Yes
样本量	6 244	6 673	6 673	183 292	219 470	219 470
R-squared	0.075	0.172	0.063	0.143	0.576	0.131
低研发集中度:						
AD_{fhct-1}	−0.004 59 (0.021 6)	−0.000 237 (0.010 9)	−0.002 62 (0.006 35)	0.019 3*** (0.007 15)	0.011 7*** (0.002 18)	0.007 84*** (0.001 91)
产品效应	Yes	Yes	Yes	Yes	Yes	Yes
国家—年份效应	Yes	Yes	Yes	Yes	Yes	Yes
样本量	4 582	4 781	4 781	230 951	280 855	280 855
R-squared	0.215	0.335	0.298	0.056	0.309	0.078

为了进一步考察反倾销对产品质量的异质性影响，下面分析沿产品质量分布的异质性反应，在控制企业—产品—国家层面和年份固定效应之后，使用分位数回归重复基准回归的模型。表 5.9 的结果表明，与平均水平相比，高分位数的估计产品质量在反倾销后的增加幅度更高，而低分位数的产品质量不受反倾销的影响。这意味着只有出口高质量产品的企业才会在反倾销后提高其产品质量，这也解释了为何目标产品的质量离散度会增加，并为质量差异带来的企业异质性提供了进一步的证据。结合差异化范围更大或研发集中度更高的产品中质量离散度增加更多这一表现，只有那些生产差异化产品或研发密集型产品的成功企业才能在反倾销后提升产品质量。换言之，质量差异决定了企业将采取何种方式应对贸易政策冲击。

表 5.9　反倾销对出口产品质量影响的分位数回归结果

	(1) 10 百分位	(2) 20 百分位	(3) 30 百分位	(4) 70 百分位	(5) 80 百分位	(6) 90 百分位
AD_{fhct-1}	−0.003 77 (0.024 9)	−0.007 49 (0.027 4)	0.043 1 (0.028 1)	0.058 0* (0.032 5)	0.086 8*** (0.032 8)	0.092 0*** (0.034 2)
企业—产品—国家效应	Yes	Yes	Yes	Yes	Yes	Yes
年份效应	Yes	Yes	Yes	Yes	Yes	Yes
样本数	11 461 120	11 461 120	11 461 120	11 461 120	11 461 120	11 461 120
R-squared	0.645	0.633	0.627	0.645	0.662	0.686

鉴于反倾销在产品间具有"寒蝉效应",它也可能在密切相关的产品间引起溢出效应。因此,我们还在 HS-4 层面的产品中检验了反倾销对产品内企业间质量调整的影响。与第三节中所述类似,这里同样构造了两个对照组,即倾向得分匹配对照组和不受影响的 HS-4 产品对照组。值得注意的是,这里的处理组既包括反倾销目标 HS-6 产品,也包括与之密切相关的 HS-6 产品(见图 5.4)。

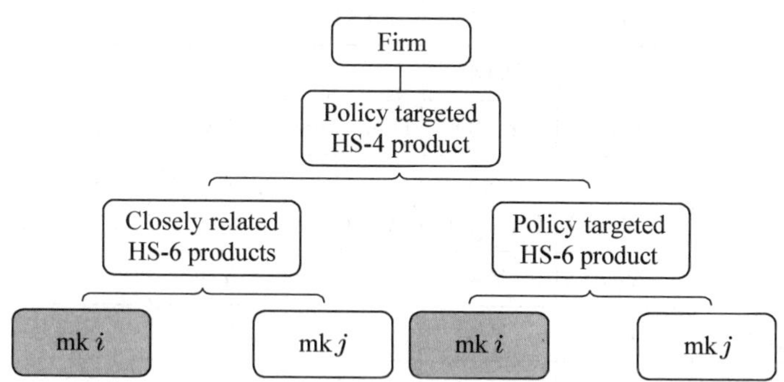

图 5.4　企业—产品(HS-4)—市场层面的处理组与对照组

由表 5.10 的结果可知,HS-4 产品层面的反倾销也大大促进了处理组企业的出口产品质量提升,而表 5.11 的结果显示,在反倾销冲击下,HS-4 产品层面的质量离散度也会增加。这些结果表明,反倾销同时引发了 HS-6 产品层面和 HS-4 产品层面的产品质量调整。也就是说,在 HS-6 或 HS-4 层面的目标产品中,由于实施了反倾销调查,产品质量差异的范围会因此变大,并且产品平均质量水平也有所提高。

表 5.10　HS-4 位产品层面的反倾销对出口产品质量的影响

	(1)	(2)	(3)	(4)	(5)	(6)
	对照组 1			对照组 2		
	单位价值	减值单位价值	估计产品质量	单位价值	减值单位价值	估计产品质量
$AD_{fhs4ct-1}$	0.073 1*** (0.009 23)	0.091 7*** (0.009 21)	0.095 4*** (0.011 9)	0.014 7*** (0.004 09)	0.027 6*** (0.004 05)	0.166*** (0.005 96)
产品效应	Yes	Yes	Yes	Yes	Yes	Yes
企业一年份效应	Yes	Yes	Yes	Yes	Yes	Yes
国家一年份效应	Yes	Yes	Yes	Yes	Yes	Yes
样本量	3 899 314	3 899 314	3 899 314	27 002 830	27 002 830	27 002 830
R-squared	0.717	0.581	0.528	0.735	0.490	0.371

表 5.11　HS-4 位产品层面的反倾销对出口产品质量离散度的影响

	(1)	(2)	(3)	(4)	(5)	(6)
	对照组 1			对照组 2		
	CV	RMD	Theil index	CV	RMD	Theil index
$AD_{hs4ct-1}$	0.044 5 (0.029 2)	0.038 9*** (0.012 1)	0.015 2 (0.011 1)	0.038 6*** (0.006 65)	0.015 3*** (0.001 98)	0.012 6*** (0.002 02)
产品效应	Yes	Yes	Yes	Yes	Yes	Yes
国家一年份效应	Yes	Yes	Yes	Yes	Yes	Yes
样本量	2 621	2 862	2 862	85 121	109 749	109 749
R-squared	0.145	0.315	0.118	0.103	0.448	0.087

(2) 企业内产品间的异质性

在上一小节中,我们分析了企业如何在同一产品内对反倾销进行异质性反应,处理组企业尤其是事前质量水平较高的企业,会在反倾销后提高出口的目标产品的质量。在本小节中，我们将分析企业层面的平均产品质量将如何对反倾销做出反应，以及企业内部各产品间的质量将如何进行异质性调整。

这里将处理组定义为在 $t-1$ 年直接遭遇反倾销的企业，而对照组则是其他出口类似产品的企业。这里的因变量是指企业层面的产品质量，即估计产品质量乘以企业内产品的出口价值并进行加权。表 5.12 报告了反倾销对企业—国家层面产品质量的影响结果，这些结果与前文发现的产品内企业间的质量调整相似。企业层面产品质量的提高表明，资源再分配不仅存在于单一的反倾销目标产品中，而且还发生在受反倾销影响的企业内部。

表 5.12　企业层面的反倾销对出口产品质量的影响

	(1)	(2)	(3)	(4)	(5)	(6)
	对照组 1			对照组 2		
	CV	RMD	Theil index	CV	RMD	Theil index
AD_{fct-1}	0.023 5*** (0.007 95)	0.029 5*** (0.007 59)	0.032 1*** (0.009 07)	0.015 3*** (0.0033 4)	0.033 0*** (0.003 17)	0.033 7*** (0.003 47)
企业效应	Yes	Yes	No	Yes	Yes	No
企业—国家效应	No	No	Yes	No	No	Yes
年份效应	No	Yes	Yes	No	Yes	Yes
样本量	139 388	139 388	139 388	2 299 598	2 299 598	2 299 598
R-squared	0.640	0.659	0.772	0.399	0.414	0.596

下面还将探讨存活企业内部的不同产品间是否存在出口质量异质反应。首先，我们根据每个市场中给定产品的不同市场份额（第三节中定义的变量 MS）讨论了企业在不同产品上的反倾销应对措施。表 5.13 的结果表明，市场份额如预期一样对产品质量具有显著的正向直接影响，随着企业特定产品的市场份额增加，企业会进一步提高其产品质量。市场份额与反倾销的交互作用显著为正，这表明企业倾向于提高在特定市场中事先具有更强竞争力的产品的质量。

表 5.13　反倾销与市场份额对存活企业出口产品质量的交叉影响

	(1)	(2)	(3)	(4)	(5)	(6)
	对照组 1			对照组 2		
	单位价值	减值单位价值	估计产品质量	单位价值	减值单位价值	估计产品质量
AD_{fhct-1}	0.056 6*** (0.015 6)	0.048 5*** (0.015 7)	0.114*** (0.019 2)	0.024 1*** (0.007 83)	0.029 0*** (0.007 78)	0.189*** (0.010 6)
MS_{fhct-1}	1.576*** (0.184)	1.551*** (0.181)	3.698*** (0.421)	0.327*** (0.015 3)	0.300*** (0.014 4)	1.837*** (0.026 8)
$AD_{fhct-1} * MS_{fhct-1}$	0.926** (0.463)	0.898* (0.464)	1.941** (0.804)	0.428*** (0.102)	0.380*** (0.103)	1.103*** (0.164)
产品效应	Yes	Yes	Yes	Yes	Yes	Yes
企业一年份效应	Yes	Yes	Yes	Yes	Yes	Yes
国家一年份效应	Yes	Yes	Yes	Yes	Yes	Yes
样本量	599 894	599 894	597 904	5 995 973	5 995 973	5 971 592
R-squared	0.764	0.721	0.500	0.780	0.682	0.370

其次,我们考察了企业内部占据不同份额(第三节中定义的变量 *PS*)的产品对于反倾销的不同反应。与市场份额的结果类似,表 5.14 中的结果显示,产品份额也对产品质量具有显著的正向影响,在企业中占据较高份额(更接近企业的核心竞争力)的产品是那些质量更高的产品。产品份额与反倾销的交叉效应显著为正,尽管该结果在不同对照组中并不十分稳健,这依然能在一定程度上说明企业更倾向于提升更接近其核心竞争力的产品的质量。市场份额和产品份额的结果都为企业内部的资源再分配提供了有力的证据,企业会将资源再分配到具有更强竞争力的产品,通过增加高质量产品的份额来提高出口质量。尤其是对于具有较高市场份额的产品,企业倾向于对其投入更多资源以提高产品质量来应对反倾销(见图 5.5)。企业内部产品之间的这种调整与 Lu, Tao & Zhang(2018)的发现一致,即反倾销导致企业出口产品结构的偏度增加,更多的销售份额将集中于企业更成功的产品上。

表 5.14　反倾销与产品份额对存活企业出口产品质量的交叉影响

	(1)	(2)	(3)	(4)	(5)	(6)
	对照组 1			对照组 2		
	单位价值	减值单位价值	估计产品质量	单位价值	减值单位价值	估计产品质量
AD_{fhct-1}	0.045 8** (0.019 2)	0.035 2* (0.019 4)	0.158*** (0.023 0)	−0.013 4 (0.010 4)	−0.009 91 (0.010 4)	0.152*** (0.013 9)
PS_{fhct-1}	0.912*** (0.015 5)	0.905*** (0.015 5)	2.280*** (0.022 3)	0.312*** (0.006 71)	0.305*** (0.006 67)	1.226*** (0.010 4)
$AD_{fhct-1} * PS_{fhct-1}$	0.050 2 (0.037 7)	0.058 7 (0.038 0)	−0.140*** (0.047 0)	0.139*** (0.019 5)	0.140*** (0.019 4)	0.167*** (0.027 3)
产品效应	Yes	Yes	Yes	Yes	Yes	Yes
企业—年份效应	Yes	Yes	Yes	Yes	Yes	Yes
国家—年份效应	Yes	Yes	Yes	Yes	Yes	Yes
样本量	599 894	599 894	597 904	5 995 973	5 995 973	5 971 592
R-squared	0.768	0.726	0.532	0.781	0.683	0.384

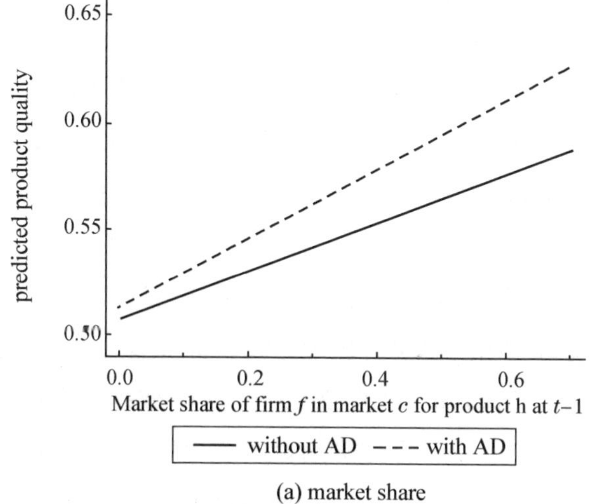

(a) market share

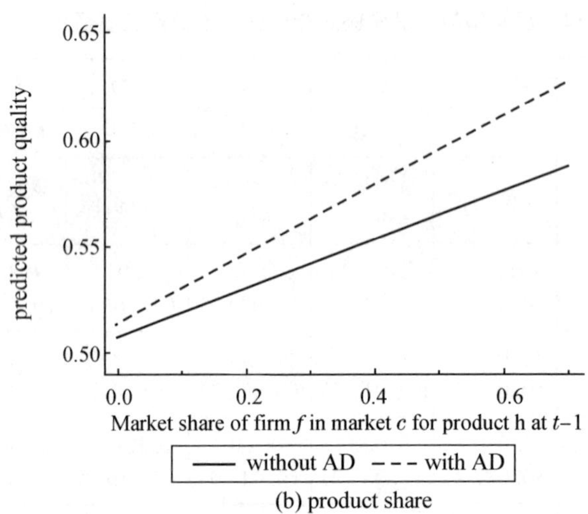

(b) product share

图 5.5 反倾销影响下的产品质量分布,按照(a)市场份额和(b)产品份额

三、内生性问题与稳健性检验

由于在识别反倾销效应时存在潜在偏误,因此本章采用了多种估计方法,试图解决潜在的内生性问题。首先,使用滞后一期的反倾销效应而不是同期效应来减少可能的内生性问题。其次,采用倾向得分匹配方法构建了对照组,并从相同 HS－4 产品类别中选择了与目标产品类似的其他产品作为替代对照组,以避免目标产品的内生选择问题。第三,在模型中加入了产品、企业—年份、国家—年份层面的固定效应,这有助于减轻因产品和国家对于反倾销政策的选择产生的系统性影响而引起的内生性问题。

此外,我们还对本章的估计结果进行了一系列的稳健性检查。首先是通过安慰剂检验来测试处理前的匹配是否有效并确认处理效应的重要性。一方面,使用与基准回归相同的处理组和对照组,但仅保留反倾销之前的观察值;另一方面,使用与基准回归相同的模型,但剔除了直接受到反倾销影响的产品,并在处理组中仅保留反倾销发起国的其他产品。表 5.15 的结果表明,预处理的效应(估计值接近于零)不会影响产品质量,同时由表 5.16 可知,反倾销对其他产品的质量也并没有统计学上的显著影响。

表 5.15　反倾销调查之前的处理效应

	(1)	(2)	(3)	(4)	(5)	(6)
	对照组 1			对照组 2		
	单位价值	减值单位价值	估计产品质量	单位价值	减值单位价值	估计产品质量
$Treat_{fhc} * Time_t$	−0.002 62 (0.018 2)	0.024 1 (0.024 5)	0.011 9 (0.034 3)	−0.014 5 (0.018 6)	0.010 7 (0.006 47)	−0.002 56 (0.015 9)
产品效应	Yes	Yes	Yes	Yes	Yes	Yes
企业—年份效应	Yes	Yes	Yes	Yes	Yes	Yes
国家—年份效应	Yes	Yes	Yes	Yes	Yes	Yes
样本量	884 137	884 137	884 137	11 914 443	11 914 443	11 914 443
R-squared	0.705	0.615	0.548	0.729	0.529	0.376

表 5.16　不受反倾销影响产品的安慰剂检验

	(1)	(2)	(3)	(4)	(5)	(6)
	对照组 1			对照组 2		
	单位价值	减值单位价值	估计产品质量	单位价值	减值单位价值	估计产品质量
$Treat_{fhc} * Time_t$	−0.007 09 (0.010 8)	0.005 35 (0.010 8)	0.094 1 (0.091 9)	0.013 8 (0.009 98)	0.002 70 (0.004 92)	−0.036 1 (0.036 7)
$Time_t$	0.070 1 (0.047 7)	0.071 3 (0.053 1)	−0.018 4 (0.041 2)	0.000 664 (0.023 7)	−0.001 24 (0.021 6)	−0.001 26 (0.017 7)
$Treat_{fhc}$	0.240 (0.170)	0.081 8 (0.172)	0.230 (0.611)	−0.054 6 (0.110)	0.051 0 (0.062 9)	0.293 (0.241)
产品效应	Yes	Yes	Yes	Yes	Yes	Yes
企业—年份效应	Yes	Yes	Yes	Yes	Yes	Yes
国家—年份效应	Yes	Yes	Yes	Yes	Yes	Yes
样本量	610 175	610 175	610 175	6 254 922	6 254 922	6 254 922
R-squared	0.720	0.638	0.545	0.749	0.562	0.399

其次,通过剔除加工贸易占出口价值一半以上的样本来进行稳健性检验。从事加工贸易的产品质量与一般贸易的产品质量之间可能存在差异(Koopman, Wang & Wei,2012),因为如果企业仅通过进口外国中间材料以加工或组装供出口的成品,则可能会生产与其技术无关的高质量产品。最终我们得到了与基准回归结果(表 5.5)一致的结论(结果见表 5.17),反倾销对产品质量的影响显著为正,即在考虑加工贸易的情况下,进一步验证了估计结果。

表 5.17 剔除加工贸易的回归结果

	(1)	(2)	(3)	(4)	(5)	(6)
	对照组 1			对照组 2		
	单位价值	减值单位价值	估计产品质量	单位价值	减值单位价值	估计产品质量
AD_{fhct-1}	0.172*** (0.028 6)	0.172*** (0.028 5)	0.322*** (0.035 0)	0.0677*** (0.013 8)	0.0837*** (0.013 6)	0.299*** (0.019 3)
产品效应	Yes	Yes	Yes	Yes	Yes	Yes
企业—年份效应	Yes	Yes	Yes	Yes	Yes	Yes
国家—年份效应	Yes	Yes	Yes	Yes	Yes	Yes
样本量	420 362	420 362	420 362	3 542 262	3 542 262	3 542 262
R-squared	0.650	0.565	0.586	0.736	0.595	0.472

第三,利用海关数据与工业企业数据相匹配得到的企业层面数据,对基准回归模型进行估计。具体而言,在模型中加入更多的控制变量来控制随时间变化的企业特征,例如资本集中度、劳动生产率和企业规模等。表 5.18 的结果表明,无论控制企业固定效应还是随时间变化的企业特征,基准回归结果都不会受到影响。另外,关于反倾销可能会通过成本加成渠道而不是质量渠道影响出口价格的问题,按照 Fan, Li & Yeaple(2018)的做法,我们通过在估计中加入市场份额变量以控制成本加成,因为企业的成本加成会随着企业的市场份额提高而增加(Amiti, Itskhoki & Konings, 2014;Fan, Li & Yeaple,2015)。从表 5.19 的结果可以发现,反倾销对单位价值和估计质量的影响变小,说明即使在控制成本加成价的调整渠道后,反倾销对产品质量的影响仍然存在。

表 5.18　加入企业控制变量的回归结果

	(1)	(2)	(3)	(4)	(5)	(6)
	对照组 1			对照组 2		
	单位价值	减值单位价值	估计产品质量	单位价值	减值单位价值	估计产品质量
AD_{fhct-1}	0.020 8* (0.012 0)	0.065 6*** (0.011 8)	0.215*** (0.017 4)	0.023 9* (0.013 1)	0.0764*** (0.012 9)	0.240*** (0.018 4)
Capital Intensity $\ln(cpt)_{ft}$				0.057 7*** (0.008 75)	0.054 9*** (0.008 64)	0.073 6*** (0.009 72)
Labor productivity $\ln(lp)_{ft}$				0.083 6*** (0.006 47)	0.083 5*** (0.006 43)	0.117*** (0.006 82)
Firm size $\ln(labor)_{ft}$				0.159*** (0.008 52)	0.157*** (0.008 43)	0.163*** (0.009 45)
产品效应	Yes	Yes	Yes	Yes	Yes	Yes
企业效应	Yes	Yes	Yes	Yes	Yes	Yes
国家—年份效应	Yes	Yes	Yes	Yes	Yes	Yes
样本量	2 772 262	2 772 262	2 772 262	2 772 457	2 772 457	2 772 457
R-squared	0.727	0.543	0.311	0.610	0.350	0.125

表 5.19　控制市场份额后的回归结果

	(1)	(2)	(3)	(4)	(5)	(6)
	对照组 1			对照组 2		
	单位价值	减值单位价值	估计产品质量	单位价值	减值单位价值	估计产品质量
AD_{fhct-1}	0.063 5*** (0.015 4)	0.068 6*** (0.015 3)	0.129*** (0.018 7)	0.031 9*** (0.007 61)	0.051 1*** (0.007 49)	0.208*** (0.010 3)
MS_{fhct-1}	1.587*** (0.186)	1.552*** (0.184)	3.714*** (0.425)	0.327*** (0.0153)	0.300*** (0.0148)	1.839*** (0.0268)
产品效应	Yes	Yes	Yes	Yes	Yes	Yes
企业—年份效应	Yes	Yes	Yes	Yes	Yes	Yes
国家—年份效应	Yes	Yes	Yes	Yes	Yes	Yes
样本量	597 904	597 904	597 904	5 971 591	5 971 591	5 971 591
R-squared	0.764	0.701	0.500	0.780	0.652	0.370

最后,考虑对照组的构成并进行了稳健性检查。首先,如图 5.2 所示,基准模型中使用的对照组包括与政策目标产品一起出口到同一市场(mki)的密切相关产品和出口到其他市场(mkj)的密切相关产品,这两类对照组与处理组的相似程度有所不同。因此,这里分别利用这两类观察值作为对照组并进行回归,结果分别见表 5.20 和表 5.21,由此得到了与表 5.5 相一致的结果,这表明基准回归结果对于替代对照组具有稳健性。其次,考虑到对照组中的部分产品可能是反补贴调查的涉案产品①或不成功的反倾销案例中的产品②,还要将这些产品从估计样本中进行剔除,进一步实施稳健性检查。由表 5.22 和表 5.23 的结果可知,我们仍可得到与基准模型一致的结果。

表 5.20 相同市场对照组的回归结果

	(1)	(2)	(3)	(4)	(5)	(6)
	对照组 1			对照组 2		
	单位价值	减值单位价值	估计产品质量	单位价值	减值单位价值	估计产品质量
AD_{fhct-1}	0.021 1 (0.013 2)	0.040 0*** (0.013 1)	0.104*** (0.013 0)	0.021 1*** (0.008 17)	0.006 18 (0.005 98)	0.082 0*** (0.007 94)
产品固定效应	Yes	Yes	Yes	Yes	Yes	Yes
企业—年份固定效应	Yes	Yes	Yes	Yes	Yes	Yes
国家—年份固定效应	Yes	Yes	Yes	Yes	Yes	Yes
样本量	406 005	406 005	554 079	1 738 252	1 740 461	1 740 461
R-squared	0.707	0.660	0.169	0.716	0.600	0.483

① 2000—2013 年,共有 76 起对华反补贴案件,涉及的 HS-6 产品数量共 183 起。

② 2000 至 2014 年间,在针对中国的 846 起反倾销案件中,有 276 起不成功或被撤销。

表 5.21　不同市场对照组的回归结果

	(1)	(2)	(3)	(4)	(5)	(6)
	对照组 1			对照组 2		
	单位价值	减值单位价值	估计产品质量	单位价值	减值单位价值	估计产品质量
AD_{fhct-1}	0.077 7*** (0.012 1)	0.085 2*** (0.012 0)	0.183*** (0.015 0)	0.024 8*** (0.005 76)	0.045 2*** (0.005 66)	0.223*** (0.007 92)
产品固定效应	Yes	Yes	Yes	Yes	Yes	Yes
企业—年份固定效应	Yes	Yes	Yes	Yes	Yes	Yes
国家—年份固定效应	Yes	Yes	Yes	Yes	Yes	Yes
样本量	983 675	983 675	983 675	12 091 589	12 091 589	12 091 589
R-squared	0.709	0.622	0.542	0.731	0.532	0.386

表 5.22　剔除反补贴涉案产品的回归结果

	(1)	(2)	(3)	(4)	(5)	(6)
	对照组 1			对照组 2		
	单位价值	减值单位价值	估计产品质量	单位价值	减值单位价值	估计产品质量
AD_{fhct-1}	0.082 2*** (0.011 8)	0.088 9*** (0.011 7)	0.257*** (0.019 7)	0.036 6*** (0.007 04)	0.039 5*** (0.006 99)	0.209*** (0.009 54)
产品固定效应	Yes	Yes	Yes	Yes	Yes	Yes
企业—年份固定效应	Yes	Yes	Yes	Yes	Yes	Yes
国家—年份固定效应	Yes	Yes	Yes	Yes	Yes	Yes
样本量	1 154 311	1 154 311	1 154 311	12 907 272	12 907 272	12 907 272
R-squared	0.698	0.610	0.534	0.726	0.529	0.373

表 5.23　剔除反倾销不成功案例涉案产品的回归结果

	(1)	(2)	(3)	(4)	(5)	(6)
	对照组 1			对照组 2		
	单位价值	减值单位价值	估计产品质量	单位价值	减值单位价值	估计产品质量
AD_{fhct-1}	0.037 1**	0.034 8**	0.084 6***	0.057 5***	0.049 8***	0.331***
	(0.016 6)	(0.016 6)	(0.020 5)	(0.007 91)	(0.007 89)	(0.011 2)
产品固定效应	Yes	Yes	Yes	Yes	Yes	Yes
企业—年份固定效应	Yes	Yes	Yes	Yes	Yes	Yes
国家—年份固定效应	Yes	Yes	Yes	Yes	Yes	Yes
样本量	970 018	970 018	970 018	12 748 434	12 748 434	12 748 434
R-squared	0.698	0.604	0.545	0.727	0.527	0.372

第五节　结　论

本章利用特定市场中针对特定产品的反倾销作为贸易政策冲击的表现进行识别，并分析了反倾销调查影响下多产品企业对于出口产品质量的选择。研究发现，反倾销促使受影响的市场中的产品质量和质量离散度提高。

通过识别不同层面的反倾销，本章分析了反倾销如何影响多产品企业的产品质量调整。在企业—产品(HS-6)—国家层面，反倾销导致出口产品的平均质量提高。通过识别特定产品内企业间的差异对该结果进行分解，我们发现反倾销会导致企业间的资源再分配从而导致质量离散度的增加。在企业—产品(HS-4)—国家层面，经过分析发现了与 HS-6 层面一致的结论，这证明了反倾销在产品间的溢出效应。此外，还分析了反倾销效应是否存在企业内产品间的异质性，并发现企业更有可能提高在特定市场中具有更高竞争力或更接近企业核心竞争力的那些产品的质量，这一发现表明反倾销会在企业内部引起资源重新分配。

本章的分析表明，具有较高竞争力的多产品企业具有一定的灵活性，可以通过调整其产品组合从而提高产品质量，以应对贸易政策冲击导致的竞争环境恶化。考虑到企业间和产品间存在的质量差异，本章的发现为多产品企业的绩效考量提供了参考。

第六章　反倾销对中国出口企业市场选择的影响

第一节　引　言

1995 年世贸组织(WTO)成立以来,随着各成员国承诺限制几乎所有国际贸易商品的关税税率[①],世界范围内贸易政策的确定性日渐增加。然而,WTO 允许成员国在满足特定条件的情况下临时提高关税,世贸组织成员因此越来越多地使用 WTO 协议的应急条款来征收临时性关税。根据协议规定,当一国从另一国进口的特定产品数量激增,而本国的进口竞争行业就业下降或利润受损时,该国可以对来自出口国的一种或一组特定产品征收应急关税。[②] 应急关税的征收会对贸易产生直接和间接的影响:直接影响是导致关税目标产品的进口减少,而间接影响则表现为,该信号意味着目标产品在第三国市场面临的贸易政策不确定性增加。本章为应急关税引致贸易政策不确定性上升的间接效应提供了新的经验证据。

与以往研究不同,本章通过创新性的识别方法分析了在贸易政策不确定性上升时的企业反应,同时有效控制了产品层面不可观测的随时间变化的供需因素。现有

---

① 其中欧盟、美国、阿根廷、巴西、中国、墨西哥、俄罗斯和哥伦比亚针对 HS 标准下 100%的产品实施了关税限制,而澳大利亚、加拿大、日本、印度尼西亚、南非、埃及和巴基斯坦等也对 95%的产品实施了关税限制。详见 Bown & Crowley(2016)表 1。

② 参见 Bown & Crowley(2016)及 Bown & Crowley(2013)中对 WTO 应急关税政策的讨论。Bown & Crowley(2016)表 3“1995—2013 年各国临时贸易壁垒对进口商品的覆盖率”中,WTO 应急条款下,各国在 1995—2013 年间关税上调的产品覆盖累计百分比分别为:墨西哥 22.9%、美国 10.3%、欧盟 8.1%、印度 8.0%、阿根廷 4.8%、土耳其 4.2%、加拿大 3.4%、中国 3.1%、巴西 2.8%、澳大利亚 2.5%以及哥伦比亚 2.3%。

文献多研究政策不确定性降低对国际贸易的影响，目前尚没有实证研究对政策不确定性上升的影响进行估计。然而随着全球范围内自由贸易协定和关税同盟热情的衰减，如英国公投脱欧以及特朗普当选美国总统后的贸易保护主义倾向等，对于关税上调如何影响国际贸易的研究就显得尤为重要。本章研究了不确定性的增加如何影响2000至2009年间约193 000家中国出口企业的外延边际，即产品和市场的进入与退出。反倾销是WTO应急条款下最重要的政策工具，因此本章重点分析中国企业在拥有反倾销法的外国市场中可能面临的关税税率变动影响。

对于贸易政策不确定性上升的分析建立在反倾销税的重要特征之上，即反倾销税的使用在各国之间具有相关性。由于针对产品—出口国征收新的反倾销税在各国市场是相关的，进口国对中国出口企业征收反倾销税可以用来表示同一产品在第三国贸易政策不确定性的增加①。Tabakis & Zanardi(2016)的研究发现，全球反倾销存在"回声效应"，即各国之间反倾销税的实施具有一定相关性。在出口国—进口国—产品层面，1980—2005年全球15个进口国和39个出口国中新的反倾销税实施概率仅为0.024%，可见一国的反倾销只是小概率事件；但是，在$t-1$年存在反倾销税的前提下，任何其他14个进口国实施反倾销税的条件概率却上升至0.721%。综上所述，尽管反倾销政策下的关税上调很少发生，但当某个进口国提高关税之后，第三国对同一产品提高关税的概率就会大大增加。

为了分析贸易政策不确定性带来的影响，本章采用Handley & Limão(2015)的理论模型进行分析，发现贸易政策不确定性增加使得企业出口的价值降低，并导致企业进入新市场的概率下降。与该理论分析对应的事实是：当某国对特定产品征收反倾销税时，该产品面临的关税税率不确定性会提高，并且在第三国的进入概率降低。例如，基于样本计算可得，产品新进入欧盟(美国)市场的平均概率为4.74%(5.56%)，而当一家企业出口至其他市场的产品被征收反倾销税后，该企业—产品新进入欧盟(美国)市场的条件概率下降至2.95%(4.60%)。由此可见，与从未受过反倾销的企

① 更准确地说，对未来关税不确定性的测度方式是经由对关税方差的增加实现的。对关税方差的增大提高了未来关税期望值，而之后关税的变动并未实际发生，本章将对这种情况进行识别。

业—产品相比,在外国市场面临反倾销税的企业—产品进入欧盟和美国市场的概率下降。样本数据中呈现的这种"关税恐慌效应"为本章的计量分析奠定了基础。

实证分析之前,我们首先对贸易政策不确定性上升而关税变动并未实际发生的产品—目的地—年份进行识别,然后估计贸易政策不确定性冲击影响下的三种不同情况:(1) 关税目标企业以目标产品进入其他外国市场;(2) 其中一种产品面临关税征收的多产品企业以其他产品进入其他外国市场;(3) 由于未出口到关税上调的市场,从而未受关税变动冲击的其他企业进入其他外国市场。

对于以上每种情况,本章都以单个企业作为行为主体对产品层面的新市场进入模型进行了估计。对于第一种情况(关税目标企业以目标产品进入其他外国市场),这里假设这些受一国关税影响的企业因此更新了他们对其他市场未来关税的预期,而其他出口同一产品但未受到关税影响的企业不会改变他们对未来关税的预期。该方法的优势在于,通过对企业间不确定性冲击的影响进行识别,我们有效控制了可能随时间变化的产品需求因素[①]。通过分析发现,关税恐慌(并未如期实现的关税威胁的增加)分别使制造企业和贸易企业的市场进入概率降低了 5.2%和 10.0%。

随后,我们利用企业内部跨市场的贸易政策不确定性差异进一步加强了对不确定性冲击的识别。可以将世界各国分为两类,即临时性关税的积极使用者和其他很少或从未使用反倾销税来限制进口的国家。研究发现,只有在第一类曾通过应急措施提高关税的国家中,才能观察到关税不确定性上升的影响。这与本章的理论分析完全一致,从而证实了该结果是企业层面应对不确定性冲击的反应,而非企业内部不可观测的随时间变化的成本冲击的影响。

对于第二种情况,我们不禁会思考:一种产品的关税上调是否会增加类似产品或密切相关产品的未来贸易政策不确定性?为了回答这个问题,本章将产品组(即 HS-4 位产品)作为受到反倾销税影响的产品进行识别,并估计了这些产品进入未

① 如果一些企业在没有受到关税影响的情况下改变了他们的预期,那么这里的假设意味着贸易政策不确定性的估计值将趋近于 0。

征收反倾销税的第三国市场的概率[①]。分析发现，一种产品的贸易政策不确定性会溢出到企业内的其他产品；制造企业和贸易企业的密切相关产品进入新市场的可能性分别下降了7.1%和8.1%。

本章还对贸易政策信息是否存在溢出效应进行了讨论，并分析了政策信息传播到其他出口企业的机制。具体而言，分析了有关未来关税上涨的消息是否会从受关税冲击的企业传播至出口相同产品到其他市场的企业。利用企业的地理位置信息，我们可以估计有关进口国反倾销税的消息如何传播并影响不受政策直接冲击的企业的出口行为。通过对所有中国城市产品层面的贸易政策信息冲击进行构建并分析，我们发现受到更强烈贸易政策信息冲击的企业进入新市场的可能性更小。该发现揭示了中国出口企业位于工业集聚区的一大优势，即能够及时获取有关外国市场情况的相关信息。

此外，本章还对中国企业在贸易政策不确定性上升时退出外国市场的情况进行了类似的分析。研究发现，市场退出在贸易政策不确定性上升的情况会下大幅增加。根据企业在目的地国的市场份额和相关产品在多产品企业中的重要性，贸易政策不确定性影响下的市场退出在企业间存在异质性反应。

基于已有的参数估计值，本章构造了两组不同的反事实估计：(1) 由WTO应急条款导致的贸易政策不确定性所造成的贸易损失；(2) 2001—2009年间，由于中国加入WTO消除了贸易政策不确定性而增加的出口企业—产品进入数量。基于回归样本，我们首先对由于使用WTO应急关税导致的政策不确定性所带来的损失进行了估计，即2001—2009年间有多少贸易量因此“消失”。其次，假设一个从未参与贸易协定的国家与WTO成员面临相同程度的贸易政策不确定性，那么贸易政策不确定性的提高或降低将对其市场进入具有对称的影响，因此可以利用模型反事实估计中国加入WTO以后，贸易政策不确定性下降增加了多少中国出口企业的市场进入。

---

① Tabakis & Zanardi(2016)发现，反倾销税的实施在HS-4产品层面的国家之间也是正相关的。所以他们将反倾销的“回声效应”定义为密切相关产品而非完全相同的产品在国家间受到反倾销的相关性。

临时性关税产生的不确定性影响了回归样本中约 4%的产品,并在制造企业和贸易企业中分别造成了平均每年 1779 和 519 个市场进入损失,这些市场进入损失约占年均制造(贸易)企业市场进入的 2%(1%)。如果将这些企业的平均出口价值与损失的市场进入相关联,可以得到 2001—2009 年累计损失的贸易估计值,为 253 亿美元。值得注意的是,这些缺失的贸易仅仅是由于样本中每年约 4%的产品所面临的不确定性上升,而不包括关税变动所造成的直接影响。基于已有研究对反倾销直接影响的估计结果①,本章对反倾销间接效应的估计值是相对合理的。

对于中国加入 WTO 的反事实分析表明,假设中国不加入 WTO,其所有产品都将面临与反倾销政策的影响相同的贸易政策不确定性,那么就可据此得出受贸易政策不确定性下降影响的反事实估计。2001 至 2009 年,样本中每年企业—产品—目的地市场层面的实际进入数量为 121 305,估计可得每年有 56 385 个市场进入者是由中国加入 WTO 降低了贸易政策不确定性带来的,占每年新市场进入总量的 46%。尽管新进入者的总出口额要比成熟出口者少,但其仍对整体出口增长做出了重要贡献。过去二十年中,国际贸易的最重要特征之一就是中国出口的急剧增长。这里的分析表明,贸易政策不确定性的下降正是中国出口增长的重要推动力。

本章与国际贸易三个不同方向的理论相关,并对其有所贡献,这些理论包括贸易政策不确定性、最优贸易协定设计以及企业进入退出外国市场的相关研究。

首先,本章提供了一种关于贸易政策不确定性的新的识别方法,该方法可以准确地识别和估计企业及产品层面随时间变化的冲击所带来的不确定性影响。本章提供的经验证据进一步验证了贸易政策不确定性的相关理论(Handley & Limão,2015; Limão & Maggi,2015),对现有的经验研究进行了有益补充。关于政策不确定性的理论首先以 Bloom(2009)的开创性研究为基础,然后这些研究主要依赖于贸易政策不确定性在同一时间点的横截面变化(Handley, 2014; Pierce & Schott, 2016;

---

① Prusa(2001)发现美国反倾销税的实施使得美国从目标国的进口下降了 50%～60%;而 Besedes & Prusa(2017)则发现反倾销对扩展边际的巨大影响:美国反倾销使得目标国的市场退出概率提高了 50%。另外,Lu, Tao & Zhang(2013)针对中国企业出口到美国的研究发现,美国反倾销税每增加一个标准差将分别带来中国出口量和出口企业 25%和 7%的下降。

Handley & Limão,2017)。已有的经验研究主要利用加入贸易协定作为消除关税不确定性的自然实验,以识别其对相关经济结果的影响,其中包括企业出口、贸易量以及进口竞争行业的就业等①。

Handley(2014)研究了WTO框架下限制关税协定对澳大利亚进口的阻碍作用;Handley & Limão(2015)则估计了葡萄牙加入欧盟的影响;Pierce & Schott(2016)分析了中国加入WTO带来的贸易政策不确定性下降如何导致美国制造业就业人数的急剧下降;Handley & Limão(2017)则发现,中国加入WTO带来的贸易政策不确定性下降可以解释22%~30%的中国对美出口增长②。

其次,本章证明了应急条款带来的不确定性影响可以用来对其成本进行测算,从而对最优贸易协定设计的相关研究有所贡献。另外,本章还有效估计了由贸易协定提供政策稳定性所创造的价值。长期以来,关于最优贸易协定设计的理论一直在保证政府政策可信度的刚性承诺与减轻经济或政治冲击的灵活性条款之间存在矛盾③。在其开创性的研究中,Staiger & Tabellini(1987)认为,出于政治动机的政府在引入自由贸易体制时面临时间一致性的问题。此后,经济学家一直认为,应急条款是支撑低关税特征的贸易协定的重要条件(Bagwell & Staiger,1990),这类贸易协定可以帮助政府克服承诺可信度的问题(Maggi & Rodriguez-Clare,1998;Maggi & Rodriguez-Clare,2007;Limão & Maggi,2015),并且提供了政治上的最优效率(Bagwell & Staiger,1999),同时合同不完整和争端解决是贸易协定灵活性的重要组成(Horn, Maggi & Staiger,2010;Maggi & Staiger,2011;Staiger & Sykes,2011),而允许向下的灵活性单方面承诺在福利上也优于确切级别的承诺(Amador &

---

① 另外一些相关文献研究了中国冲击的影响,即中国加入WTO以后的出口增长对贸易伙伴国产生的各种影响。其中Bloom, Draca & Van Reenen (2016)(2015)发现,与中国进口的竞争促进了欧洲企业的创新。然而,Autor, Dorn & Hanson(2013)和Autor, Dorn & Hanson(2019)则发现与中国的竞争对美国制造业就业、婚姻、家庭以及儿童幸福都具有负向影响;Keller & Utar(2016)还发现来自中国的进口造成了丹麦就业的两极分化。

② Handley & Limão(2017)对不确定性下降对中国贸易集约边际和扩展边际的总体影响进行了估计,而本章主要针对的问题在于,贸易政策不确定性上升如何影响企业进入的扩展边际。

③ Maggi(2014)对有关贸易协定的文献进行了分析,而Beshkar & Bond(2016)则总结了有关贸易协定中应急条款的文献。

Bagwell,2013;Beshkar & Bond,2017)。与此最直接相关的文章是 Limão & Maggi(2015)的研究,他们发现,法律变更或加入贸易协定而使得未来关税的不确定性降低,这会导致贸易扩大、企业进入出口市场,且该影响甚至大于关税削减带来的直接影响。Vandenbussche & Zanardi(2010)通过估算 1980 至 2000 年多国贸易引力模型,分析了促使关税上调的国际贸易规则的"寒蝉效应",该研究的关注点是关税上调的直接影响和贸易政策不确定性的间接影响的综合效应,而相应法律和程序的采用引起的关税提高会导致进口总额下降 5.9%。本章通过对直接影响和间接影响进行分解,并对临时性关税引起贸易政策不确定性上升的间接效应进行准确估计,从而对此类文献进行有益补充。

最后,本章为企业出口率不高的原因提供了新的解释。尽管关税税率已经很低、运输成本适中,但主要经济体中的大多数企业并未选择出口①。分析表明,从企业的角度来看,即使贸易政策不确定性的小幅增加也可能对市场进入产生重大影响。该发现是对相关文献(Albornoz, Pardo & Corcos,2012;Chaney,2014;Conconi, Sapir & Zanardi,2016;Defever, Heid & Larch,2015;Defever & Ornelas,2016;Fernandes & Tang,2014;Schmeiser,2012)的补充,有助于研究企业进入和退出动态及空间分布特征,并进一步理解贸易壁垒对出口的影响。

第二节　贸易政策不确定性理论模型分析

Handley & Limão(2015)研究发现,贸易政策不确定性使得企业进入出口市场的机会降低,同时企业开拓新市场的概率也将减小。本节基于 Handley & Limão(2015)的理论模型,以针对特定产品的反倾销会提高该产品的关税不确定性为前提,对贸易政策不确定性的影响进行如下分析:(1) 反倾销目标企业以目标产品出口到其他市场的市场选择;(2) 多产品目标企业以目标产品的密切相关产品出口到其他

① Bernard, Jensen & Redding(2007)发现 2002 年美国制造业中只有 18%的企业出口,而 Eaton, Kortum & Kramarz(2011)则发现 1986 年只有 15%的法国企业选择出口。

市场的市场选择;(3) 非目标企业但是出口与反倾销目标相同的产品到其他市场的市场选择。

一、模型设定

Handley & Limão(2015)模型假定,所有国家都存在一个偏好差异化产品的代表性消费者,且存在各国间自由贸易的单位计价商品。代表性消费者所消费的加总产品 Q 以 CES 效用函数表示:

$$Q=\left[\int_{v\in\Omega}q_v^{\rho}dv\right]^{\frac{1}{\rho}} \tag{6.1}$$

其中差异化产品由属于产品种类集合 Ω 的 ν 表示,替代弹性 $\sigma=1/(1-\rho)>1$。

Y_i 表示国家 i 的总收入,p_{iv} 表示国家 i 的代表性消费者购买差异化产品 ν 的价格,P_i 为总体价格指数。由消费者效用最大化可以得到每种产品在国家 i 的最优需求为:

$$q_{iv}=\frac{\mu Y_i}{P_i}\left(\frac{p_{iv}}{P_i}\right)^{-\sigma} \tag{6.2}$$

c 表示企业使用边际成本不变的生产技术,τ_{ih} 表示国家—产品层面的进口从价关税。生产产品 $\nu\in h$ 的企业以价格 $p_{ih}/\tau_{ih}(\tau_{ih}=1)$ 在本国销售,企业在 t 时期决定是否以产品 $\nu\in h$ 进入外国市场 i,其中企业在当期市场进入的固定成本为 K,企业每一期在市场 i 销售产品 h 的利润用 $\pi(\tau_{ih},c)$ 表示。因此,只有当企业贴现的营业利润大于市场进入成本时,企业才会以产品 h 进入市场 i,即:

$$\frac{\pi(\tau_{ih},c)}{1-\beta}\geqslant K \tag{6.3}$$

用 $\Pi_e(\bar{\tau}_{ih},c)$ 表示企业选择出口的临界值,而 $\Pi_w(\bar{\tau}_{ih},c)$ 表示企业进入新市场的临界值,Handley & Limão(2015)认为存在一个关税门槛 $\bar{\tau}_{ih}$ 使得:

$$\Pi_e(\bar{\tau}_{ih},c)-K=\Pi_w(\bar{\tau}_{ih},c) \tag{6.4}$$

当 $\tau_{iht}<\bar{\tau}_{ih}$ 时,企业选择进入新市场。

二、理论分析

Handley & Limão(2015)假定了一个随机的贸易政策变动过程,其中贸易政策冲击(关税变动)服从泊松分布,其发生概率为 γ_h。当贸易政策冲击发生时,政策制定者选择关税 τ'_{ih},企业基于 γ_h 形成对未来贸易政策的预期以及判断征收关税的可能性 $H(\tau'_{ih})$,其中 $\tau'_{ih}\in[1,\tau^H_{ih}]$,$\tau^H_{ih}$是企业可能面临的最高关税。假设 τ_{iht} 是当期关税,如果没有贸易政策冲击发生,则 $\tau_{ih,t+1}=\tau_{ih,t}$;如果贸易政策冲击发生,则 $\tau_{ih,t+1}=\tau'_{ih}$。因此,企业在 t 年开始出口的临界条件为:

$$\Pi_e(\tau_{iht})=\pi(\tau_{iht})+\beta[(1-\gamma_h)\Pi_e(\tau_{iht})+\gamma_h E_t\Pi_e(\tau'_{ih})] \quad (6.5)$$

其中等式右边第一项表示企业在 t 年的营业利润,第二项表示企业出口且没有面临贸易政策冲击时的贴现利润,最后一项则表示企业出口且面临贸易政策冲击 τ'_{ih}同时考虑政策发生概率的贴现利润。所以企业选择进入新市场的临界条件可以表示为:

$$\Pi_w(\tau_{iht})=0+\beta[(1-\gamma_h)\Pi_w(\tau_{iht})+\gamma_h(1-H(\bar{\tau}_{ih}))\Pi_w(\tau_{iht})+\gamma_h H(\bar{\tau}_{ih})E_t\Pi_e(\tau'_{ih}\mid\tau'_{ih}<\bar{\tau}_{ih})-K] \quad (6.6)$$

其中,等式右边第一项表示企业在 t 年没有选择出口时的营业利润为 0,第二项表示贸易政策冲击没有发生时企业的贴现利润,第三项表示贸易政策冲击发生且大于进入门槛时企业的贴现利润,最后一项则表示贸易政策冲击发生且小于进入门槛时企业支付沉没成本后的贴现利润。

Handley & Limão(2015)模型提出如下假说:

假说 1:假设关税变化的概率 γ_h 为常数,那么关税 τ_{iht} 的下降将会降低进入市场的生产率门槛,而生产率与边际生产成本 c 呈负向关系,即关税下降时高生产成本的企业也会进入市场。

假说 2:给定当期关税 τ_{iht},当贸易政策变动的可能性下降时,企业选择出口的临界值提高,所以贸易政策不确定性下降会使高生产成本的企业选择进入市场,贸易政策不确定性的上升会减少高生产成本企业的市场进入。

Handley & Limão(2015)模型仅考虑了单一市场的企业进入动态,而本节将模型扩展到多目的地市场的企业进入动态,并以 K 表示进入每个市场的固定成本。假设产品层面的贸易政策冲击发生的概率为 γ_h,且这一概率随着其他市场关税变动的发生而上升。Tabakis & Zanardi(2016)研究发现,产品 h 于 $t+1$ 年在国家 i 关税提高的可能性会因产品 h 于 t 年在其他国家面临的关税提高而上升。因此,本节提出了新的理论假设。

假说 3:如果企业 f 观察到市场 j 中产品 h 面临关税变动,那么企业了解到产品 h 在其他市场将会面临贸易政策不确定性的信息,也就是说在全球范围内产品层面的贸易政策相关性会带来贸易政策不确定性,进而减少高生产成本企业的新市场进入量①。

另外,Handley & Limão(2015)模型还可以扩展到企业的市场退出方面。贸易政策不确定性上升将通过以下机制影响企业在已有市场的出口选择:企业利润函数中的贴现因子 β 是真实贴现率 R 和外生的死亡冲击(退出)概率 δ 的函数,即 $\beta=(1-\delta)/(1+R)$。如果表示贸易政策不确定性的参数 γ_h 变大,那么在外生冲击下退出企业会发现再次进入市场的生产率门槛已经提高,所以企业最终会退出市场。而当没有贸易政策变动时,企业在外生冲击下会立刻重新进入市场,所以企业最终不会退出市场。因此,当产品 h 在一国市场面临关税提高时,出口 h 的企业会增加市场退出。

第三节 实证模型与数据

一、模型分析与理论假设

(1) 目标产品的进入退出

本章运用线性概率模型对企业的市场进入进行估计,以反倾销使用国市场 j 在 $t-1$ 年可能产生的临时性关税使得贸易政策不确定性提高为前提,研究中国的反倾销目标企业在 t 年进入市场 i 的概率。由于反倾销针对特定产品,因此这里的贸易政策不确定性也是针对特定产品而言。在基准模型中,假设只有在市场 j 中直接受

① 值得注意的是,这里是基于企业对 γ_h 变化的反应,而不是讨论反倾销税的直接影响。假设反倾销税率已知并且 $\tau'_{jh}>\tau_{jh}$,那么 γ_h 在 t 期增加意味着选择出口的价值降低。因此,与 Handley & Limão(2017)、Pierce & Schott(2016)以及 Feng, Li & Swenson(2017)的研究不同,本章不是通过比较不同贸易政策下关税税率的差异来分析不确定性的影响,而是在同一贸易政策(反倾销)之下对贸易政策不确定性进行识别。

到反倾销影响的企业才会改变对其他市场 i 的关税预期。

图 6.1 是处理组企业的影响机制示意图。处理组企业生产并出口的特定产品于 $t-1$ 年在市场 j 面临反倾销,其中市场 j 是指任何实施过反倾销的经济体,如美国、欧盟和加拿大等。这里对于市场进入的估计是基于企业—产品—市场层面,例如一家出口企业在 $t-1$ 年将特定产品出口到欧盟,那么其在 t 年将该产品出口到加拿大就被视为进入新市场。对照组包含了 $t-1$ 年没有在任何市场面临反倾销的企业—产品组合,还包括在 $t-1$ 年出口目标产品 h 但并没有进入市场 j(实施反倾销的市场)的企业,将这部分企业计入对照组,更有利于观察企业如何通过掌握贸易政策变动的信息来改变对贸易政策的预期。

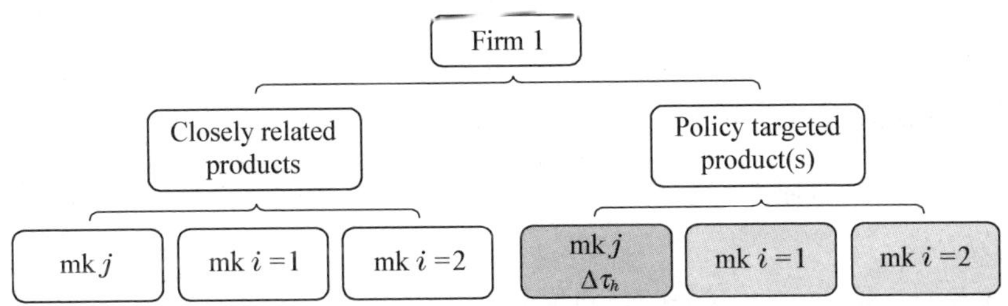

图 6.1　目标产品的市场进入退出

假设出口产品 h 的企业在 $t-1$ 年的市场 j 直接面临反倾销的影响,企业会因此改变对产品 h 在其他市场 i 面临贸易政策冲击可能性的预期 γ_h;反之,如果出口企业没有直接面临反倾销的影响,则其对其他市场 i 的贸易政策预期 γ_h 没有改变。一方面,企业在一国市场的反倾销应诉经验将为企业提供信息,以便企业更好地估计在其他市场面临反倾销的可能性;另一方面,各国向 WTO 汇报反倾销税的频率为一年两次,反倾销税的公开发布具有滞后性。而在实证上该假设意味着:(1) 如果其他出口目标产品的企业也了解到全球范围内对该产品征收反倾销税的可能性提高,那么实际上贸易政策不确定性影响市场进入的真实值比本章估计的影响还要大;(2) 贸易政策不确定性的影响在一定程度上源于企业的异质性。因此,在模型中控制了产品 h 在不同目的地市场的需求时变因素,同时也控制了包括贸易转移效应在内的所有相关贸易效应(Bown & Crowley, 2007)。

本章在线性概率模型中分别控制了行业、国家和企业固定效应，并运用 Correia (2014)的高维固定效应模型(Cameron, Gelbach & Miller, 2011)进行回归，该模型可以提供多维度的聚类标准误(clustered standard error)，这里的聚类标准是以 HS-2 代表的行业虚拟变量和国家虚拟变量。控制行业固定效应是为了对比位于同一行业的目标产品和非目标产品在反倾销影响下的市场进入，而企业固定效应则是为了控制影响企业市场进入决策的相关特征变量。另外，国家固定效应则控制了与市场有关的影响因素，包括市场规模、人均收入水平以及其他不可观测的市场进入门槛，如政府监管和分销渠道等。这里的基准模型回归公式如下：

$$y_{fhit}=\alpha_i+\delta_f+\eta_{HS02}+\beta_1 AD_{fhjt-1}+\beta_2\Delta ln\,(GDP)_{it}+\beta_3\ln(rxr)_{it}+\varepsilon_{fhit} \tag{6.7}$$

其中 j 表示在 $t-1$ 年实施反倾销的外国市场；y_{fhit} 表示企业新市场进入的虚拟变量，当企业 f 在 t 年出口 HS-6 产品 h 到外国市场 i 时，其值为 1，否则为 0；AD_{fhjt-1} 表示反倾销效应的虚拟变量，当企业 f 出口的产品 h 在 $t-1$ 年的市场 j 受到反倾销影响时，其值为 1，否则为 0；α_i、δ_f、η_{HS2} 分别代表国家、企业和行业(HS-2)固定效应。

基于 Handley & Limão(2015)模型的理论分析，我们假设随着贸易政策不确定性在市场 i 的提升，回归系数 β_1 的符号预期为负，这是因为政策变动可能性 γ_h 提高会降低企业的出口意愿。

在对基准模型进行估计以后，考虑到贸易政策不确定性可能源于产品 h 随企业和时间而改变的市场供需变化，可以对贸易政策不确定性的度量进一步细化。根据 1995—2013 年全球反倾销使用情况，这里将回归样本分成两部分：一部分是经常使用反倾销的国家，另一部分是不常发起反倾销的国家，其中反倾销经常使用国是指在 1995—2013 年间反倾销涉案产品的累计进口额占比达到 2%及以上的国家。如图 6.1 所示，企业(Firm 1)在 t 年分别出口产品到市场 $i=1$ 和 $i=2$，其中 $i=1$ 表示反倾销经常使用国，$i=2$ 则表示很少发起反倾销的国家。因此，将基准模型进行如下扩展：

$$y_{fhit}=\alpha_i+\delta_f+\eta_{HS02}+\beta_1[AD_{fhjt-1}*I\{i=\text{activist}\}]+\beta_2[AD_{fhjt-1}*I\{i=\text{other}\}]+\beta_3\Delta\ln(GDP)_{it}+\beta_4\ln(rxr)_{it}+\varepsilon_{fhit} \tag{6.8}$$

假设市场 j 实施反倾销只会使经常使用反倾销的市场贸易政策不确定性提高，

那么在市场 j 的反倾销影响下，企业会改变对反倾销经常使用国 i 的贸易政策预期，而对其他市场 i 的预期不变，因此对系数 β_1 的符号预期为负，β_2 预期为 0。样本中的 10 个反倾销经常使用国从中国的进口量，在 2001 年和 2009 年分别占中国出口总额的 50.97%和 52.32%，可见反倾销经常使用国与不常使用国的进口量相近，并不会因为反倾销经常使用国的进口量更大而导致总体负向效应更大。基准模型(6.7)在控制产品层面供需时间趋势的基础上，通过企业受贸易政策影响的差异性来识别贸易政策不确定性，而扩展模型(6.8)则通过增加国家间贸易政策不确定性的差异，从而能够控制企业—产品层面的生产成本变化。

同时，在基准模型(6.7)的基础上对企业的市场退出也进行了估计。在市场退出模型中，y_{fhit} 表示企业市场退出的虚拟变量，当企业 f 在 t 年不再出口产品 h 到外国市场 i 时，其值为 1，否则为 0；AD_{fhjt-1} 表示反倾销效应的虚拟变量，当企业 f 出口的产品 h 在 $t-1$ 年的市场 j 受到反倾销影响时，其值为 1，否则为 0。根据模型分析可知，回归系数 β_1 的理论预期为正，即在市场 j 的反倾销影响下，企业在市场 i 的退出概率会提高。

最后，我们还通过在回归模型(6.7)中引入出口企业的市场份额以及市场份额与反倾销效应的交叉项，分析了市场退出的企业异质性。其中，企业的市场份额是指企业 f 出口产品 h 到市场 i 的出口额占市场 i 中产品 h 从中国的总进口额的比重。该回归模型的公式设定如下：

$$y_{fhit}=\alpha_i+\delta_f+\eta_{HS02}+\beta_1 AD_{fhjt-1}+\beta_2 MS_{fhit-1}+\beta_3[AD_{fhjt-1}*MS_{fhit-1}]+\beta_4\Delta ln(GDP)_{it-1}+\beta_5\ln(rxr)_{it-1}+\varepsilon_{fhit} \tag{6.9}$$

其中 $MS_{fhit}=\dfrac{value\ of\ exports_{fhit}}{\sum_{f=1}^{F} value\ of\ exports_{fhit}}$，$F$ 表示在 t 年出口 h 到 i 的中国企业总数。在 Melitz(2003)模型中，市场份额较大的企业往往生产率也更高，从而这些企业的市场退出概率更低。因此，假设反倾销效应与市场份额的交叉项系数为负，即 $\beta_3<0$。

(2) 密切相关产品的进入退出

为了识别贸易政策的不确定性是否在企业内部的不同产品之间存在溢出效应，还检验了针对一种产品的反倾销是否会对企业其他产品新的市场进入产生影响，同时排除了产品转换(*product switching*)①的情况。处理组企业的设定如图 6.2 所示。下面仍然基于模型(6.7)进行回归,被解释变量 $y_{fh'it}$ 仍然表示企业新市场进入的虚拟变量,但其含义有所不同,它表示当企业 f 在 t 年出口与反倾销目标产品 h 相近的 HS-6 产品 h' 到外国市场 i 时,其值为 1,否则为 0。假设企业认为密切相关产品在不同国家间遭受反倾销的可能性相关,则回归系数 β_1 预期为负,即 $\beta_1<0$。另外,与模型(6.8)类似,在考察贸易政策不确定性对密切相关产品的影响时,我们也通过将样本分为经常使用反倾销的国家和不常使用反倾销的国家,以观察贸易政策不确定性在国家间的异质性。同时,这里也假设经常使用反倾销市场的企业进入概率会因为市场 j 的反倾销而降低。

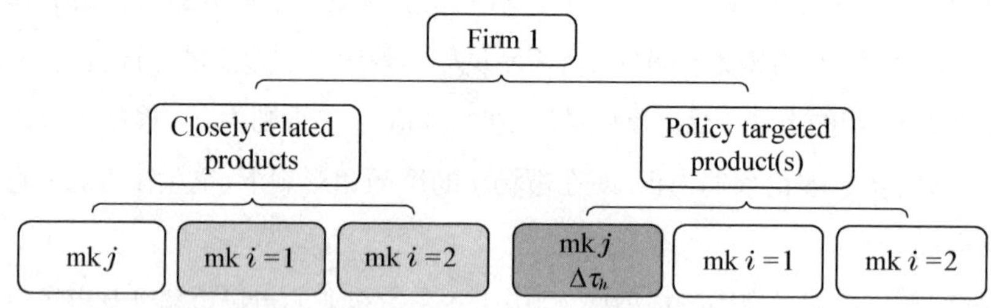

图 6.2 密切相关产品的市场进入退出

为了估计在多产品企业中贸易政策不确定性对企业市场退出在不同产品间的影响,在模型中引入了 Eckel & Neary(2010)多产品企业模型中的相关变量,回归模型如下:

$$y_{fhit}=\alpha_i+\delta_f+\eta_{HS02}+\beta_1 AD_{fhjt-1}+\beta_2 MS_{fhit-1}+\beta_3[AD_{fhjt-1}*MS_{fhit-1}]+\beta_4 I\{fh=\text{core}\}+\beta_5[I\{fh=\text{core}\}*AD_{fhjt-1}]+\beta_6\Delta\ln(GDP)_{it-1}+\beta_7\ln(rxr)_{it-1}+\varepsilon_{fhit} \tag{6.10}$$

其中加入的变量有:(1) 反倾销虚拟变量与企业 f 在 i 的市场份额的交叉项,即 $AD_{fhjt-1}*MS_{fhit-1}$,通过企业市场份额(作为企业生产率的代理变量)的差异可以观

① 产品转换是指企业通过转换产品以新产品进入现有市场。本章排除的是企业 f 将目标产品的密切相关产品出口到市场 j 的情况。

察在同一市场中企业的市场退出决策的差异性；(2) 反倾销虚拟变量与企业核心产品虚拟变量的交叉项，即 $I\{fh=\text{core}\}*\Lambda D_{fhjt-1}$，通过引入核心产品虚拟变量可以检验企业内部不同产品间市场退出的差异性，其中核心产品的定义为占企业出口总额 60%以上的 HS-6 产品。

与回归模型(6.9)类似，假设回归系数 β_1 符号预期为正而 β_3 为负。另外，通过 β_4 和 β_5 可以分析企业内部产品间的市场退出差异性。其中对于 β_4 而言，如果企业的核心产品比非核心产品的退出概率更高，则 β_4 的符号为正，否则为负。核心产品的退出概率通常会低于非核心产品，即 β_4 的符号更有可能为负；但是当企业把更多的核心产品而不是非核心产品出口到边缘市场(marginal or fringe market)时，由于企业在不同产品间的市场进入存在差异，贸易政策冲击后的核心产品退出概率也可能高于非核心产品，即 β_4 的符号可能为正。对于核心产品与贸易政策冲击的交叉项系数 β_5 而言，当企业在贸易政策影响下将更多资源再分配到核心产品时，其符号预期为负；而当企业将资源分散到不同产品而不是集中于核心产品时，该系数符号为正。

(3) 贸易政策在企业间的信息传递

我们通过在模型中引入企业地理位置信息，来观察一国反倾销的信息将如何影响同一区域内非目标企业的出口行为。具体而言，如果一家企业的相邻竞争对手在一国市场遭受贸易政策冲击，该企业究竟是会更多还是更少地进入外国市场？因此，这里参考了 Fernandes & Tang(2014)构建的关于企业向其他邻近企业学习出口的模型来筛选新的样本数据。样本中的出口企业没有在其出口市场遭受任何贸易政策冲击，对这些非目标企业的关注可以更好地识别贸易政策信息在生产相同产品的企业之间的传递。该模型可以精确估计针对特定企业的贸易政策的发生时间，从而识别企业间的"学习效应"或"溢出效应"。

我们通过海关数据库中企业所在地邮政编码的前三位来识别企业所在城市①，在这里构造了两种不同的指标来衡量区域内的信息溢出效应：一是出口产品(HS-6)

---

① 邮编前三位代表的邮区与中国 70%的地级市是一一对应关系，而剩余地级市则会包含两个及以上的邮政区域。为方便起见，这里将邮政区域统一称之为城市。

集聚区内的企业之间的信息溢出，二是产品层面的相邻竞争对手企业之间的信息溢出。如图 6.3 所示，企业 1、2 和 3 均生产和出口产品 h，其中企业 1 和 2 位于城市 p，而企业 3 位于另一城市 p'。假设在 $t-1$ 年企业 1 出口的产品 h 在市场 j 被征收反倾销税，而企业 2 和 3 在 $t-1$ 年没有出口产品 h 到市场 j，所以没有遭受反倾销。此时研究所需的样本，即所有像企业 2 和 3 这样虽然没有遭受反倾销但出口反倾销目标产品的企业，然后分析企业 2 和 3 对于产品 h 在除市场 j 以外的市场进入决策。对照组企业所出口的产品与 2000—2009 年中遭受反倾销的 HS-6 产品位于同一行业(HS-4)，但这些产品却没有在 $t-1$ 年遭遇反倾销，而此时重点关注的则是企业 2 和 3 基于地理位置和出口产品所受反倾销影响的差异性。

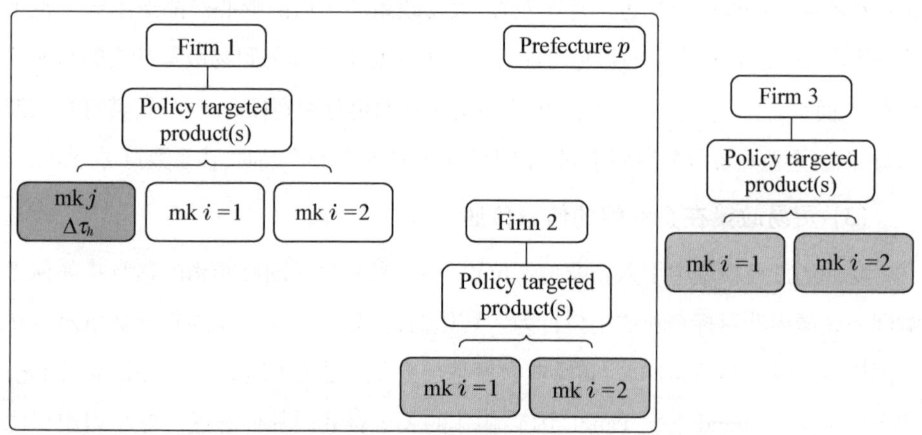

图 6.3　目标产品的贸易政策信息溢出效应

通过计算产品 h 在每个城市每年的出口额以及其占所有城市总出口额的比重，首先构建了每个城市 HS-6 产品的出口集中度指标，然后定义了一个城市—产品—年份层面的二元变量，即把出口比重在 75 百分位及以上的观测值定义为“出口集聚区”，取值为 1，否则取值为 0。可以认为，与其他地区相比，出口比重较高的出口集聚区更有可能包含直接受反倾销影响的企业，或者说该区域内直接受反倾销影响企业的比例更高。因此，通过比较出口集聚区与其他地区中未受反倾销直接影响的企业，就可以检验与受反倾销影响企业相邻是否会影响企业的进入退出决策，模型设定如下：

$$y_{fhit}=\alpha_i+\delta_f+\eta_{HS02}+\beta_1 AD_{fhjt-1}+\beta_2 I\{p=\text{ExportArea}\}_{pht-1}+\beta_3[AD_{fhjt-1}*I\{p=\text{ExportArea}\}_{pht-1}]+\beta_4\Delta\ln(GDP)_{it}+\beta_5\ln(rxr)_{it}+\varepsilon_{fhit} \tag{6.11}$$

其中 p 表示企业 f 所在的城市。如果企业会利用其在市场 j 获取的贸易政策信息,更新其对市场 i 未来贸易政策的预期,这里 β_1 的符号预期就为负。同时,如果企业从受影响的邻近企业获取了关税变动的信息,那么反倾销与出口集聚的交叉效应也为负,即 β_3 的符号预期为负。

对出口集聚的测度与产业集聚的指标类似,产业集聚指标是城市与区域经济相关文献中研究集聚效应的常用变量,然而这类指标在应用中的缺点是缺少对信息强度的精确估计。由图 6.3 可知,这里重点分析出口集聚区所遵循的逻辑是,位于出口集聚城市 p 的企业 2 与企业 1 相邻,从而更易获取贸易政策变动的相关信息,而企业 3 所在的城市不是产品 h 的出口集聚区,所以与企业 2 相比,企业 3 对于市场未来关税变动的信息获取更少。

然而,考虑到对出口集聚进行测度的准确性与样本企业贸易信息的可得性,这里采取了一种新的测度方式,即基于企业—产品数量的地区层面的信息强度指标。具体而言,我们利用企业的地理位置和贸易政策信息,构建了一个基于企业—产品组合的信息强度测量指标。首先识别了同一城市在不同年份特定出口产品在外国市场面临反倾销的企业,以及同样出口该目标产品到其他市场但没有遭受反倾销的企业;然后,通过构建指标来衡量一个城市的贸易政策信息强度,即城市 p 中在 $t-1$ 年面临反倾销的出口产品 h 的企业数量占城市 p 中在 $t-1$ 年出口产品 h 的企业总数的比例。假设出口相同产品(HS-6)的企业组成一个网络,并通过原料供应商及企业间的劳动力流动相联系,那么信息强度反映了一个城市内的网络中关于贸易政策的信息强度。回归模型设定如下:

$$y_{fhit}=\alpha_i+\delta_f+\eta_{HS02}+\beta_1 intensity_{pht-1}+\beta_2\Delta\ln(GDP)_{it-1}+\beta_2\ln(rxr)_{it-1}+\varepsilon_{fhit} \tag{6.12}$$

其中 p 表示企业 f 所在的城市。如果企业利用其在市场 j 获取的贸易政策信息,更新其对市场 i 的未来贸易政策的预期。如果一家企业位于信息强度高的地区,也就有更多的信息溢出,因此企业会减少目标产品的新市场进入,对 β_1 的符号预期就为负。

二、数据描述

本章的数据有四个主要来源:中国海关数据库、全球反倾销数据库、世界发展指标数据库和美国农业部经济研究数据库。其中海关数据和反倾销数据的描述同第四章第三节。

我们通过如下数据处理来构建回归所使用的数据库:(1) 保留多产品企业,即在样本选择的期间内至少有一年出口两种及两种以上 HS-6 产品的企业;(2) 保留对华反倾销的国家和重要的进口国(见表 6.1),这 33 个国家①中包括曾在样本期间发起对华反倾销的 17 个国家,以及每年从中国进口额占所有中国贸易伙伴国比例在前 20 位的国家,这些国家占中国在 2001(2009)年总出口量的 90.9%(92.1%);(3)保留最可能发生反倾销的 2 225 种 HS-6 产品,即遭到反倾销起诉的 312 种 HS-4 产品。另外,还将样本中的企业划分为制造型企业和贸易型企业②,如表 6.2 所示。尽管两类企业的数量所占比重相近,但制造型企业的出口额占贸易总额的比重平均每年都在 70%以上。

表 6.1 样本中的国家(地区)列表

国家(地区)	1995—2013 年涉案产品进口额占比(%)	经常使用反倾销	国家(地区)	1995—2013 年涉案产品进口额占比(%)	经常使用反倾销
巴西	2.4	是	墨西哥	22.8	是
欧盟	6.6	是	新西兰	—	否
印度	7.6	是	菲律宾	0.3	否
伊朗	—	否	俄罗斯	—	否
日本	0.1	否	新加坡	—	否

① 其中欧盟 28 国作为同一贸易伙伴国。

② 通过企业名称的“进出口”“贸易”“商贸”“外贸”“仓储”和“物流”等字样来识别贸易型企业。

（续表）

国家(地区)	1995—2013 年涉案产品进口额占比(%)	经常使用反倾销	国家(地区)	1995—2013 年涉案产品进口额占比(%)	经常使用反倾销
秘鲁	—	否	土耳其	2.5	是
南非	2.1	是	匈牙利	—	否
韩国	1.4	否	澳大利亚	2.5	是
泰国	0.6	否	哥伦比亚	1.2	否
美国	9.0	是	马来西亚	—	否
越南	—	否	巴基斯坦	0.4	否
阿根廷	4.6	是	罗马尼亚	—	否
加拿大	3.4	是	印度尼西亚	1.1	否
以色列	—	否	沙特阿拉伯	—	否
牙买加	—	否	阿拉伯联合酋长国	—	否

注:涉案产品覆盖率数据来源是 Bown & Crowley(2016)。这里将经常使用反倾销的国家定义为 1995—2013 年间反倾销涉案产品进口额累计占比大于或等于 2%的国家。

表 6.2　不同类型企业的贸易占比

时间	制造型企业		贸易型企业	
	贸易量占比(%)	贸易额占比(%)	贸易量占比(%)	贸易额占比(%)
2001	51.26	75.10	48.74	24.90
2002	53.25	75.93	46.75	24.07
2003	54.33	77.21	45.67	22.79
2004	55.25	77.10	44.75	22.90
2005	59.79	79.04	40.21	20.96
2006	61.69	80.32	38.31	19.68
2007	53.37	82.08	46.63	17.92
2008	48.82	80.99	51.18	19.01
2009	49.47	82.53	50.53	17.47

然后,我们将构建的回归样本与贸易政策数据相匹配。根据前述模型的分析,可以分别探讨贸易政策不确定性对以下三者的影响:(1) 目标产品,(2) 密切相关产品以及(3) 目标企业的相邻企业。这就需要将回归样本按照以上三种方式分别与反倾销数据进行匹配。首先选取被反倾销起诉过的 HS-4 产品所包含的所有 HS-6 产品①。通过将回归样本限制在曾经遭受反倾销的产品,就避免了对贸易政策不确定性的估计依赖于是否遭受过反倾销的产品之间的不可观测的差异性②。

反倾销数据显示,2000—2009 年针对中国的 514 起反倾销调查案例共包含涉案 HS-6 产品 813 种,占所有 HS-6 产品的 15%,占回归样本中 HS-6 产品的 37%。针对贸易政策不确定性影响目标产品的研究,首先要将海关数据与反倾销数据相匹配,并得到企业—产品—市场—年份层面的反倾销数据,然后对于在 t 年出口到 j 国面临反倾销的企业—产品组合 fh,要将其在下一年所有其他市场定义为处理组③。针对密切相关产品,这里将其定义为与目标产品处在同一 HS-4 产品组之下的其他产品 h',此时将下一年所有其他市场出口的 fh' 定义为处理组。而要实施稳健性检验,还将对不包含反倾销目标产品的 HS-4 产品的进入退出也进行了检验,并将处理组定义为由目标企业出口的"非密切相关产品"。假设目标产品面临的反倾销对于非密切相关产品并不会产生影响,因此,该检验可以验证反倾销对市场进入的影响机制到底是通过产品层面的贸易政策不确定性还是通过反倾销引起的企业层面的融资约束来实现。

各变量的描述性统计特征如表 6.3 所示。被解释变量 $Entry_{fhit}$ ($Exit_{fhit}$) 表示企业在 t 年以产品 h 进入(退出)市场 i。与贸易型企业相比,制造型企业有着更高的市场进入和退出概率,其中制造型企业的市场进入概率接近贸易型企业的两倍,这可能

① 海关数据中包含 1 362 种 HS-4 产品,而在 2000—2009 年中国共有 312 种 HS-4 产品遭遇反倾销,包括 2 225 种 HS-6 产品。

② Bown & Crowley(2013)利用 1997—2006 年美国临时性关税数据的研究发现,在横截面分析中临时性关税往往发生在出口供给弹性和进口需求弹性都相对较低的行业中,而在跨时期分析中临时性关税则主要发生在这些行业的进口量激增之后。

③ 由于在 t 期退出的样本不可观测,本章将 t 期的退出行为定义在 $t-1$ 期,所以分析市场进入与市场退出的样本量有差异。

与这两类企业本身的市场范围分布有关。如图 6.4 所示，贸易型企业平均进入的外国市场多于制造型企业，对于 50%的制造型企业而言，其产品—市场对不多于 31 个；而对于 50%的贸易型企业而言，其产品—市场对则最多高达 212 个。另外，制造型企业的市场份额大于贸易型企业，进一步表明这两类企业的差异性。

为了更好地对关税恐慌效应进行识别，这里对于市场进入的定义主要针对企业既有的出口产品。对于每个时期 t 的企业 f，以往没有出口而在新的一期存在出口的市场和产品可定义为新市场与新产品的进入。因此，对于每个在 t 期出口的企业而言，我们可以观察其出口是以下哪种情形：(1) 新产品出口到新市场，(2) 已有产品出口到新市场，(3) 新产品出口到已有市场，(4) 已有产品出口到已有市场。其中(1)(2)和(3)表示新的进入，而(4)表示持续出口。基准回归样本剔除了企业在 t 期的新产品进入，所以只包括情形(2)和(4)，此时市场进入就是指已有产品进入新的市场，从而保证对市场进入的分析是针对企业在 $t-1$ 期既有出口产品受政策影响后的变化。

表 6.3　各变量描述性统计特征

	变量	制造型企业		贸易型企业	
		均值	标准差	均值	标准差
市场进入	$Entry_{fhit}$	0.137 9	0.359 7	0.074 1	0.262 0
	AD_{fhjt-1}	0.098 6	0.299 2	0.094 7	0.292 8
	$AD_{fhjt-1} * active_i$	0.047 3	0.216 2	0.045 1	0.207 5
	$AD_{fhjt-1} * other_i$	0.051 4	0.218 4	0.049 6	0.217 1
	$\Delta\ln(\text{GDP})_{it-1}$	0.038 4	0.026 1	0.038 3	0.025 2
	$\ln(realexrate)_{it-1}$	0.116 3	2.562	0.008 5	2.598
	Observations	5 076 685	5 076 685	4 468 809	4 468 809
市场退出	$Exit_{fhit}$	0.151 1	0.321 1	0.083 6	0.276 7
	AD_{fhjt-1}	0.092 9	0.313 7	0.104 4	0.305 8
	MS_{fhit-1}	0.048 0	0.153 0	0.046 3	0.149 4
	$AD_{fhjt-1} * MS_{fhit-1}$	0.003 0	0.035 7	0.002 8	0.036 0
	$\Delta\ln(\text{GDP})_{it-1}$	0.038 2	0.026 2	0.038 8	0.025 2
	$\ln(realexrate)_{it-1}$	0.101 9	2.623	0.052 0	2.631
	Observations	7 047 849	7 047 849	7 007 045	7 007 045

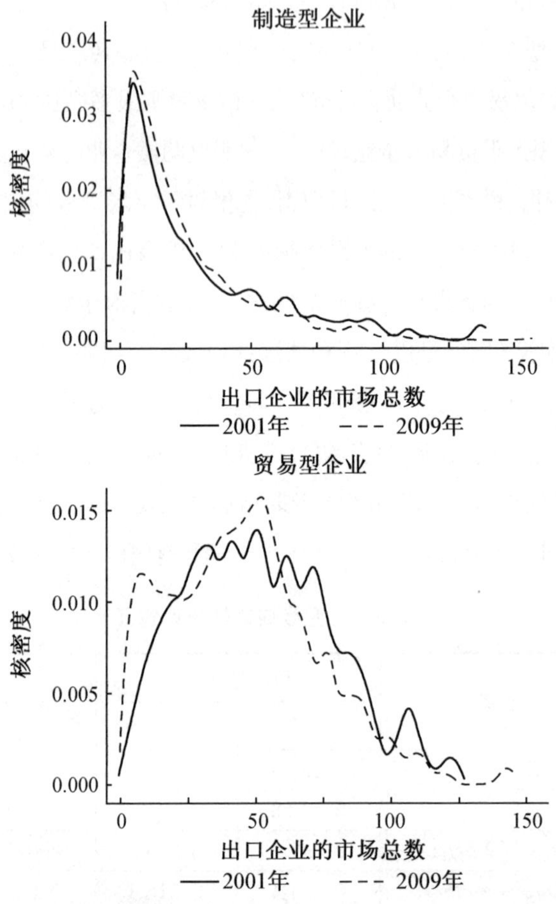

图 6.4　出口企业的市场范围核密度估计曲线

第四节　反倾销对市场进入退出的影响分析

研究发现，j 国的关税上涨会使得中国企业减少新的外国市场进入，这说明对未来关税税率小幅度提高的预期也会阻碍中国企业进入新的市场，并且该效应在反倾销经常使用国更加明显。另外，该效应还存在对密切相关产品的溢出作用。

对于退出决策，分析发现，出口企业在贸易政策不确定性更大时退出既有市场的概率更高。进一步的分析发现,贸易政策不确定性对退出的影响存在异质性,即因企业在外国市场的市场份额的差异而变化。同时,由于关税上涨而退出的可能性对于多产品公司的密切相关产品而言是下降的,并且相对于边缘产品而言,企业核心产品的退出概率下降幅度更大。这表明企业在政策风险较大的环境中,倾向于将其资源重新定向以维护核心产品的市场份额。

最后是有关地理集聚对于传播外国市场信息的重要性。我们通过分析发现,与其他地区的企业相比,那些位于高信息密集度地区的企业进入新市场的可能性更小,因为这些地区存在更多直接面临关税上调影响的企业,这表明有关外国政策变动的信息会在地理位置紧密的企业之间传播。

一、目标产品的市场进入退出

在理论模型分析的基础上,我们首先分析了在一国面临反倾销的产品对在第三国市场的进入退出动态所做出的反应,模型的回归结果如表 6.4 所示。产品 h 在一国 j 遭受反倾销,由于其在第三国 i 面临的贸易政策不确定性上升,所以出口产品 h 的企业会减少市场进入,并且其退出市场的可能性提高,因此市场 i 未来关税不确定性上升在总体上减少了企业在市场 i 的出口参与。(1)和(4)列的结果显示,制造型企业和贸易型企业在企业—产品层面的市场进入概率分别下降 0.72 和 0.74 个百分点。如(2)和(5)列所示,关税恐慌在同时考虑新产品和已有产品的新市场进入时效应更大。(3)和(6)列的结果则显示,贸易政策不确定性影响下市场退出概率上升,其中制造型企业的市场退出概率增加了 2.67 个百分点,而贸易型企业增加了 2.86 个百分点。由于分析市场退出的样本中已经剔除了退出市场 j 的观察值,因此不存在直接面临反倾销而使得市场退出增加的情况。

表 6.4　反倾销对目标产品在第三国市场进入退出的影响

	制造型企业			贸易型企业		
	已有产品市场进入	所有产品市场进入	市场退出	已有产品市场进入	所有产品市场进入	市场退出
	(1)	(2)	(3)	(4)	(5)	(6)
AD_{fhjt-1}	−0.007 18** (0.003 37)	−0.008 93** (0.003 70)	0.026 7** (0.011 2)	−0.007 40** (0.004 307)	−0.011 2** (0.004 10)	0.028 6** (0.009 21)
$\Delta\ln(\mathrm{GDP})_{it-1}$	0.197 (0.160)	0.241 (0.196)	−1.362 (1.151)	0.254 (0.167)	0.526* (0.278)	−1.850* (1.084)
$\ln(realexrate)_{it-1}$	0.001 11 (0.040 2)	−0.009 03 (0.046 5)	−0.076 4 (0.112)	−0.043 7 (0.033 6)	−0.067 4 (0.051 1)	−0.069 8 (0.109)
行业效应	Yes	Yes	Yes	Yes	Yes	Yes
国家效应	Yes	Yes	Yes	Yes	Yes	Yes
企业效应	Yes	Yes	Yes	Yes	Yes	Yes
企业总数	122 586	144 258	144 258	41 160	48 711	48 711
处理组企业数	12 683	13 609	13 609	4 591	4 784	4 784
样本量	5 076 685	7 047 849	7 047 849	4 468 809	7 007 425	7 007 425
处理组样本量	500 727	654 581	654 581	423 039	627 267	627 267
R^2	0.199	0.244	0.181	0.231	0.317	0.317

注：***、**、*分别表示在1%、5%和10%的水平上显著，括号内为行业和国家层面cluster效应处理后的稳健标准误差。

由表6.3的描述性统计可知，制造型企业与贸易型企业新的市场进入(fhi)概率分别为13.79%和7.41%。因此，关税上调的威胁分别使制造型企业和贸易型企业的市场进入概率降低了5.2%和10.0%。与此同时，制造型企业和贸易型企业的平均市场退出概率分别为15.11%和8.36%。而关税威胁则分别使得制造业型企业和贸易型企业的退出概率增加了17.7%和34.2%。

同时，为了分析反倾销对目标产品在第三国市场进入退出的差异化影响，我们根据市场及企业的异质性对模型进行了分样本回归，结果如表6.5所示。利用与表6.4一致的回归样本，进一步将市场划分为反倾销的经常使用国和很少或从未使用反倾销的国家。由(1)(2)(4)和(5)列的结果可知,与表 6.4 中的平均效应相比,贸易政策不确定性对市场进入的负向效应在反倾销经常使用者中更大,而在其他市场中该效应趋近于 0。制造型(贸易型)企业进入反倾销经常使用国的条件概率下降了 5.8%(10.1%)。该结果证明了前文的理论假设,说明企业根据市场 j 的反倾销政策信息和第三国 i 的反倾销历史信息来改变对未来贸易政策变动的预期,并且根据更新后的信息调整其市场进入选择①。

对于市场退出,我们通过出口企业 $t-1$ 年在相关国家的市场份额来观察企业市场退出选择的差异性。表 6.5(3)和(6)列报告了市场 j 中新的反倾销税与其他国外市场的出口之间的关系。其中市场份额的影响显著为负,说明企业在前一期的市场份额越大,企业越不会选择退出该市场。反倾销的直接影响显著为正,而反倾销与市场份额的交叉项影响则显著为负,说明当贸易政策不确定性上升时,企业市场份额越大越不可能退出市场。例如,基于(3)列回归结果的计算可知,市场份额为 30%的企业在面临关税恐慌时其市场退出概率为 12.93%,而市场份额为 10%的企业此时退出概率达到 16.21%。当贸易政策不确定性增加时,市场份额较小的企业更有可能退出,而市场份额较大的企业则更不可能退出。

表 6.5　反倾销对目标产品在第三国市场进入退出的差异化影响

	制造型企业			贸易型企业		
	已有产品市场进入	所有产品市场进入	市场退出	已有产品市场进入	所有产品市场进入	市场退出
	(1)	(2)	(3)	(4)	(5)	(6)
$AD_{fhjt-1} * active$	−0.008 06** (0.003 71)	−0.009 85** (0.004 03)		−0.007 77** (0.003 13)	−0.012 0*** (0.004 27)	

① 本章将其他国家进一步划分为两组,即关税不确定性水平较高与较低的国家,划分标准是在 WTO 允许范围内实际关税与平均关税上限的距离,距离越远则不确定性水平越高。尽管这两组国家都未曾使用反倾销,但反倾销不确定性在关税不确定性水平较低的国家同样存在对市场进入的阻碍作用。这说明无论不确定性水平的高低,不确定性变动本身就会对企业出口产生影响。

(续表)

	制造型企业			贸易型企业		
	已有产品市场进入	所有产品市场进入	市场退出	已有产品市场进入	所有产品市场进入	市场退出
	(1)	(2)	(3)	(4)	(5)	(6)
$AD_{fhjt-1} * other$	−0.002 61 (0.002 40)	−0.004 16 (0.003 37)		−0.005 09 (0.003 36)	−0.006 70 (0.004 60)	
AD_{fhjt-1}			0.027 4** (0.011 9)			0.029 5*** (0.009 67)
MS_{fhit-1}			−0.090 5*** (0.008 48)			−0.047 1*** (0.007 65)
$AD_{fhjt-1} * MS_{fhit-1}$			−0.073 2*** (0.025 0)			−0.050 7** (0.019 9)
$\Delta\ln(GDP)_{it-1}$	0.198 (0.160)	0.241 (0.196)	−1.372 (1.152)	0.254 (0.167)	0.527* (0.278)	−1.853* (1.084)
$\ln(realexrate)_{it-1}$	0.001 08 (0.040 2)	−0.009 06 (0.046 5)	−0.070 9 (0.113)	−0.043 7 (0.033 5)	−0.067 5 (0.051 0)	−0.067 0 (0.110)
行业效应	Yes	Yes	Yes	Yes	Yes	Yes
国家效应	Yes	Yes	Yes	Yes	Yes	Yes
企业效应	Yes	Yes	Yes	Yes	Yes	Yes
企业总数	122 586	144 258	144 258	41 160	48 711	48 711
处理组企业数	12 683	13 609	13 609	4 591	4 784	4 784
样本量	5 076 685	7 047 849	7 047 849	4 468 809	7 007 425	7 007 425
处理组样本量	500 727	654 581	654 581	423 039	627 267	627 267
R^2	0.199	0.244	0.182	0.231	0.317	0.216

注：***、**、*分别表示在1%、5%和10%的水平上显著，括号内为行业和国家层面cluster效应处理后的稳健标准误差。

如图6.5所示，当贸易政策不确定性提高时，市场份额越小的企业越倾向于选择市场退出，而市场份额较大的企业的市场退出概率甚至会下降。市场份额较小企业的退出与 Melitz 模型的理论推测相一致。Melitz 模型假设边际生产成本不变，市场份额较小的企业边际成本更高，如果未来关税上调，那么这些企业参与出口的可能性就会下降。而市场份额较大企业的退出概率下降则与边际生产成本递增的理论相符，当反倾销目标产品出口减少从而生产下降时，企业的边际生产成本也会下降。这些结果证明了不同市场份额的企业之间存在不对称性，市场份额较小的企业选择边际成本不变且生产成本较高的技术，而市场份额较大的企业选择边际成本递增的生

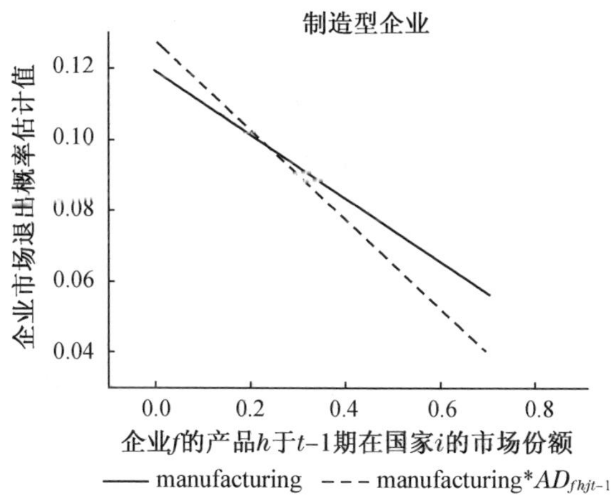

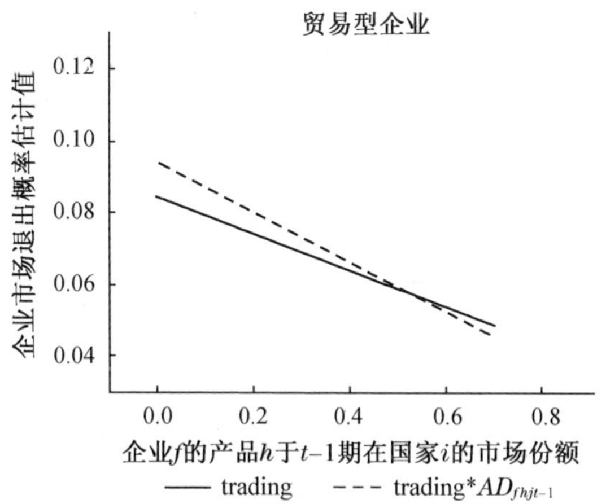

图 6.5　反倾销影响下企业市场退出概率与市场份额的关系

产技术。这是企业成本曲线斜率表示的边际成本(或者生产率水平)的差异,可以用来解释企业在一个市场面临关税上调而在其他市场面临贸易政策不确定性上升时反应的不对称性。

二、密切相关产品的市场进入退出

本小节还将反倾销引起的第三国贸易政策不确定性的影响扩展到与反倾销目标产品相似的产品,其回归结果如表 6.6 所示。由(1)和(3)列的结果可知,制造型企业在企业—产品—市场层面的新市场进入概率下降了 0.98 个百分点,而贸易型企业则下降了 0.60 个百分点。制造型企业和贸易型企业的市场进入概率分别为 7.1%和 8.1%,所以企业受影响后的市场进入概率下降幅度是非常大的。从(2)和(4)列可以看到,反倾销对制造型企业与贸易型企业的密切相关产品在第三国市场的退出行为均具有负向影响。所以,当企业的目标产品在一国受到反倾销后,其密切相关产品更不会退出第三国市场。可能的解释是,当企业因为产品 h 的关税风险上升而减少密切相关产品进入新市场的同时,也会通过资源投入保证密切相关产品在已有市场的稳定供应从而减少退出。

表 6.6 反倾销对密切相关产品在第三国市场进入退出的影响

	制造型企业		贸易型企业	
	市场进入	市场退出	市场进入	市场退出
	(1)	(2)	(3)	(4)
AD_{fhjt-1}	−0.009 78*** (0.003 23)	−0.030 1** (0.013 1)	−0.006 03* (0.003 06)	−0.032 8** (0.012 9)
$\Delta\ln(\text{GDP})_{it-1}$	0.150 (0.158)	−1.449 (1.205)	0.249 (0.170)	−1.918* (1.120)
$\ln(realexrate)_{it-1}$	0.006 07 (0.039 5)	−0.084 1 (0.118)	−0.046 6 (0.034 0)	−0.078 3 (0.115)
行业效应	Yes	Yes	Yes	Yes
国家效应	Yes	Yes	Yes	Yes

(续表)

	制造型企业		贸易型企业	
	市场进入	市场退出	市场进入	市场退出
	(1)	(2)	(3)	(4)
企业效应	Yes	Yes	Yes	Yes
企业总数	119 412	142 147	40 060	48 137
处理组企业数	1 552	1 705	1 055	1 165
样本量	4 621 180	6 465 280	4 084 582	6 468 551
处理组样本量	215 283	252 522	352 312	454 128
R^2	0.203	0.183	0.231	0.217

注：***、**、*分别表示在1%、5%和10%的水平上显著，括号内为行业和国家层面cluster效应处理后的稳健标准误差。

表6.7展示了密切相关产品的扩展模型(6.10)的回归结果。第(1)列的结果与前文中针对目标产品和密切相关产品的影响结果一致。企业出口产品h到市场j面临关税上调，会使得密切相关产品进入反倾销激烈市场的概率下降约1个百分点。从(1)列可以看到，企业核心产品的市场进入概率增加了7.2个百分点，远高于其他产品。这与Eckel & Neary(2010)对多产品企业的理论预期相一致，因为核心产品的边际生产成本最低，所以与边缘产品相比，核心产品更有可能克服进入遥远目的地的固定成本和可变成本。(3)列的结果表明，如果目的地j提高了对企业出口的相关产品的关税，则贸易型企业不太可能以密切相关产品进入市场，但是这种影响并不显著。(2)和(4)列分别展示了多产品制造企业和贸易企业的退出结果。在贸易政策不确定性增加的情况下，市场份额较大的企业退出概率较小：占30%市场份额的制造企业的退出概率为10.75%，而拥有10%市场份额的制造企业的退出概率则为11.63%。

此外，第(2)列的结果表明，核心产品的市场退出概率高于非核心产品。一方面核心产品往往具有较高的市场进入概率，另一方面核心产品的退出概率也较高。这是因为企业通常会以核心产品来开拓新市场，特别是距离遥远的市场或者边缘市场，同时也更容易退出这些市场。而核心产品指标与反倾销交叉项系数则说明，当边缘产品面临更高的关税风险时，企业更不会退出其核心产品的市场。如图 6.6 所示，核心产品($core_{fht-1}$)的市场退出概率高于非核心产品($peripheral_{fht-1}$)，而且当产品 h 在 j 国遭受反倾销时，作为核心产品或非核心产品的 h 在市场 i 的退出概率都会下降，同时市场退出减少主要是由样本中市场份额位于前 20%的企业造成。另外，反倾销带来的第三国市场退出的减少，对于核心产品的影响几乎是非核心产品的两倍。可能的解释是，对于多产品企业而言，当其边缘产品面临贸易政策不确定性上升时，企业会将资源重新配置到更成熟的中心产品线上。核心产品和边缘产品的退出概率都下降则表示，包括密切相关产品在内，多产品企业的生产函数具有边际成本递增的特征。市场 j 的反倾销税会使相关核心产品与非核心产品在市场 i 的边际收益增加，从而促使企业继续出口，退出概率下降。

表 6.7 反倾销对密切相关产品在第三国市场进入退出的差异化影响

	制造型企业		贸易型企业	
	市场进入	市场退出	市场进入	市场退出
	(1)	(2)	(3)	(4)
$AD_{fhjt-1} * active$	−0.009 63** (0.004 06)		−0.005 70 (0.003 62)	
$AD_{fhjt-1} * other$	0.001 32 (0.011 3)		−0.007 35 (0.008 57)	
AD_{fhjt-1}		−0.030 4** (0.013 8)		−0.035 5** (0.013 7)
MS_{fhit-1}		−0.105*** (0.008 91)		−0.056 2*** (0.007 44)
$AD_{fhjt-1} * MS_{fhit-1}$		0.061 0*** (0.020 0)		0.057 0*** (0.018 3)
$AD_{fhjt-1} * core$		−0.010 7* (0.006 32)		−0.019 4 (0.018 4)
$core$	0.071 7*** (0.003 18)	0.097 9*** (0.005 68)	0.078 3*** (0.004 58)	0.142*** (0.010 1)

(续表)

	制造型企业		贸易型企业	
	市场进入	市场退出	市场进入	市场退出
	(1)	(2)	(3)	(4)
$\Delta\ln(GDP)_{it-1}$	0.151 (0.157)	−1.461 (1.206)	0.249 (0.170)	−1.921* (1.120)
$\ln(realexrate)_{it-1}$	0.004 88 (0.038 8)	−0.079 8 (0.118)	−0.046 6 (0.034 1)	−0.075 8 (0.115)
行业效应	Yes	Yes	Yes	Yes
国家效应	Yes	Yes	Yes	Yes
企业效应	Yes	Yes	Yes	Yes
企业总数	119 412	142 147	40 060	48 137
处理组企业数	1 552	1 705	1 055	1 165
样本量	4 621 180	6 465 280	4 084 582	6 468 551
处理组样本量	215 283	252 522	352 312	454 128
R^2	0.206	0.189	0.232	0.219

注：***、**、* 分别表示在 1%、5%和 10%的水平上显著，括号内为行业和国家层面 cluster 效应处理后的稳健标准误差。

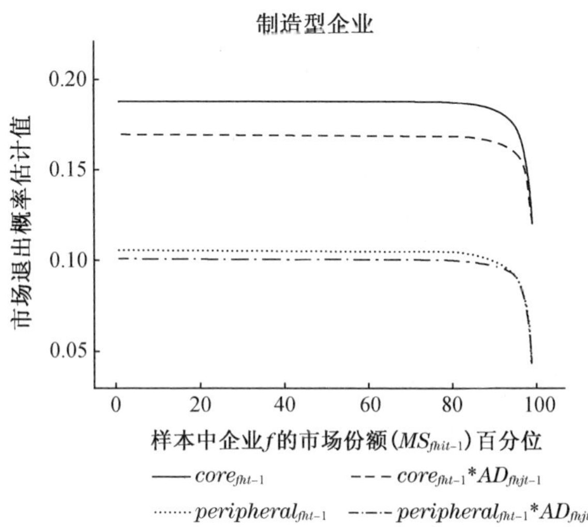

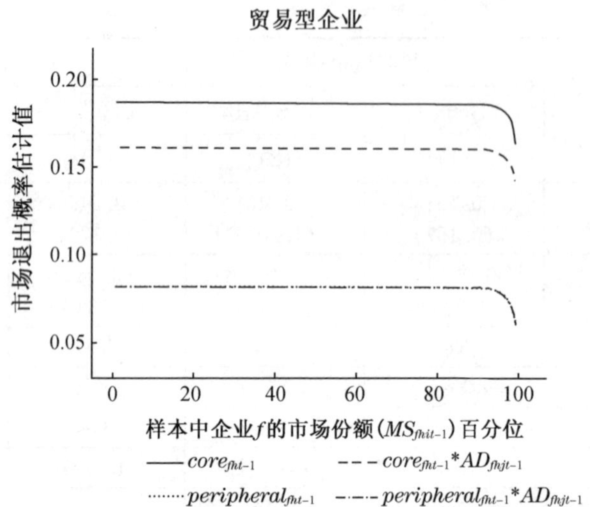

图 6.6　反倾销影响下企业市场退出概率与核心产品及市场份额的关系

三、区域内的政策信息溢出效应

前面主要分析了企业对外国市场贸易政策变动信息的反应,处理组是直接在市场 j 经历过贸易政策变动的企业。本小节则重点分析没有出口到政策变动市场的企业,并试图回答两个问题:(1) 这些企业是否也获取了市场 j 的贸易政策变动信息,并通过改变在市场 i 的进入退出而有所反应?(2) 这些企业与在市场 j 遭受反倾销的企业之间的地理邻近性对于企业在第三国市场的进入决策是否重要?

表 6.8 报告了当相关产品在市场 j 受到反倾销时企业—产品—目的地的市场进入概率估计,并重点分析了企业地理位置的作用。第(1)和(3)列表明,反倾销对制造企业和贸易企业的新市场进入都有显著的负面影响。尽管这里的参数估计与表 6.4 中的结果具有相同的符号和相似的大小,但含义却有所不同,因为这里的系数表示对未受反倾销直接影响企业的效应。这里的识别策略在于比较政策目标产品与在 $t-1$ 期未受反倾销影响的其他产品,而政策不确定性上升造成的结果是制造型和贸易型企业的市场进入概率分别降低了 1.23 和 0.48 个百分点。

第(1)和(3)列表明,位于出口集聚区对制造型企业和贸易型企业的市场进入均具有促进作用。对于制造型(贸易型)企业而言,位于出口集聚区可以使市场进入的可能性提高约1.4(0.88)个百分点。贸易政策变动与出口集聚区的交叉项系数则不显著,这说明基于全球出口的集聚指标并不是区域内企业获取特定市场贸易政策信息的有效测度方式,因为它无法准确反映不同地区之间在市场 j 受反倾销直接影响的企业数量的差异。另外,贸易政策不确定性对市场退出的影响并不显著。

表6.8　区域内出口集聚与反倾销对市场进入退出的影响

	制造型企业		贸易型企业	
	市场进入	市场退出	市场进入	市场退出
	(1)	(2)	(3)	(4)
AD_{fhit-1}	−0.012 3*** (0.003 34)	0.002 76 (0.003 72)	−0.004 84*** (0.001 33)	0.007 60** (0.003 35)
$ExpArea_{pht-1}$	0.013 9*** (0.001 30)	0.018 7*** (0.003 21)	0.008 84*** (0.001 72)	0.018 0*** (0.003 19)
AD_{fhjt-1} * $ExpArea_{pht-1}$	0.005 24 (0.003 89)	0.005 69 (0.004 00)	0.000 973 (0.002 84)	−0.004 10 (0.003 17)
$\Delta\ln(\mathrm{GDP})_{it-1}$	0.158 (0.182)	0.860*** (0.263)	0.100 (0.158)	0.553** (0.231)
$\ln(realexrate)_{it-1}$	0.036 7 (0.056 4)	−0.113* (0.057 4)	0.021 1 (0.034 8)	−0.107** (0.045 5)
行业效应	Yes	Yes	Yes	Yes
国家效应	Yes	Yes	Yes	Yes
企业效应	Yes	Yes	Yes	Yes
企业总数	66 678	75 678	15 645	17 467
处理组企业数量	4 448	5 384	1 174	1 390
样本量	2 388 366	3 139 720	1 002 671	1 524 537
处理组样本量	156 739	208 958	73 472	122 861
R^2	0.222	0.228	0.258	0.236

注:***、**、*分别表示在1%、5%和10%的水平上显著,括号内为行业和国家层面cluster效应处理后的稳健标准误差。

因此，我们通过构造贸易政策信息强度指标来准确衡量区域内部企业之间的信息溢出效应。表 6.9 展示了贸易政策信息强度的分布。大部分城市—产品—年份观察值对应的城市中并没有遭受反倾销的企业，所以信息强度的取值为 0。然而，也存在大量观察值对应的城市有相当比例的企业受到反倾销。图 6.7 是 $intensity_{pht}>0$ 的条件下集中度指标的分布直方图。

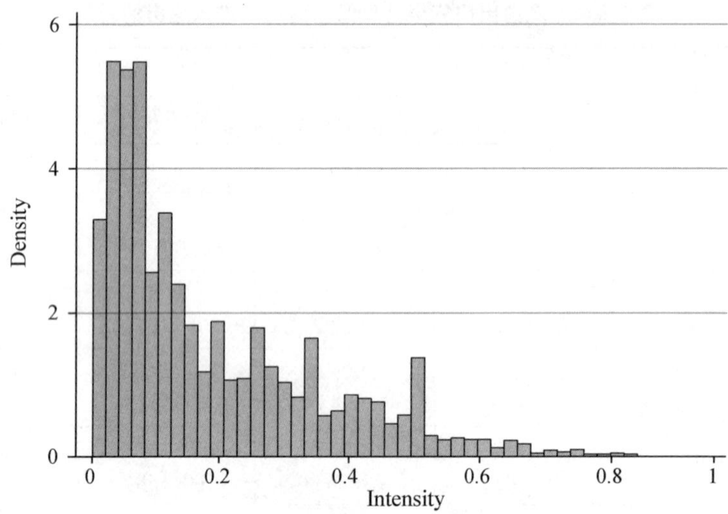

图 6.7　区域内存在企业遭受反倾销的政策信息强度分布

表 6.9　贸易政策信息强度分布

$intensity_{pht}$	Freq.	Percent	Cum.
0	2 317 342	96.28	96.28
(0,0.1]	38 566	1.60	97.88
(0.1,0.2]	18 492	0.77	98.65
(0.2,0.3]	12 408	0.52	99.16
(0.3,0.4]	8 104	0.34	99.50
(0.4,0.5]	8 094	0.34	99.83

(续表)

$intensity_{pht}$	Freq.	Percent	Cum.
(0.5,0.6]	1 974	0.08	99.92
(0.6,0.7]	1 417	0.06	99.98
(0.7,0.8]	465	0.02	99.99
(0.8,0.9]	116	0.00	100.00
(0.9,1]	13	0.00	100.00

表 6.10 的结果显示,位于贸易政策信息强度较高地区的企业进入新市场的概率更低。(1)列是对信息强度的基准回归,结果显示市场进入会随着城市层面信息强度的上升而下降。这里对信息强度的测度基于中国 334 个城市中遭受反倾销的企业地理位置信息,清晰地证明了企业的市场进入受邻近企业影响。(2)列将企业的潜在进入市场分为积极使用反倾销的市场与很少或从未使用反倾销的市场。结果表明,贸易政策不确定性对企业市场进入的负向影响仍然是对反倾销经常使用国更为显著。同时考虑将信息强度($intensity_{pht-1}$)换成虚拟变量($intensity\ dumm_{ypht-1}$),当区域内有超过 10%的企业直接面临反倾销($intensity_{pht-1}>0.1$)时其取值为 1,否则为 0,并得到了与信息强度变量相似的结果[见表 6.10(3)和(4)列]。由(3)列结果可知,如果企业所在城市中有 10%以上的企业在出口某产品时遭受反倾销,那么出口相同产品的企业即使没有直接遭受反倾销,也会在新市场进入概率上下降 0.87 个百分点。

量化分析的结果如图 6.8 所示,信息强度($intensity_{pht-1}$)越大,企业的市场进入概率越低。结合信息强度的定义可知,当区域内 30%的出口企业直接面临反倾销时,剩余 70%出口相同产品的企业的市场进入概率从不存在反倾销时的 16.3%下降到 15.3%;而当区域内 80%的出口企业直接面临反倾销时,剩余 20%出口该产品的企业的市场进入概率下降幅度将会高达 2.3%。这说明企业的市场选择受到区域内信息溢出效应的影响。

表 6.10　区域内贸易政策信息强度对市场进入的影响

	(1)	(2)	(3)	(4)
$intensity_{pht-1}$	−0.030 9** (0.013 3)			
$intensity_{pht-1} * active_i$		−0.033 7** (0.016 2)		
$intensity_{pht-1} * other_i$		−0.019 7 (0.021 4)		
$intensity\ dummy_{pht-1}$			−0.008 69* (0.004 42)	
$intensity\ dummy_{pht-1} * active_i$				−0.009 65* (0.005 26)
$intensity\ dummy_{pht-1} * other_i$				−0.004 46 (0.006 88)
$\Delta\ln(GDP)_{it-1}$	0.159 (0.183)	0.159 (0.183)	0.160 (0.183)	0.160 (0.183)
$\ln(realexrate)_{it-1}$	0.036 7 (0.056 6)	0.036 7 (0.056 6)	0.036 7 (0.056 6)	0.036 7 (0.056 6)
行业效应	Yes	Yes	Yes	Yes
国家效应	Yes	Yes	Yes	Yes
企业效应	Yes	Yes	Yes	Yes
企业数量	66 668	66 668	66 668	66 668
样本量	2 387 538	2 387 538	2 387 538	2 387 538
R^2	0.222	0.222	0.222	0.222

注：***、**、* 分别表示在 1%、5%和 10%的水平上显著，括号内为行业和国家层面 cluster 效应处理后的稳健标准误差。

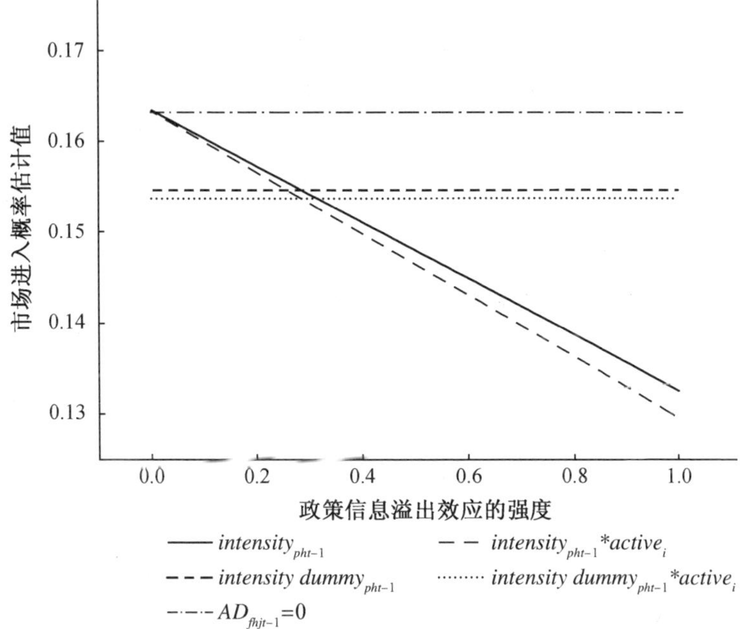

图 6.8　市场进入概率与区域内的政策信息强度

四、稳健性检验

本小节利用倾向得分匹配(PSM)的方法对基准回归结果进行了稳健性检验，发现关税恐慌对市场进入的阻碍作用依然存在。然后，又对反倾销影响企业新市场进入的机制进行了检验，并排除了企业财务状况恶化在其中的作用。接着采用倾向得分匹配法来控制是否在 $t-1$ 年遭受反倾销的企业之间的差异。具体而言，PSM 第一步回归的变量包括上一年度进口国的 GDP 增长率和实际汇率的对数，以及年份、HS-2 行业和国家固定效应，然后第二步基于一对一匹配的方法选取对照组。表 6.11 是基于 PSM 的估计结果。

与表 6.5 汇报的结果类似，表 6.11 中同样按照是否经常使用反倾销对出口市场进行了区分，在对市场退出概率的分析中也考虑了企业市场份额的影响。(1)和(3)列显示，反倾销激烈的市场中贸易政策不确定性的系数估计为负，这意味着中国企业进入那些积极使用反倾销国家的概率在受到其他国家的反倾销时会下降。与表 6.5 中得到的结果一致，对进入其他市场影响的估算值趋近于 0。这些结果进一步证实，中国企业在面对政策不确定性时进入两种国家的行为存在差异。关于企业市场份额（竞争力）的作用，(2)和(4)列中的结果进一步证实了表 6.5 中的结论，即在所有出口到目的地市场的中国企业中，具有更大市场份额的、更具竞争力的企业在面临贸易政策不确定性时退出的可能性更小。

表 6.11　关税恐慌效应：倾向得分一对一匹配的结果

	制造型企业		贸易型企业	
	市场进入	市场退出	市场进入	市场退出
	(1)	(2)	(3)	(4)
$AD_{fhjt-1} * active$	−0.001 58** (0.000 799)		−0.002 81*** (0.000 576)	
$AD_{fhjt-1} * other$	−0.000 115 (0.001 71)		0.002 23 (0.001 39)	
AD_{fhjt-1}		0.001 47* (0.000 862)		0.005 55*** (0.000 744)
MS_{fhit-1}		−0.092 5*** (0.003 29)		−0.033 4*** (0.003 09)
$AD_{fhjt-1} * MS_{fhit-1}$		−0.041 8*** (0.005 62)		−0.012 6** (0.005 14)
$\Delta\ln(GDP)_{it-1}$	0.378*** (0.019 9)	−1.780*** (0.022 2)	0.190*** (0.015 4)	−2.160*** (0.020 3)
$\ln(realexrate)_{it-1}$	−0.007 97** (0.003 70)	−0.263*** (0.004 12)	−0.013 4*** (0.002 85)	−0.266*** (0.003 76)
行业效应	Yes	Yes	Yes	Yes
国家效应	Yes	Yes	Yes	Yes
企业效应	Yes	Yes	Yes	Yes
样本量	981 849	981 849	840 752	840 752
R^2	0.260	0.344	0.277	0.474

注：***、**、* 分别表示在 1%、5%和 10%的水平上显著，括号内为行业和国家层面 cluster 效应处理后的稳健标准误差。

为了进一步检验结果的稳健性，基于 PSM 第一步所得的倾向得分，本小节利用另一种方法进行对照组的匹配。具体而言，在表 6.12 中，我们使用了更严格的匹配标准(倾向得分大于等于第 90 百分位)，并得到了与表 6.11 相似的估计结果，且其中的回归系数与表 6.5 中的结果更为接近。表 6.11 与表 6.12 的关键区别在于，表 6.12 利用了更为严格的匹配标准，所以那些与处理组样本匹配度不够高的观察值被剔除，从而得到更为精准的匹配样本。值得注意的是，利用精准匹配样本所得的结果与原始样本的结果却更为接近。

表 6.12　关税恐慌效应:倾向得分为 90 百分位以上的结果

	制造型企业		贸易型企业	
	市场进入	市场退出	市场进入	市场退出
	(1)	(2)	(3)	(4)
$AD_{fhjt-1} * active$	−0.008 10*** (0.001 43)		−0.005 75*** (0.001 08)	
$AD_{fhjt-1} * other$	0.002 41 (0.003 22)		0.003 30 (0.002 55)	
AD_{fhjt-1}		0.039 2*** (0.001 49)		0.032 5*** (0.000 132)
MS_{fhit-1}		−0.104*** (0.004 71)		−0.039 9*** (0.005 50)
$AD_{fhjt-1} * MS_{fhit-1}$		−0.131*** (0.011 2)		−0.077 3*** (0.013 1)
$\Delta\ln(GDP)_{it-1}$	0.574*** (0.033 8)	−2.121*** (0.036 1)	0.070 1** (0.032 6)	−2.782*** (0.041 0)
$\ln(realexrate)_{it-1}$	−0.021 1*** (0.006 31)	−0.151*** (0.006 75)	−0.023 5*** (0.006 03)	−0.401*** (0.007 57)
行业效应	Yes	Yes	Yes	Yes
国家效应	Yes	Yes	Yes	Yes
企业效应	Yes	Yes	Yes	Yes
样本量	408 388	408 388	310 813	310 813
R^2	0.267	0.352	0.320	0.575

注：***、**、* 分别表示在 1%、5%和 10%的水平上显著，括号内为行业和国家层面 cluster 效应处理后的稳健标准误差。

还有哪些机制可以解释企业进入新市场的概率下降呢？通过安慰剂检验，我们考虑了企业遭受反倾销从而导致的财务状况恶化对结果的影响。如果因为产品距离较远，针对目标产品的反倾销并没有影响企业中非密切相关产品（不同 HS－4）的新市场进入，那就可以认为，企业财务压力必然同时影响企业内的所有产品，所以关税威胁才是导致回归结果中新市场进入率下降的原因。

表 6.13 显示，关税恐慌不会影响无关行业中非相关产品的市场进入。因为面临产品 h 关税上调的企业减少了目标产品对其他市场的进入，也减少了密切相关的（相同 HS－4）产品 h' 的市场进入，但是并没有减少其他产品（不同 HS－4）h'' 进入新市场的可能性。因此我们可以推断，未来关税上调的可能性增加是新市场进入概率下降的影响机制。

表 6.13　反倾销对非密切相关产品的影响

	制造型企业		贸易型企业	
	市场进入	市场退出	市场进入	市场退出
	(1)	(2)	(3)	(4)
AD_{fhjt-1}	−0.002 87 (0.002 12)	−0.067 2** (0.031 2)	−0.002 14 (0.001 46)	−0.091 9** (0.039 7)
$\Delta\ln(\text{GDP})_{it-1}$	0.060 9 (0.053 4)	−1.166 (1.057)	0.031 3 (0.058 6)	−1.427 (0.870)
$\ln(realexrate)_{it-1}$	0.013 2 (0.011 8)	−0.043 8 (0.110)	0.003 81 (0.007 77)	−0.049 0 (0.112)
行业效应	Yes	Yes	Yes	Yes
国家效应	Yes	Yes	Yes	Yes
企业效应	Yes	Yes	Yes	Yes
样本量	12 452 498	12 452 498	11 833 695	11 833 695
R^2	0.153	0.148	0.102	0.157

注：***、**、* 分别表示在 1%、5%和 10%的水平上显著，括号内为行业和国家层面 cluster 效应处理后的稳健标准误差。

第五节　反事实估计结果

一、反倾销引致贸易政策不确定性的成本估计

那么贸易政策不确定性究竟阻碍了多少市场进入？根据估计，平均每年大约有2 299个企业—产品—目的地的市场进入损失。对制造型企业的统计，包括直接受反倾销影响的目标企业和产品、由目标企业出口的其他密切相关产品，以及与目标企业出口相同产品的邻近企业；而对于贸易型企业的统计则只包括目标企业出口的目标产品和密切相关产品。基于表6.4、表6.6和表6.10的参数估计，计算了由于反倾销引起的关税不确定性而减少的市场进入数量，结果见图6.9。2001至2009年，制造企业平均每年损失的市场进入数量为1 779个，而贸易企业则为519个，损失的总数从2001年的867上升到2008年的3 925，而在全球经济危机发生后的2009年，市

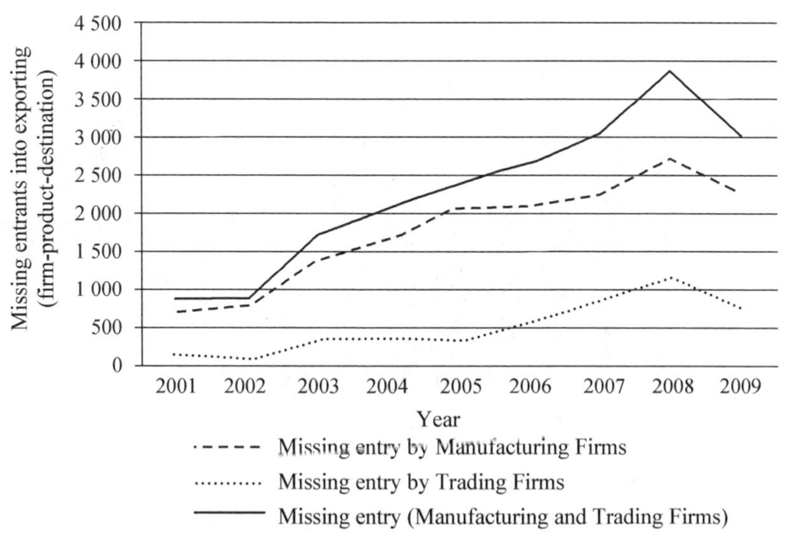

图6.9　反倾销引致关税不确定性带来的市场进入损失

场进入的损失数量降至 3 030①。

这里假设在 2001—2009 年间，每个损失的进入者实际没有进入市场，而如果它们进入市场则将在未来几年按照实际进入者的平均出口值进行出口，并以此为基础对损失的贸易量进行反事实估计，结果如图 6.10 所示。例如，2001 年的浅色和深色阴影部分表示，如果不存在贸易政策不确定性，2001 年的 867 个市场进入损失将在 2001—2009 年出口约 22 亿美元。由于部分国家采用反倾销而引起的贸易政策不确定性，中国在 2001—2009 年减少的贸易量总计 253 亿美元。事实上，市场 j 的关税上调会对贸易产生直接破坏作用，同时又通过“贸易转移”产生正面影响。然而，这里重点关注的则是关税上调通过“关税恐慌”对贸易间接产生的负面影响。这里的反事实估计只是试图对“关税恐慌”这一间接影响进行量化，但并不能与同时包含直接和间接作用的贸易政策效应进行比较。

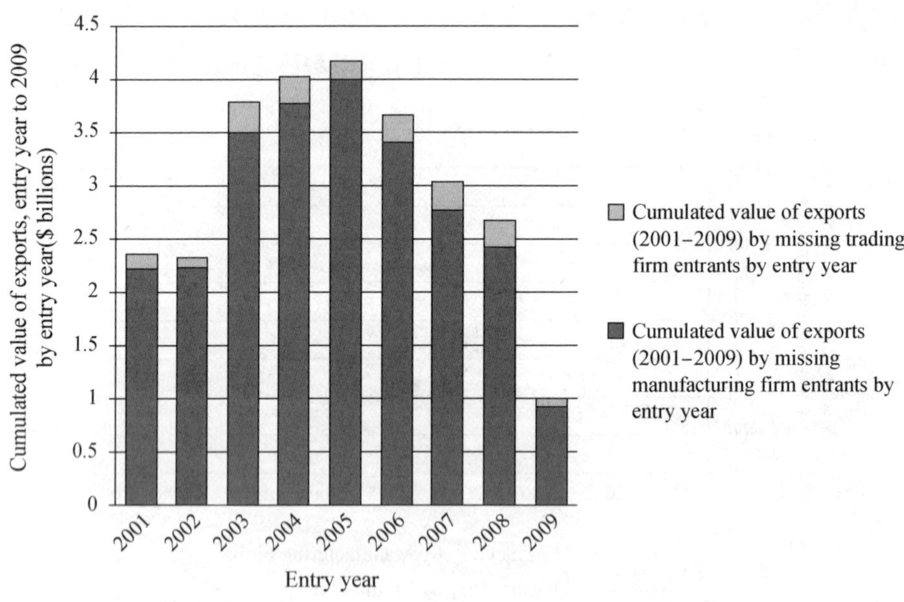

图 6.10 按照进入年份统计的累计市场进入损失价值(十亿美元)

① 具体而言，这里基于三个不同的样本对市场进入缺失数量进行计算，即估计目标产品、密切相关产品以及邻近企业市场进入的样本。对于制造型企业，基于三个样本的损失估计分别为 580 个、803 个和 396 个。

另外,下面还将对反倾销引起的额外市场退出进行估计。如前文所述,市场退出的分析比市场进入更为复杂,因为市场退出受到市场份额以及产品在企业内地位的异质性的影响。因此,这里只考虑企业的目标产品在第三国市场 j 的退出情况,即根据表 6.4 中(2)和(4)列的结果对制造企业和贸易企业的退出进行估计,而不考虑密切相关产品、核心产品等其他情况。由反倾销引致的贸易政策不确定性带来的额外市场退出估计结果如图 6.11 所示。假设没有退出的情况下,每个观察值从退出年到 2009 年,都将按照现有企业的平均值出口,则可以计算由于贸易政策不确定性增加而退出的企业产生的累计贸易损失,结果如图 6.12 所示。从退出年到 2009 年,这些损失的出口在 2009 年达到了 29 亿美元的峰值。当对所有进入年份进行加总时,由于贸易政策不确定性而导致的退出所造成的总贸易损失为 186 亿美元(估算值)。值得注意的是,该估计值可能高估了贸易损失的价值,因为出口市场的退出者是表现较差的企业,即使没有任何政策变动,它们也可能会随着时间推移而减少出口。然而,由于在计算中利用的均值是所有退出企业的均值,而不是全样本的非条件均值(前者只有后者的三分之一),因此这里得到的结果已经是相对保守的估计值。

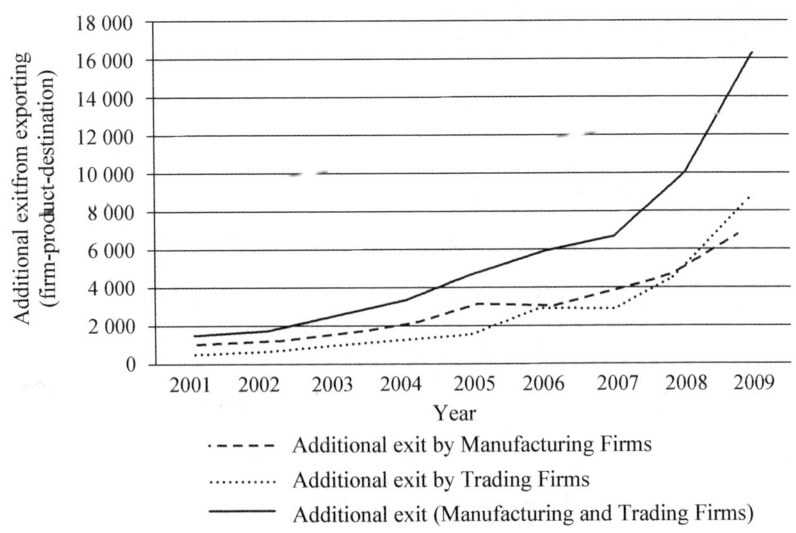

图 6.11　反倾销引致关税不确定性带来的额外市场退出

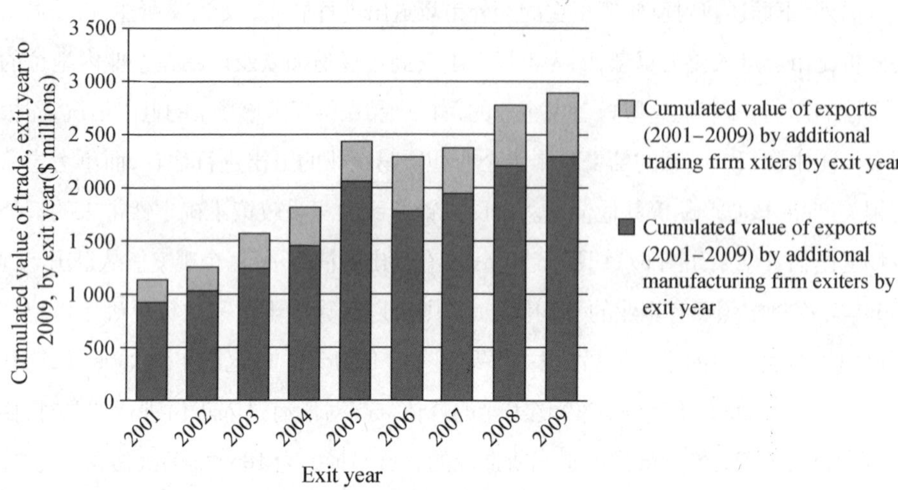

图 6.12　按照进入年份统计的额外市场退出损失价值(十亿美元)

二、WTO带来贸易政策确定性的价值估计

根据WTO临时性关税应急条款产生的贸易政策不确定性,如何测度贸易协定中政策承诺的价值?在反倾销引致贸易政策不确定性的情况下,利用观察到的企业市场进入率可以推断中国企业在2001—2009年间有多少进入量是由于WTO对贸易政策确定性的保证带来的。首先假设加入WTO可以减少样本中所有非反倾销目标产品的贸易政策不确定性,然后假设确定性对市场进入的影响与表6.4、表6.6和表6.10所示的不确定性对市场进入的影响相反。这意味着可以通过反倾销影响下每种产品每年平均损失的市场进入数量,来做反事实估计:如果中国未加入WTO,会有多少实际观察到的进入从未发生。在2000—2008年间,中国平均每年面临90种产品(样本中产品的4%)的关税上调,根据估计,每项反倾销措施每年都会在制造型(贸易型)出口商中造成20(5)个企业—产品—目的地的市场进入损失。结合制造(贸易)企业的每个HS-6产品的平均市场进入数量为36(18),估计只有46%(69%)的制造(贸易)企业会在没有WTO政策确定性保证的情况下进入市场。

图6.13展示了样本中中国企业的实际市场进入数量,以及如果WTO没有保证

成员国的贸易政策确定性的情况下将有多少企业—产品—目的地进入者的反事实估计。此处结果表明,WTO 保证关税确定性的价值是非常可观的。中国企业的新市场进入量在 2008 年达到峰值 221 777,而反事实估计的结果显示,只有 122 252 个市场进入会在中国没有加入 WTO 的情况下发生。根据估计,在样本发生期间,如果中国企业的所有出口产品都面临如反倾销措施一样的贸易政策不确定性,将有 46%的市场进入不会发生。

我们利用表 6.10 中的进入数量计算了企业在进入年份与 2009 年之间的累计贸易值,结果如图 6.14。假设每个进入者都按照对应年份中国出口企业的平均出口值进行出口。图中浅色条形表示观察到的进入者从进入年份到 2009 年的累计出口估计值,深色条形则表示如果中国没有加入 WTO,反事实进入者从进入年份到 2009 年的累计出口值。根据估计,以 2005 年为例,二者之间的差额为 978 亿美元。由此可见,WTO 成员对关税的可靠承诺会带来可观的贸易价值。如果将所有年份观察到的进入者与反事实进入者之间的差距进行加总,可以得到贸易确定性增加的市场进入额共计 6 350 亿美元。

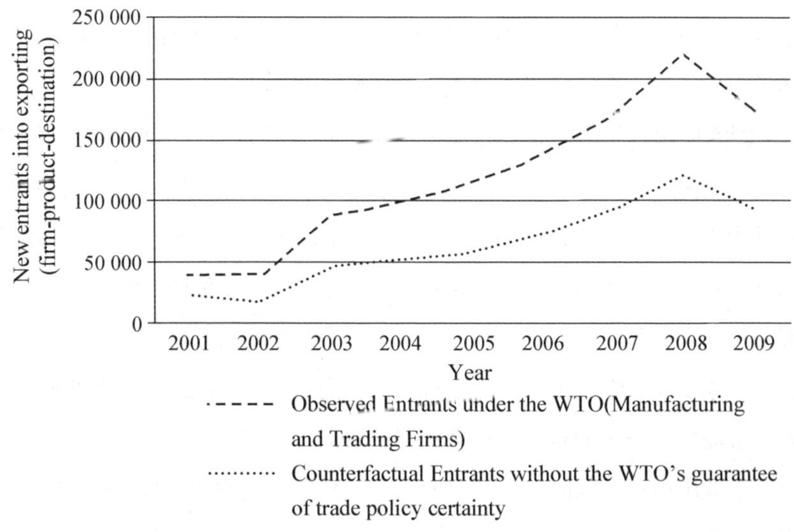

图 6.13　中国企业新市场进入的反事实估计

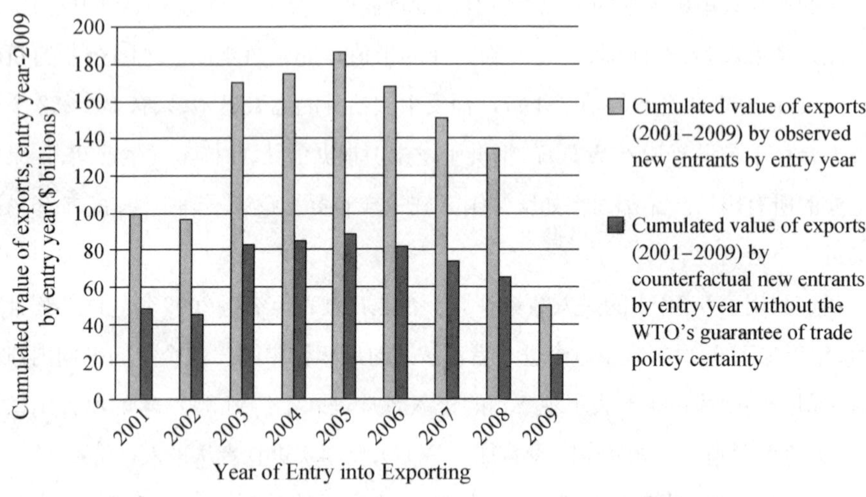

图 6.14 按照进入年份统计的累计出口价值(十亿美元)

第六节 结 论

本章以一国发起反倾销作为衡量第三国贸易政策不确定性提高的指标,分析了贸易政策不确定性对企业市场进入和退出的影响。研究发现:

(1) 一国的反倾销与出口企业在第三国市场进入的减少直接相关,即贸易政策不确定性提高会阻碍企业进入新市场。这说明中国出口企业会因为对未来关税上涨的预期而减少市场进入,同时该效应对反倾销经常使用国的影响更加显著。同样地,这些基本结论对于反倾销目标产品的密切相关产品也成立,而且企业核心产品的市场进入概率更高。

(2) 当贸易政策不确定性提高时,企业更倾向于退出已有市场,而企业的这一反应会受到以市场份额表示的企业异质性的影响,即市场份额越小或者生产率越低的企业越倾向于退出市场。同时,对于密切相关产品而言,企业的市场退出概率会因贸易政策不确定性提高而下降,这种变化特别是对企业核心产品的影响更为明显,说明在面临更大的贸易政策风险时,企业会选择将资源再分配以维持核心产品的出口。

(3) 当企业只是出口与反倾销目标企业相同的产品却没有直接遭受反倾销时，如果企业位于信息强度更高的区域，那么企业进入新市场的可能性也会降低，说明贸易政策在区域内存在信息溢出效应。

最后，本章分析了贸易协议提供可信承诺的价值。通过对"关税恐慌"(即贸易政策不确定性冲击)的分析，估算了由于一国实施应急关税而产生的多边不确定性所导致的贸易损失价值。分析发现，2001—2009 年间，由于贸易政策不确定性增加的阻碍而减少的市场进入，累计共造成贸易损失约 253 亿美元，而由于贸易政策不确定性下的额外退出所造成的贸易损失约为 186 亿美元。最后，根据本章的估计，我们可以推算贸易协议中可信承诺的价值。如果贸易政策不确定性与反倾销影响下的不确定性水平一致，那么 2001—2009 年间，46％的市场进入将不会发生。

第七章　反倾销对中国多产品企业出口生存风险的影响

第一节　引　言

随着贸易自由化进程的不断推进，关税、配额等传统的贸易保护措施已经越来越少，而世界贸易组织(WTO)框架下允许的"两反一保"等措施引起的贸易摩擦却不断增加，其中反倾销已经成为国际贸易壁垒的主导形式(Prusa 2001; Zanardi, 2006; Bown, 2011)。中国则是反倾销政策的最大受害者，2000—2014年间中国受到反倾销调查的案件达到846件，占同期全球反倾销调查总量的22%，涉案产品广泛分布于各行各业，近五分之一的HS-6位产品受到反倾销调查(Meng, Milner & Song, 2016)。与此同时，近年来全球范围内对于自由贸易协定和关税同盟的热情衰减(Crowley, Meng & Song, 2018)，"逆全球化"的态势愈加突显。对于贸易依存度居高不下且在全球分工体系中不断深入的中国而言，出口企业正面临全球范围内贸易摩擦和政策不确定性带来的潜在风险与冲击(佟家栋、谢丹阳和包群等，2017)。因此，以反倾销为切入点研究贸易摩擦对中国出口企业的影响，从微观视角深层次地揭示中国出口企业面对贸易摩擦的反应与策略，对于解答企业如何应对贸易摩擦具有重要意义。

反倾销在宏观层面对出口的抑制作用已经得到广泛证实(鲍晓华，2007; Bown & Crowley, 2007;沈国兵，2012;王孝松、翟光宇和林发勤，2015)，而对出口存续时间和生存风险等微观层面影响的分析还不够充分。出口关系的存续会直接影响出口的二元边际，出口关系存续的时间缩短，不仅意味着企业—产品提前退出市场、出口扩展边际下降，还意味着产品层面出口量即集约边际的缩减。当前世界经济形势不容乐观，我国对外贸易将更多地面临反倾销等贸易壁垒的不利影响，如何确保宏观层面出口贸易的稳步增长、以及如何规避贸易摩擦对微观企业的负面影响，都是值得思考的问题。具体而言，出口企业的特定产品面临贸易摩擦是否会引起我国多产品企业中其他产品的出口生存风险？其影响机制如何？不同类型的企业、产品与出口方式是否对贸易摩擦存在异质性效应？多产品企业应当如何应对贸易摩擦带来的风险与冲击？为解答这些关键问题，本章将研究的视角进行深化，从企业层面进一步细化到产品层面，利用企业—目的地—产品层面的微观数据，首先通过 Kaplan-Meier 估计方法对产品生存时间和生存概率进行了非参数分析，然后通过 PSM-cloglog 模型和 Cox 比例风险模型，对反倾销影响多产品企业各产品出口生存风险的效应和机制进行了实证检验。

本章的分析重点主要体现在以下三点：第一，现有文献强调了研究出口存续各影响因素的重要意义，然而针对反倾销等贸易壁垒影响出口存续、特别是细化到“企业—目的地—产品”层面的研究还比较少，本章的分析为理解反倾销对出口存续的影响提供了新的视角和经验证据。第二，与既有研究多关注反倾销的直接效应相比，本章重点探讨反倾销在多产品企业内各产品之间的溢出效应，作为对反倾销效应进行全面评估的有益补充。第三，已有研究很少将多产品企业与出口生存相联系，而本章研究了反倾销影响下多产品企业内部各产品的生存风险问题，有利于进一步扩展对外部冲击下多产品企业行为和产品出口存续的认识。

第二节　实证模型与数据

一、计量模型设定

(1) Kaplan-Meier(K-M)估计

首先利用生存函数来刻画生存时间的分布特征，通过使用 K-M 方法得到的估计量对产品生存率进行非参数分析。生存函数在此定义为企业—目的地—产品 i 在样

本中持续出口超过 t 年的概率,设 T 为产品退出市场的事件发生时间,取离散随机变量 t,且概率密度为:

$$p(t_i)=\Pr(T=t_i),i=1,2,3\cdots \tag{7.1}$$

则一个随机变量的生存函数如下:

$$S(t)=\Pr(T>t)=\sum_{t_1>1}p(t_i) \tag{7.2}$$

其对应的风险函数为:

$$h(t_i)=\Pr(T=t_i\mid T\geqslant t_i)=\frac{p(t_i)}{S(t_{i-1})} \tag{7.3}$$

其中 $S(t_0)=1$,风险函数和生存函数存在如下关系:

$$S(t)=\prod_{t_1<t}[1-h(t_i)] \tag{7.4}$$

进一步使用 K-M 法进行非参数估计,假定 n 个相互独立的观察值 $(t_i,exit)$,其中 $exit$ 定义事件是否失败,n_i 代表处于失败风险的数量,d_i 代表已经观测到的失败事件数量。则 K-M 的估计值为:

$$S(t)=\prod_{t_1<t}\frac{n_i-d_i}{n_i} \tag{7.5}$$

(2) 倾向得分匹配法(PSM)

本章基于 2000—2014 年外国对华反倾销调查,研究中国多产品企业各产品的出口生存风险在反倾销影响下的变化。因此,处理组为受反倾销影响的企业在特定市场的非倾销产品,而对照组为未受到反倾销影响企业出口的非倾销产品,然后利用双重差分方法估计对华反倾销对多产品企业出口生存风险的影响。根据产品所在企业是否受到反倾销,引入核心解释变量 $AD_{it}=\{0,1\}$,即企业—目的地—产品 i 于 t 年是否受到反倾销调查。为了克服样本选择偏误的不良影响,采用倾向得分匹配的方法筛选对照组。按照 Lu, Tao & Zhang(2013)的方法,首先利用 Logit 模型估计出口产品遭受反倾销的概率 $P(z)=\Pr(AD_{it}=1\mid z)$,模型选取的解释变量包括进口国的 GDP 增长率、实际汇率、产品进口额、是否遭遇过反倾销以及行业固定效应等,计算得到产品在不同市场受到反倾销的概率估计值,然后选取估计值在 75 百分位以上的样本作为匹配对照组。

(3) cloglog 生存模型

本章的实证研究主要基于构建离散时间的 cloglog 生存模型，考察反倾销对多产品企业各产品出口生存的影响。具体模型设定如下：

$$cloglog(1-h_{it})=\alpha AD_{it}+\beta_{it}X_{it}+\varepsilon_{it} \tag{7.6}$$

其中，被解释变量 $cloglog(1-h_{it})$ 越大，产品退出市场的风险越高，反之产品退出市场的风险越低。X 表示控制变量。

(4) Cox 比例风险模型

采用半参数 Cox 比例风险模型对反倾销影响产品出口风险的效应进行稳健性检验，模型如下：

$$h(t,X)=h_0(t)\exp(\sum X_i\beta_i) \tag{7.7}$$

其中，h_0 为基准风险函数，X 为包括反倾销在内的关于生存风险的各影响因素。

cloglog 模型与 Cox 比例风险模型均有两种报告形式，一是直接对估计值进行报告，二是报告风险比率 e^β。当风险比率 e^β 小于 1，即 $\beta<0$ 时，该变量有利于降低生存风险，对产品的出口生存有正向影响；反之，若风险比率 e^β 大于 1，即 $\beta>0$ 时，该变量将会加剧生存风险，对产品的出口生存有负向影响；若风险比率 e^β 等于 1，即 $\beta=0$ 时，该变量对产品的生存风险无影响。

二、变量定义与数据说明

(1) 变量选取

这里重点关注的是无中间间隔的连续出口关系，因此将无中断的一段连续出口定义为一段完整的贸易关系，即产品从进入出口市场到退出该市场的持续时间段，并以年为单位。对企业—目的地—产品出口生存的统计需要标记样本中的退出事件，我们以二值变量 *exit* 表示产品退出事件的发生。在此借鉴三年判断标准(杨连星、刘晓光和罗来军，2016；郭晶和周玲丽，2019)：如果在 $t-1$ 及 t 期存在出口，但是 $t+1$ 期未出口，则认为在 t 期发生了“失败”事件；若 $t-1$ 期未出口，t 期存在出口，$t+1$ 期未出口，则该产品仅出口一年，并在 t 期发生了“失败”事件。换言之，我们在出口关系存续的最后一年将退出变量 *exit* 赋值为 1,反之则为 0。例如,表 7.1 中 X 代表产品的出口参与,1 代表该年发生退出事件。出口关系 A 在 T2 开始出口,T5 退出市场,则其持续时间为 4 年,在 T5 时 *exit* 赋值为 1。

表 7.1 中的其他出口关系存在删失(censor)或多贸易片段(multi-spell)的问题。对于出口关系 C 我们无法得知其开始出口的年份,即存在左删失,而对于出口关系 D 我们既无法观察其开始出口的年份,也无法得知其退出市场的年份,所以既存在左删失又存在右删失。右删失可以通过生存分析处理,而左删失则需要附加条件来克服偏误。这里借鉴 Beseděs & Prusa(2006a)等人的方法,在样本观察期内,保留从 2000 年开始出口且连续出口七年及以上的样本,即剔除存在左删失且出口持续时间较短的出口关系。对于出口关系 B,在 T2 出口后中断并在 T4 再出口,即存在多贸易片段问题,在仅保留首个贸易片段与将不同贸易片段视为独立的若干时间段的情形下,贸易持续时间的分布基本相同(Beseděs & Prusa,2006b)。因此,我们将同一段贸易关系中独立的时间段标记为不同的贸易片段,故出口关系 B 中标记两个单独的贸易片段,长度均为一年,*exit* 变量在 T2 与 T4 均赋值为 1。

表 7.1 连续出口与退出事件的定义

出口关系	T1	T2	T3	T4	T5	T6	T7	左删失
A		X	X	X	X			无
B		X		X				无
C	X	X						有
D	X	X	X	X	X	X	X	有
A	0	0	0	0	1	0	0	无
B	0	1	0	1	0	0	0	无
C	0	1	0	0	0	0	0	有
D	0	0	0	0	0	0	0	有

这里的关键解释变量为 AD_{it},定义如上文所述。而控制变量包括:(1) 单位价值($lnuv_{it-1}$)。以企业—目的地—市场 i 的出口单位价值作为产品价格的代理变量,并取对数值。(2) 出口数量(lnq_{it-1})。对出口产品的数量取对数作为对产品出口量的

控制。(3) 初始出口额($lniv_{it-1}$)。初始出口额为一个贸易关系在首次出口时的出口额，初始出口额越大，说明贸易双方对贸易关系的信心越足，所以较高的初始出口额有利于贸易关系的存续。若该产品在观察期内存在多出口片段，则取第一个出口片段的首次出口额数值。(4) 企业—产品的出口市场数(lnc_{it-1})。同一个产品能够出口到多个市场说明产品的出口表现更好，出口关系越不容易失败。控制的固定效应包括年份(year)、国家(country)和行业(industry)固定效应，其中行业代码以 HS-2 位代码表示。

另外取三种分类变量作为调节变量，用于考察反倾销溢出效应的作用机制。根据企业类型设置贸易型企业[①]变量，将贸易型企业赋值为 1，制造型企业赋值为 0；根据贸易方式设置加工贸易变量，若产品以加工贸易方式出口则赋值为 1，以一般贸易方式出口则为 0；根据产品在多产品企业内的地位设置核心产品变量，若产品在 $t-1$ 年出口市场的企业内部所有产品中具有最高的出口额，即为企业—目的地的核心产品，则赋值为 1，反之为 0。然后，还根据产品的市场份额设置调节变量，即在 $t-1$ 年产品出口额占出口市场上同类产品总出口额的比重，以此来考察产品的市场竞争力对反倾销效应的影响。

中介变量主要为企业的出口产品调整，分别以产品数量调整(扩展边际)和产品组合调整(集约边际)来衡量。反倾销通过影响多产品企业在企业层面的产品策略从而对企业内非倾销产品的出口产生间接影响。因此，下文将对企业在二元边际上的出口产品调整进行中介效应检验。

变量的定义与统计性描述如表 7.2 所示。企业—目的地—产品层面的平均退出概率高达 57%，说明企业—目的地—产品层面的市场退出非常频繁，对产品生存风险各影响因素的分析将有利于加深对市场退出机制的理解。尽管具体到企业—目的地—产品层面的反倾销是小概率事件[②]，但是考虑到中国是全球反倾销的最大目标

---

① 参考 Ahn(2011)等对贸易中间商的定义，将企业名称中包含“贸易”“经贸”“工贸”“科贸”“进出口”和“外贸”等词汇的企业标记为贸易型企业。

② Tabakis & Zanardi(2017)基于 1980—2005 年 15 个进口国和 39 个出口国的数据进行测算，得到的反倾销税实施概率仅为 0.024%。

国,且反倾销通过对多产品企业的影响扩散到对企业内非倾销产品的间接影响,样本中企业—目的地—产品层面受反倾销影响的概率高达 20%。

表 7.2　变量定义与统计性描述

变量类型	变量名	定义	变量	均值	标准差
被解释变量	$exit_{it}$	企业—产品退出市场	0、1	0.574	0.49
解释变量	AD_{it-1}	企业在某出口市场受到反倾销	0、1	0.198	0.40
控制变量	$lnuv_{it-1}$	出口产品单位价值的对数	对数	1.668	2.05
	lnq_{it-1}	出口数量的对数	对数	7.539	3.01
	$lniv_{it-1}$	初始出口额的对数	对数	8.899	2.52
	lnc_{it-1}	出口目的地市场数的对数	对数	1.090	1.02
调节变量	$trading$	贸易型企业	0、1	0.534	0.50
	$processing$	加工贸易出口	0、1	0.066	0.25
	$core_{it-1}$	产品是否在出口市场是企业内核心产品	0、1	0.183	0.39
	MS_{it-1}	产品出口额占市场上同产品总出口额的比重	比重	0.003	0.02
中介变量	$adjustment_{it}$	企业出口产品数量调整的对数	对数	4.724	2.02
	$\Delta productmix_{it}$	企业核心产品占企业总出口额比重的变动	比重	0.009	0.22

(2) 数据来源

本章选取 2000—2014 年企业—目的地—产品层面的年度数据,该数据由中国海关数据库与全球反倾销数据库匹配得到。从全球反倾销数据库中收集了所有针对中国的反倾销调查案例,通过产品 HS-6 位代码和反倾销起诉国将中国海关数据与反倾销数据相匹配,并根据以下条件对样本进行筛选:(1) 参照 Lu, Tao & Zhang (2013)的做法,保留曾经遭遇反倾销调查的 HS-4 位产品以减弱样本选择偏误;(2) 参照 Crowley, Meng & Song(2018)、Meng, Milner & Song(2020)的做法,保留对中国发起过反倾销的出口目的地,并保留每年从中国的总进口额处于中国所有贸易伙伴国前 20 位的出口目的地①;(3) 剔除所有直接受反倾销影响的产品,专注于反倾销的间接影响;(4) 剔除在样本区间内仅出口单产品的企业,重点考察多产品企业内的产品生存风险。在此基础上,利用 PSM 匹配的对照组得到匹配样本,该样本包括 2000 至 2014 年 468 244 家企业共 3 021 595 个观测值,其中涉及 33 个出口市场、346 种 HS－4 位产品以及 2 413 种 HS－6 位产品。根据表 7.3 的统计结果,样本中大部分出口关系仅维持 1 年,占所有出口片段的 76.66%,而 93.77%的出口片段长度小于四年,持续六年以上的出口关系仅占 1.82%,表明我国企业—目的地—产品层面的出口持续时间普遍较短。

表 7.3　出口持续时间分布情况

出口持续时间(年)	独立出口时间段数占比(%)	累计百分比(%)
1	76.66	76.66
2	12.61	89.27
3	4.50	93.77
4	2.24	96.01
5	1.33	97.34
6	0.85	98.18
≥7	0.15	100

第三节　反倾销对出口生存风险的影响分析

一、倾向得分匹配效果

为了克服样本选择偏误的问题,如前文所述,这里采用倾向得分匹配的方法将对

① 中国企业的出口目的地市场多达 200 个以上,考虑到非主要目的地市场中的产品出口量较小且退出更加频繁,不具有代表性,因此我们主要关注企业—产品在主要目的地市场的生存风险,根据 Crowley, Meng & Song(2018)的做法所选取的目的地市场共 33 个,中国企业在这些市场的出口额占中国总出口额的 90%以上。

照组进行筛选，从而得到匹配样本。在基准回归结果之前，首先对样本匹配质量进行检验。如表 7.4 所示，在匹配之前，处理组和对照组受到反倾销影响的概率存在显著差异，而在匹配之后，标准偏差减少了约 89%，说明两组样本之间的系统性偏差在匹配后大幅减小，匹配结果比较理想。

表 7.4 匹配平衡性检验结果

变量	样本	均值		标准偏差(%)	标准偏差减少(%)
		处理组	对照组		
AD	匹配前	0.202 8	0.104 9	54.8	88.9
	匹配后	0.202 8	0.194 1	6.1	

倾向得分匹配之后，借鉴陈勇兵、蒋灵多和邢露(2017)的做法，分别对处理组和对照组样本进行 cloglog 检验。在对照组中，将 *AD* 定义为与处理组相对应的产品—目的地组合受到反倾销影响的年份。回归结果如表 7.5 所示，由第(1)～(2)列的结果可知，在处理组样本中，反倾销会显著加剧非倾销产品的出口生存风险。而第(3)～(4)列的结果显示，反倾销的系数并不显著，表明对照组中的产品生存风险并不会受到反倾销的影响。

表 7.5 基于处理组和对照组的 cloglog 回归结果

	处理组		对照组	
	(1)	(2)	(3)	(4)
AD	1.304*** (0.003 2)	1.357*** (0.003 5)	1.002 (0.002 8)	1.001 (0.004 0)
lnuv		0.797*** (0.000 9)		0.787*** (0.000 8)
lnq		0.797*** (0.000 7)		0.785*** (0.000 7)
lnc		1.076*** (0.001 0)		1.095*** (0.001 0)

（续表）

	处理组		对照组	
	(1)	(2)	(3)	(4)
lniv		0.848*** (0.001 2)		0.870*** (0.001 0)
N	1 332 227	1 332 227	1 687 688	1 687 688
Year	Yes	Yes	Yes	Yes
Country	Yes	Yes	Yes	Yes
Industry	Yes	Yes	Yes	Yes

注：***、** 和 * 分别表示 1%、5%、10%的显著性水平，括号内为稳健标准误。

二、K-M 估计

基于匹配样本的生存时间统计与 K-M 生存率的估计结果如表 7.6 所示。总体的平均估计值显示，出口片段的持续时间普遍较短，平均仅为 1.76 年，生存率随着出口持续时间的增长而降低。同时，随着出口持续时间的增长，产品的退出概率也会下降。总体而言，生存时间为 1 年的企业生存率为 27.46%，而生存时间达到 2 年的生存率下降到 14.27%，退出概率即二者差值为 13.19%；达到 3 年的生存率则继续下降，为 9.29%，退出概率仅为 4.98%，低于 1—2 年的退出概率；最后，6—7 年生存率的下降幅度已不足 1%。据此可以得到与陈勇兵、李燕和周世民(2012)一致的结论，即贸易关系失败的概率具有负时间依赖性，出口关系在建立初期具有较高的失败率，此后失败率随着出口关系的延长而降低。如图 7.1 中 K-M 曲线所示，根据出口持续时间的风险率曲线可知，生存曲线呈下降趋势，随着持续时间的增加生存曲线趋于平缓，生存率的变化随着持续时间的增加而降低，贸易关系的持续时间越长，则生存率越稳定、风险率越小。

表 7.6　企业—目的地—产品出口生存函数估计

		生存时间		K-M 法估计的生存率(%)						
		均值	标准差	1 年	2 年	3 年	4 年	5 年	6 年	7 年
总体		1.76	0.001 5	27.46	14.27	9.29	6.61	4.90	3.70	2.82
企业是否遭遇反倾销	是	1.66	0.003 1	23.67	11.70	7.67	5.58	4.26	3.35	2.67
	否	1.79	0.001 6	28.46	14.96	9.73	6.89	5.07	3.80	2.86
是否为贸易型企业	是	1.51	0.001 4	21.52	9.65	5.81	3.93	2.82	2.05	1.53
	否	2.17	0.003 0	36.86	21.61	14.84	10.88	8.23	6.36	4.89
是否为加工贸易	是	2.56	0.009 3	42.21	26.29	19.99	16.06	13.43	11.73	9.64
	否	1.72	0.001 4	26.65	13.61	8.72	6.12	4.48	3.33	2.52
是否为核心产品	是	2.67	0.006 5	44.30	28.77	21.09	16.28	12.95	10.44	8.32
	否	1.63	0.001 4	24.97	12.10	7.54	5.18	3.73	2.73	2.03

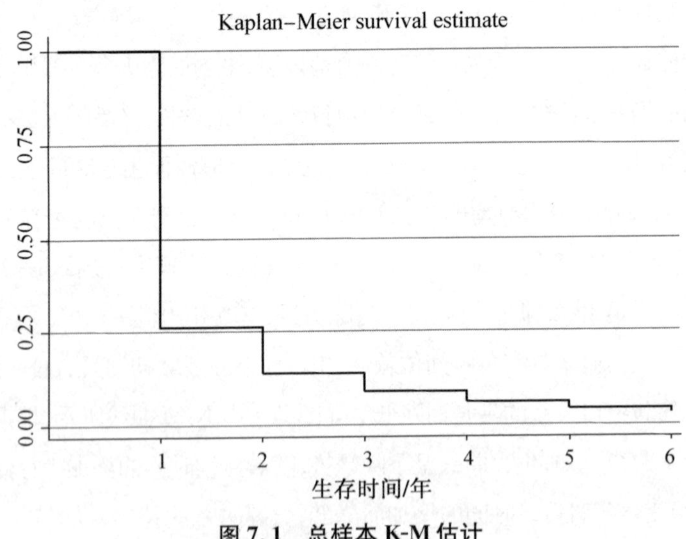

图 7.1　总样本 K-M 估计

表 7.6 还报告了按照不同标准分类进行的分组估计结果,图 7.2 中的 K-M 曲线则分别展示了四组分类估计结果对应的生存曲线。未受反倾销影响企业的产品出口生存时间长于受到反倾销影响的企业(1.79>1.66)。同时,前者生存时间为 1 年的

生存率为 28.46%，而后者为 23.67%，即未受反倾销影响企业的产品比受到反倾销影响企业的产品生存率高出约 4.79%；二者在生存时间达到 2 年时的生存率分别为 14.96%与 11.70%，其差距下降到 3.26%。因此，未受反倾销影响企业的产品生存率高于受到反倾销影响的企业，但随着产品出口生存时间的延长，二者生存率间的差距逐渐减小。按照企业类型的分组结果显示，制造型企业比贸易型企业的产品具有更长的平均生存时间，前者平均生存时间为 2.17 年，而后者为 1.51 年。并且当生存时间一致时，制造型企业出口产品生存率高于贸易型企业，也就是说贸易型企业比制造型企业出口产品面临更高的生存风险。可能的解释在于，贸易型企业只是出口中间商而不直接从事生产制造，与制造型企业相比，贸易型企业面临更低的生产固定成本，从而更容易进行出口产品调整；而更为频繁的产品调整也意味着产品生存率的下

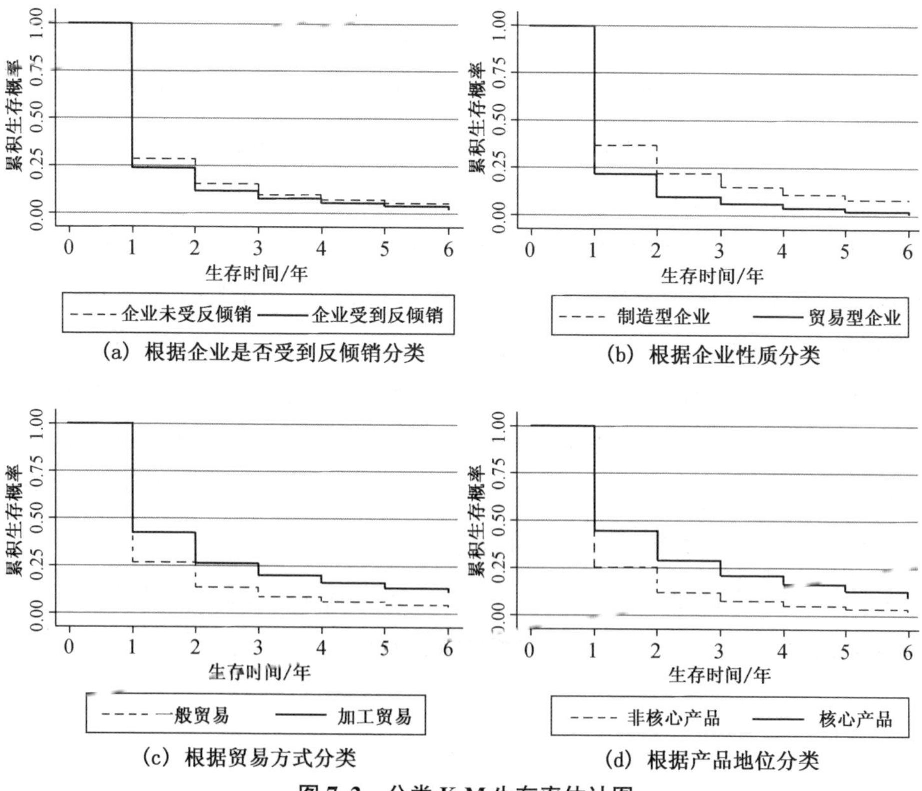

图 7.2　分类 K-M 生存率估计图

降和生存风险的上升。根据贸易方式对样本进行分类估计的结果表明,加工贸易出口的产品具有更长的平均生存时间(2.56>1.72)。在给定生存时间的条件下,加工贸易出口的产品生存率普遍高于一般贸易,且在更长的生存时间上保持更高的生存率。与一般贸易相比,加工贸易面临更强的合同约束,贸易关系更为稳定,所以出口产品的生存率更高而生存风险更低。最后,根据多产品企业在同一年出口到同一市场的产品在企业内的出口额进行排序,将产品分为核心产品与非核心产品。表 7.6 的估计结果显示,核心产品的平均生存时间为 2.67 年,比非核心产品的平均生存时间长 1 年左右,并且在生存时间给定的前提下,核心产品的生存概率均高于非核心产品。

三、基准回归结果

基于匹配样本,本章主要采用 cloglog 模型考察反倾销对产品出口生存风险的影响,并利用 Cox 比例风险模型对基准回归结果进行稳健性检验,以风险比例形式对回归结果进行报告。估计结果如表 7.7 所示,其中(1)～(4)列为 cloglog 模型的估计结果,(5)～(8)列为 Cox 比例风险模型的回归结果。

根据表 7.7 的回归结果,反倾销显著增加了多产品企业中非倾销产品的出口生存风险,基于不同模型以及加入各控制变量和固定效应的回归结果也依然稳健。反倾销调查会加剧多产品企业内其他产品的退出风险,不利于这些产品的出口稳定性。以第(4)列的结果为例,反倾销影响下的风险比率为 1.12(>1),说明一旦企业受到反倾销调查,企业内非倾销产品退出市场的风险将提高 12%。在国际市场竞争越发激烈的情况下,各国为保护与扶持本国产业,频繁利用 WTO 规则对我国企业发起反倾销调查。这不仅会对被诉产品的出口直接产生抑制作用,还会间接影响并加剧同一企业内非倾销产品的出口生存风险,说明确实存在反倾销在企业内产品间的负向溢出效应,也为反倾销在企业内部的“寒蝉效应”提供了新的证据。

表 7.7 基准回归结果

	Cloglog 模型				Cox 比例风险模型			
	(1)	(2)	(3)	(4)	(5)	(6)	(7)	(8)
AD	1.132*** (0.002 2)	1.103*** (0.002 2)	1.127*** (0.002 2)	1.120*** (0.002 3)	1.008*** (0.000 2)	1.005*** (0.000 2)	1.005*** (0.000 0)	1.005*** (0.000 0)
lnuv			0.796*** (0.000 5)	0.794*** (0.000 6)			0.931*** (0.000 0)	0.930*** (0.000 0)
lnq			0.795*** (0.000 5)	0.792*** (0.000 6)			0.931*** (0.000 0)	0.931*** (0.000 0)
lnc			1.089*** (0.000 7)	1.086*** (0.000 7)			1.039*** (0.000 0)	1.039*** (0.000 0)
lniv			0.903*** (0.000 8)	0.864*** (0.000 8)			0.976*** (0.000 0)	0.977*** (0.000 0)
常数项	0.832*** (0.000 7)	0.849 (0.174 1)	3.518*** (0.010 3)	7.191*** (1.489 9)	1.718*** (0.000 1)	1.719*** (0.000 1)	2.424*** (0.000 2)	2.425*** (0.000 2)
N	3 021 595	3 019 844	3 021 595	3 019 844	3 021 595	3 021 595	3 021 595	3 021 595
Year	No	Yes	No	Yes	No	Yes	No	Yes
Country	No	Yes	No	Yes	No	Yes	No	Yes
Industry	No	Yes	No	Yes	No	Yes	No	Yes

注：***、** 和 * 分别表示 1%、5%、10%的显著性水平，括号内为稳健标准误。

第四节 反倾销影响出口生存风险的机制分析

一、调节效应检验

为了进一步检验反倾销对不同类型企业和产品的影响是否存在异质性，我们在模型中加入了反倾销与异质性因素的交互项，主要考察多产品企业的贸易方式、产品与企业特征对反倾销效应的影响，回归结果如表 7.8 所示。

由表 7.8 可知，在控制各类特征的情况下，反倾销对产品出口生存风险的负向影响依然是显著的。第(1)~(2)列结果显示 *trading* 的系数显著大于 1,这表明企业类型对反倾销效应存在显著影响,贸易型企业出口产品退出市场的风险高于制造型企业,但 *AD* * *trading* 的系数小于 1,说明在反倾销影响下制造型企业比贸易型企业面临更大的负向冲击。同时,第(3)~(4)列结果显示 *processing* 的系数显著小于 1,表明贸易方式对反倾销效应的影响也是显著的,加工贸易出口会显著降低产品的退出风险,且 *AD* * *processing* 的交叉效应显著为负,反倾销对加工贸易出口生存风险的负向影响小于对一般贸易的影响。第(5)列结果显示交叉效应并不显著,所以产品地位影响反倾销效应的检验结果不够稳健①,但 *core* 的系数小于 1,说明企业核心产品确实比非核心产品的市场退出风险更低。

为了进一步探究不同产品对于反倾销影响的不同表现,引入产品的市场份额作为调节变量,以表现产品在出口市场的竞争力。基于 cloglog 生存模型的回归结果,根据不同的产品市场份额所对应的出口生存风险进行估计,结果如图 7.3 所示。产品的市场份额越大则该产品越不容易退出市场,并且反倾销带来的负向冲击会随着市场份额的增加而减小。当市场份额较小时,产品在反倾销影响下的生存风险提高;而当市场份额较大时,产品的出口生存风险反而在企业受到反倾销后下降,反倾销对生存风险差异化影响的临界值为 0.016。反倾销冲击的负向影响会随着产品市场竞争力的上升而减弱,因此,单纯以企业的核心产品进行类型划分并不能完全表现产品特征对反倾销效应的调节作用。

表 7.8 调节效应回归结果

	(1)	(2)	(3)	(4)	(5)	(6)
AD	1.220*** (0.004 5)	1.202*** (0.004 6)	1.150*** (0.002 3)	1.141*** (0.002 5)	1.087*** (0.002 2)	1.086*** (0.002 3)

① 为了重点考察反倾销对多产品企业内非倾销产品的影响,这里剔除了直接受到反倾销的产品,而在剔除的样本中核心产品约占 20%,所以在模型中加入核心产品的交叉效应并不能完全反映反倾销对所有核心产品的影响,而是反映反倾销对多产品企业内非倾销产品中的核心产品与非核心产品的差异化影响。然而,考虑到在剔除的核心产品中单产品企业约占 71%,而本章重点关注多产品企业,且利用剔除倾销产品之前的样本回归得到了与表 7.8 相似的结果,所以损失的样本信息对结果影响不大。

（续表）

	(1)	(2)	(3)	(4)	(5)	(6)
lnuv	0.811*** (0.000 6)	0.807*** (0.000 6)	0.796*** (0.000 5)	0.795*** (0.000 6)	0.805*** (0.000 6)	0.802*** (0.000 6)
lnq	0.798*** (0.000 5)	0.794*** (0.000 5)	0.796*** (0.000 5)	0.792*** (0.000 5)	0.802*** (0.000 5)	0.798*** (0.000 5)
lniv	1.086*** (0.000 7)	1.083*** (0.000 7)	1.090*** (0.000 7)	1.086*** (0.000 7)	1.089*** (0.000 7)	1.086*** (0.000 7)
lnc	0.914*** (0.000 8)	0.875*** (0.000 8)	0.909*** (0.000 8)	0.867*** (0.000 8)	0.909*** (0.000 8)	0.868*** (0.000 8)
trading	1.651*** (0.003 0)	1.601*** (0.003 0)				
AD * *trading*	0.780*** (0.003 4)	0.799*** (0.003 6)				
processing			0.745*** (0.003 2)	0.920*** (0.004 2)		
AD * *processing*			0.817*** (0.007 0)	0.773*** (0.006 7)		
core					0.791*** (0.002 0)	0.813*** (0.002 2)
AD * *core*					1.007 (0.013 7)	1.058*** (0.014 5)
常数项	2.609*** (0.008 4)	5.933*** (1.233 5)	3.499*** (0.010 3)	6.914*** (1.432 6)	3.349*** (0.010 0)	7.320*** (1.518 1)
N	3 021 595	3 019 844	3 021 595	3 019 844	3 021 595	3 019 844
Year	No	Yes	No	Yes	No	Yes
Country	No	Yes	No	Yes	No	Yes
Industry	No	Yes	No	Yes	No	Yes

注：***、** 和 * 分别表示 1%、5%、10%的显著性水平，括号内为稳健标准误。

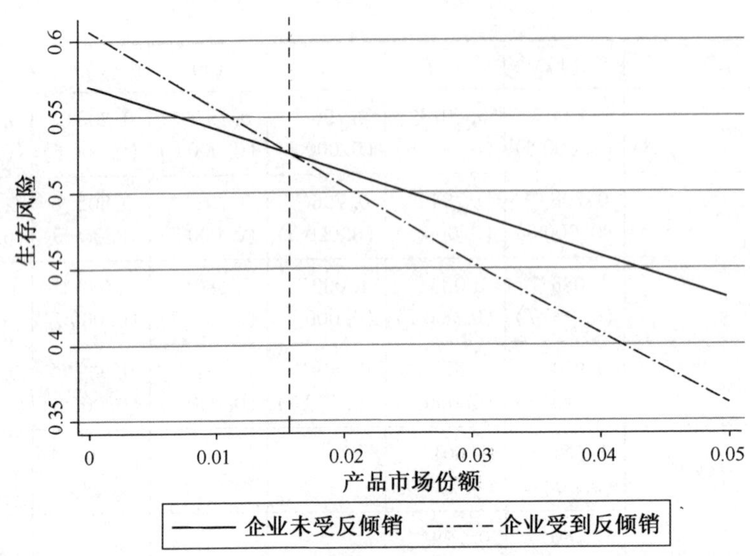

图 7.3　产品市场份额、反倾销与生存风险估计

在同时引入核心产品和市场份额的情况下，下面分别对核心产品和非核心产品在不同市场份额下对应的出口生存风险进行估计，结果如图 7.4 所示。核心产品的市场份额远高于非核心产品，样本中 99%的核心产品市场份额小于 0.2，而 99%的非核心产品市场份额则均小于 0.02。然而，无论是核心产品还是非核心产品，市场份额都与出口生存风险存在负相关关系，产品的市场份额越高则越不容易退出市场。当企业遭遇反倾销时，对于核心产品而言，若产品的市场份额小于临界值 0.125，则受反倾销后的出口生存风险上升；若产品的市场份额高于临界值，则反倾销会降低核心产品的出口生存风险。反倾销对于非核心产品也存在相似的影响趋势，但对于非核心产品而言，其市场份额的临界值为 0.007，小于核心产品的临界值。同时，无论是否受到反倾销，非核心产品的生存风险与市场份额的关系曲线都相对陡峭，所以对非核心产品而言，市场份额的增加对反倾销负效应的缓解作用会更加明显。

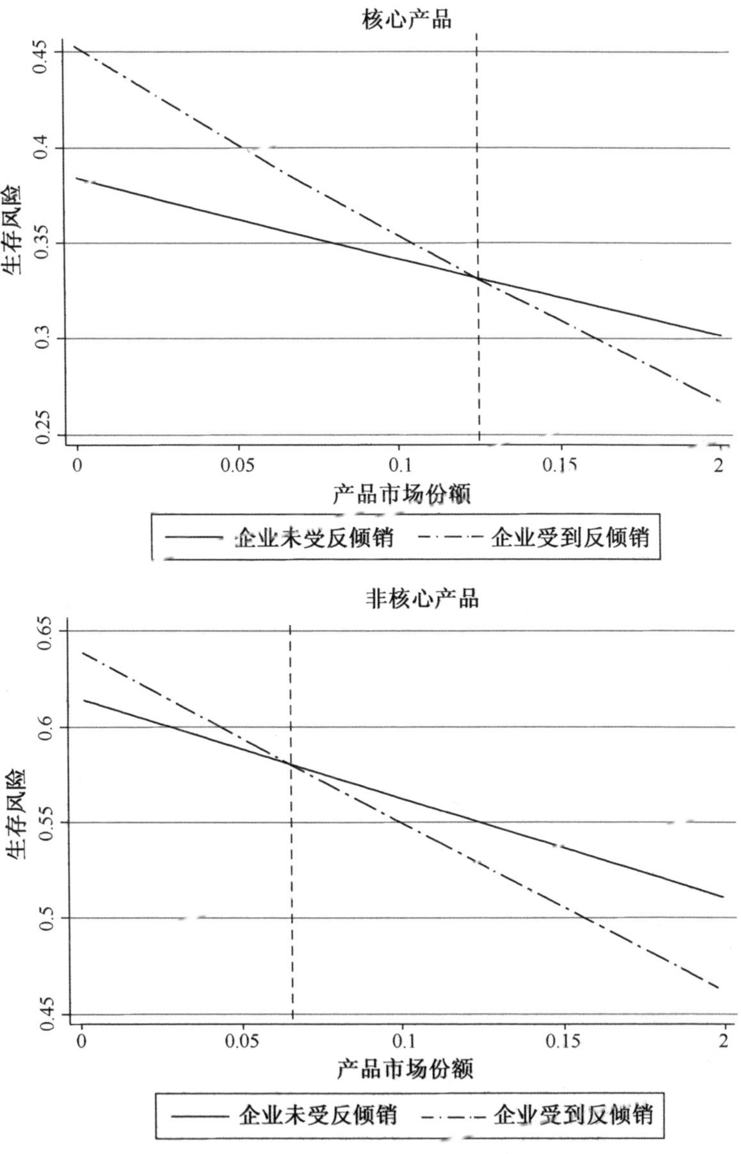

图 7.4　核心产品与非核心产品市场份额、反倾销与生存风险估计

二、中介效应检验

多产品企业的相关研究认为,竞争压力会引发多产品企业内部的资源再配置效应,使得企业集中生产和出口其具有核心竞争力的产品。反倾销意味着企业贸易成本的提高,恶化了企业在出口市场的竞争环境,所以同样会促使多产品企业进行出口产品的调整。那么,对多产品企业而言,反倾销造成的产品调整是否会进一步影响企业内各产品的出口生存风险呢?

在此使用两种测度方式来刻画企业对出口产品的调整。一是企业对出口产品数量的调整,二是企业对出口产品组合的调整。对于产品数量的调整①,参考 Iacovone & Javorcik(2010)的做法,利用两种方式对其进行测度,第一种是企业在当年新出口的产品种类数(add)与退出出口的产品种类数(drop)之和(gross churning),第二种是二者之差的绝对值(net churning),并用第二种进行稳健性检验②。需要注意的是,为了克服内生性问题,这里的中介变量均为企业层面而非企业—目的地层面的指标。这里采用三步法,首先对企业出口产品数量调整(*adjustment*)进行中介效应检验,模型如下:

$$
\begin{aligned}
&\text{cloglog}(1-h_{it})=a_0+a_1 AD_{it}+e_{1it}\\
&adjustment_{it}=b_0+b_1 AD_{it}+e_{2it}\\
&\text{cloglog}(1-h_{it})=c_0+c_1 AD_{it}+c_2 adjustment_t+e_{3it}
\end{aligned}
\tag{7.8}
$$

企业产品数量调整的中介效应检验结果如表 7.9 所示。第(1)列为基准回归结果,表明反倾销加剧了产品的出口生存风险。由第(2)列可知,反倾销显著促进了企业的产品数量调整,当企业受到反倾销时,企业会增加对产品数量的调整,包括新产品的引入以及旧产品的退出。第(3)列的回归结果显示,出口产品数量调整的风险系

---

① 这里没有选择产品进入或产品退出作为中介变量,是因为产品的生存风险正是基于产品退出进行测度的,单纯考虑产品的进入或退出对生存风险的影响会存在严重的内生性问题,因此这里选择利用企业层面的产品数量调整作为扩展边际上的中介变量。

② 利用第二种测度方式可以得到与第一种测度方式一致的检验结果,说明企业产品数量调整的中介效应是稳健的。

数显著大于 1(1.158>1)，说明企业出口产品数量调整使得产品退出特定市场的风险提升，企业层面的产品策略调整影响了企业内各产品在特定市场的出口生存风险。对比(1)和(3)列的回归结果可知，加入中介变量后，反倾销对应的风险比率显著下降(0.806<1.103)，这表明产品数量调整的中介效应确实存在，企业层面扩展边际的调整是反倾销加剧产品出口生存风险的影响渠道。

表 7.9　产品数量调整的中介效应回归结果

	(1) *exit*	(2) *adjustment*	(3) *exit*
AD	1.103*** (0.002 2)	2.014*** (0.002 7)	0.806*** (0.001 8)
adjustment			1.158*** (0.000 5)
常数项	0.849 (0.174 1)	4.322*** (0.001 2)	0.639** (0.131 3)
N	3 019 844	3 007 245	3 005 514
Year	Yes	Yes	Yes
Country	Yes	Yes	Yes
Industry	Yes	Yes	Yes

注：***、** 和 * 分别表示 1%、5%、10%的显著性水平，括号内为稳健标准误。

对于企业产品组合的调整，在此参考 Mayer，Melitz & Ottaviano(2014)的测度方法，用企业核心产品出口额占企业总出口额的比重来表示企业的产品组合策略(productmix)，从而用出口组合的变化($\Delta productmix$)来测度企业在集约边际上的调整，将 $t+1$ 年的产品组合与 t 年的差值定义在 t 年，构建变量 $\Delta productmix_{it}$，代表 $t+1$ 年发生的出口产品组合调整，并对其进行中介效应检验。模型如下：

$$
\begin{aligned}
&\text{cloglog}(1-h_{it})=d_0+d_1AD_{it}+e_{4it}\\
&\Delta productmix_{it}=f_0+f_1AD_{it}+e_{5it}\\
&\text{cloglog}(1-h_{it})=g_0+g_1AD_{it}+g_2\Delta productmix_{it}+e_{6it}
\end{aligned}
\tag{7.9}
$$

由表 7.10 的回归结果可知，反倾销促进了企业的产品组合调整，使得企业核心产品出口额占企业总出口额的比重上升，企业资源向其核心产品集中。第(3)列结果显示，变量 $\Delta productmix$ 的风险系数显著大于 1(1.196>1)，说明企业出口产品组合调整使得产品退出特定市场的风险提升。对比第(1)列的基准回归结果可知，反倾销的风险比率下降(1.098<1.103)，说明产品组合调整的中介效应的确存在，企业出口产品组合调整也是反倾销抑制产品出口生存的影响渠道。然而，对比表 7.9 和表 7.10 可以发现，产品组合调整的中介作用要弱于产品数量调整，由此可知，反倾销主要通过影响企业层面扩展边际的策略调整而加剧多产品企业内非倾销产品的出口生存风险。

表 7.10　产品组合调整的中介效应回归结果

	(1) *exit*	(2) $\Delta productmix$	(3) *exit*
AD	1.103*** (0.002 2)	0.038*** (0.000 3)	1.098*** (0.002 2)
$\Delta productmix$			1.196*** (0.005 2)
常数项	0.849 (0.174 1)	0.002*** (0.000 1)	0.844 (0.173 0)
N	3 019 844	3 021 595	3 019 844
Year	Yes	Yes	Yes
Country	Yes	Yes	Yes
Industry	Yes	Yes	Yes

三、溢出效应检验

基于已有文献(Vandenbussche & Zanardi, 2010; Crowley, Meng & Song, 2018;龙小宁、方菲菲和 Piyush,2018)，本章将反倾销对出口倾销产品的企业内部非倾销产品的间接影响定义为企业内产品间的溢出效应。为了进一步检验反倾销对非倾销产品生存风险的影响是否来自其对倾销产品影响的溢出效应，下面利用剔除直接受反倾销影响的产品之前的样本，检验了反倾销对倾销产品出口生存风险的直接影响，如表 7.11 所示。由结果可知，反倾销对倾销产品的直接影响是显著的，反倾销确实加剧了倾销产品的出口生存风险。

在此基础上，剔除直接受反倾销影响的产品，从而清晰识别了反倾销对出口倾销产品的多产品企业中其他产品的间接影响。同时，通过在模型中加入出口产品的单位价值、数量、初始出口额以及出口市场的数量，控制了其他与产品或企业本身相关的特征。如前文所述，反倾销确实加剧了多产品企业内非倾销产品的出口生存风险。因此，可以认为，反倾销对多产品企业中非倾销产品的影响是对倾销产品负向影响的溢出效应。

表 7.11　反倾销对倾销产品的直接影响

	Cloglog 模型				Cox 比例风险模型			
	(1)	(2)	(3)	(4)	(5)	(6)	(7)	(8)
AD	1.131*** (0.004 8)	1.036*** (0.004 5)	1.112*** (0.004 8)	1.027*** (0.004 6)	1.036*** (0.000 4)	1.035*** (0.000 4)	1.030*** (0.000 1)	1.031*** (0.000 1)
lnuv			0.796*** (0.000 3)	0.787*** (0.000 4)			0.927*** (0.000 0)	0.927*** (0.000 0)
lnq			0.796*** (0.000 3)	0.792*** (0.000 3)			0.928*** (0.000 0)	0.928*** (0.000 0)
lnc			1.080*** (0.000 4)	1.079*** (0.000 4)			1.041*** (0.000 0)	1.041*** (0.000 0)
lniv			0.912*** (0.000 5)	0.886*** (0.000 5)			0.975*** (0.000 0)	0.975*** (0.000 0)
N	7 765 604	7 756 395	7 765 604	7 756 395	7 765 604	7 765 604	7 765 604	7 765 604
Year	No	Yes	No	Yes	No	Yes	No	Yes
Country	No	Yes	No	Yes	No	Yes	No	Yes
Industry	No	Yes	No	Yes	No	Yes	No	Yes

注：***、** 和 * 分别表示 1%、5%、10%的显著性水平，括号内为稳健标准误。

第五节 结 论

本章基于中国 2000—2014 年海关数据与反倾销数据，分析了反倾销对多产品企业各产品出口生存风险的影响。利用 K-M 生存估计分析发现，我国产品的出口持续时间普遍较短、市场退出风险较大，而且受反倾销影响企业的产品生存率更低。另外，企业类型、贸易方式、产品地位的不同也会使产品出口生存率存在异质性表现。进一步地，利用 PSM-cloglog 模型进行回归分析，考察了反倾销对产品出口生存风险的影响及其作用机制。结果表明，反倾销对出口生存的负向影响存在企业内产品间的溢出效应，受反倾销影响企业的非倾销产品也会在特定市场面临更高的生存风险，这为反倾销的"寒蝉效应"提供了新的微观依据。同时，企业类型、贸易方式、产品地位都对反倾销效应存在异质性的影响。贸易摩擦中的制造型企业比贸易型企业面临更高的生存风险，加工贸易比一般贸易面临的生存风险更低，核心产品比非核心产品更能抵御贸易摩擦带来的负向冲击。最后，反倾销通过影响企业层面产品策略调整的渠道，进而影响多产品企业内非倾销产品的生存风险。

第八章　我国应对反倾销的政策建议

反倾销是国际贸易壁垒的主导形式，而且随着中国对外贸易的迅速发展，其面临的贸易摩擦越来越多，中国已经连续 20 多年成为遭受反倾销调查最多的经济体。反倾销不仅会影响出口国的宏观贸易形势，还会对微观层面的出口企业行为产生影响。本书从异质性视角出发，全面细致地考察了反倾销发起的模式与动因以及反倾销对出口企业行为的微观影响。本章将对本书的主要结论进行归纳和总结，并提出相应的政策启示。

第一节　反倾销的模式、动因与影响总结

首先，本书以中印反倾销的对比分析为基础，从宏观经济因素、策略性因素和其他相关因素三个方面研究了新兴经济体的反倾销模式与动因，解释了两国反倾销存在差异的原因。研究结论显示，中国与印度的反倾销模式具有显著差异性，具体表现为：(1) 中国的反倾销模式比印度更有规律性。各方面因素都较好地解释了中国反倾销发起的原因，其中经济增长、反倾销“俱乐部”效应以及自由贸易协定的参与均显著抑制了中国反倾销的使用。另外，与印度相比，中国在经济全球化进程中的融入程度更高，所以外国经济形势对中国反倾销的影响更为显著。(2) 中国和印度的报复模式和传播模式有所不同。印度会受到外国反倾销的威慑作用影响，其报复模式与发达国家更为相似。同时，中国和印度均对发展中国家的报复动机更为明显，反映了“南南”摩擦加重的趋势。(3) 中国对反倾销的使用具有很强的行业层面和国家层面的异质性，其中策略性反倾销因素在一些特定行业更加敏感。同时，由于中国的进口来源国主要是发达国家，因此来自发达国家的进口竞争压力更大，所以中国反倾销主

要针对发达国家,而印度对不同行业和不同国家的反倾销差异性不大。

其次,本书从企业产品范围和产品结构出发,研究了反倾销对出口企业产品调整的影响,包括企业在特定市场和全球市场的影响效应。研究结论包括:(1) 企业在反倾销影响下会收缩其产品范围,同时企业在全球市场的产品收缩比在特定市场中表现得更为明显。反倾销促使企业销售额在特定市场的表现偏向其核心产品,但产品间总体差异减小,而对企业在全球市场的产品结构没有显著影响。(2) 反倾销对企业产品范围的负向影响主要是因为其核心产品遭遇反倾销调查,此时企业被迫放弃非核心产品;而当遭遇反倾销的是非核心产品时,企业产品范围受到的影响较小。同时,当企业在特定市场中的非核心产品面临反倾销时,其产品结构调整才会偏向核心产品;但在全球市场中,即使是其核心产品面临反倾销,企业产品结构调整仍然偏向核心产品。(3) 反倾销加快了企业在特定市场和全球市场的核心产品转换,但与此同时也使得企业核心产品的表现更差。在全球市场中,反倾销的负向效应主要来自遭受反倾销的核心产品,稳定的核心产品有利于企业对核心产品的改进;而在特定市场中,无论遭受反倾销的是否为企业的核心产品,反倾销都会对企业的核心产品转换产生不利影响。

再次,本书通过对出口产品单位价值进行分解,研究了反倾销对企业出口产品质量和质量离散度的影响。分析结果发现:(1) 反倾销影响下,出口企业的平均产品质量会上升,同时产品质量离散度也会上升。(2) 关于行业异质性,对生产差异化产品和研发集中度高的行业而言,反倾销对产品质量离散度具有显著正向影响,对质量差异范围更小的同质化产品和研发集中度低的行业并没有显著影响。(3) 对于企业间的异质性表现,理论分析发现,面对反倾销带来的贸易成本上升,综合能力或竞争力差的企业退出市场,从而提高了平均的出口企业竞争力。实证检验表明,反倾销促使原本竞争力差的企业退出市场,且对其质量提升和价格优势产生负向影响,因而使得在位企业优化内部资源配置,提升产品质量。(4) 对于企业内部的异质性表现,反倾销导致企业进行内部资源再分配,使得资源主要流向企业原本具有优势的市场和更接近其核心竞争力的产品,从而促进其质量升级。

然后,本书以一国的反倾销作为衡量第三国贸易政策不确定性的指标,研究了贸易政策不确定性对出口企业市场进入退出的影响。研究结论显示:(1) 贸易政策不确定性会显著减少出口反倾销目标产品企业的新市场进入,同时该效应具有显著的国家层面的异质性,贸易政策不确定性对市场进入的负向影响在经常使用反倾销的国家更加显著。(2) 贸易政策不确定性不仅阻碍反倾销目标产品的市场进入,也对密切相关产品的新市场进入具有显著的负向效应,并且该影响对反倾销经常使用国而言更加明显,企业核心产品的市场进入概率会更高。(3) 贸易政策不确定性提高会促使出口目标产品的企业退出市场,并且该效应会受到企业异质性的影响,市场份额较小(生产率较低)的企业越倾向于退出市场,而市场份额较大(生产率较高)的企业的退出概率甚至会下降。(4) 密切相关产品的市场退出概率也会因贸易政策不确定性的提高而下降,同时该效应主要是由市场份额较大的企业造成。(5) 贸易政策信息还存在区域内的溢出效应,在反倾销信息强度高的集聚区域内,即使是没有直接面临反倾销的非目标企业,其新市场的进入概率也会因贸易政策不确定性而大大下降。

最后,本书以反倾销在多产品企业内部产品间的溢出效应为切入点,实证考察了反倾销对多产品企业各产品出口生存风险的影响及其作用机制。研究结果表明:(1) 反倾销加剧了多产品企业内非倾销产品在特定市场的生存风险,反倾销对出口产品生存风险的影响存在企业内产品间的负向溢出效应,这为多产品企业内部存在反倾销的“寒蝉效应”提供了新的微观证据。(2) 反倾销在企业内产品间的溢出效应因企业类型、贸易方式、产品地位的差异而有所不同,贸易摩擦中的制造型企业比贸易型企业面临更高的生存风险,加工贸易比一般贸易在贸易摩擦中面临的生存风险更低,核心产品比非核心产品更能抵御贸易摩擦带来的负向冲击。(3) 反倾销通过影响企业层面扩展边际与集约边际的产品策略调整,间接影响了多产品企业内部非倾销产品的生存风险,并且扩展边际的中介效应远大于集约边际。

第二节　对我国应对反倾销的政策启示

基于以上研究结论并结合本书的理论和实证分析,为了构建政府、行业协会、企业“三位一体”的反倾销应对体系,我们提出以下政策启示和建议:

第一，建立行业与企业互动的反倾销预警机制。研究发现，反倾销的模式和动因具有规律性，即使印度这种反倾销使用存在主观任意性的国家，其发起反倾销也遵循一定的规律，特别是会受到宏观经济形势的影响。另外，反倾销具有明显的行业特征和使用传统，而且以中印为代表的的新兴经济体还具有很强的反倾销策略性动机。因此，对反倾销模式和成因的把握，有利于分析未来中国遭遇反倾销的可能性，从而进一步为我国企业应对反倾销提供参考依据。本书对贸易政策信息溢出效应的分析也进一步强调了信息传递和共享的重要意义。因此，我国如需以企业和行业为主体建立完善的反倾销预警机制，主要可从以下方面入手：首先，企业可以加强自身的信息管理，根据反倾销调查的成因构建相应指标，通过分析掌握进口国的宏观经济形势和产业发展动向等信息，建立应急预警机制。其次，由于反倾销在特定行业中的分布相对集中，所以在特定行业遭受反倾销时行业协会的作用尤为重要，特别是行业协会对于本行业信息的把握，要求其在预警机制的建设中发挥应有的效果。行业协会可以为企业提供行业有关的专业信息服务，并与重点企业内部预警机制相结合，对中国出口的相关产品数量和价格进行跟踪检测，并掌握出口目的地市场的进口量和价格走势，对国际贸易动态信息进行有效分析，做好信息的收集、分析与上报，定期发布预警信息。

第二，推进我国企业的出口多元化战略。研究发现，遭受反倾销时，企业不得不收缩其产品范围，而且企业在全球市场的产品收缩甚至比在特定市场中还要严重。当企业核心产品遭遇反倾销时，企业可以通过放弃其非核心产品进行应对；而如果非核心产品遭遇反倾销，则反倾销对企业的产品范围影响不大。另外，在特定市场中，无论遭遇反倾销的产品是否为企业核心产品，反倾销都会对企业的核心产品转换产生非常不利的影响，而稳定的核心产品有利于企业对其核心产品的改进。因此，多元化的产品和市场组合策略对企业合理应对反倾销、降低反倾销对企业的负面影响具有非常重要的作用。通过开拓新产品和新市场，实行出口产品与出口市场的多元化战略组合，还可以避免企业对特定产品和特定市场的过分依赖，有利于企业降低遭遇反倾销的风险。为此，政府可以为企业提供相关的融资、信息共享与风险分散服务，实行鼓励企业出口多元化的政策。在开拓新产品和新市场的同时，企业应注重发展自身的优势产品和优势市场，通过企业产品结构的优化来实施出口市场多元化战略。

第三,推动企业生产率改进和出口产品质量升级。研究发现,在反倾销冲击下,不同行业和不同市场中的企业表现存在差异性。对于不同企业而言,缺乏质量优势或价格优势的企业因为出口成本提高不得不退出市场,而质量优势或价格优势更明显的企业不仅可以继续出口,实现企业间的资源再分配,使得行业平均竞争力提高,而且在优势企业内部,反倾销引致的资源再分配主要偏向于其原本具有竞争力的市场和产品,这会进一步提升这些市场和产品的质量和价格优势,使得企业平均竞争力提高。因此,改进企业生产率、加强产品价格优势、推动企业创新以及提升产品质量优势等措施,都有利于企业抵御贸易政策冲击,抵消反倾销带来的负面影响。产品的核心竞争力才是保证产品生存和持续出口的根本,对于企业生产率的改进,主要是以优势产品和优势市场为核心,在企业内部进一步优化资源配置,提高生产率水平。为了发展企业的优势产品和市场,需从根本上加强企业的自主创新能力。为此,政府应通过补贴等政策形式,鼓励企业创新,实现出口产品质量升级,引导出口企业实施战略转型,使得企业从低价格优势逐步转移到高附加值优势,改变出口企业的国际贸易竞争模式,提升应对临时性政策冲击的能力。同时,由于不同行业的自主创新能力和产品质量升级空间存在差异,因此政府在实施政策时应当关注行业异质性的影响,在不同行业间有所侧重。

第四,建立有效的贸易政策效应评估体系。研究发现,反倾销不仅对企业的产品范围、产品结构以及产品质量和价格产生直接影响,还会通过贸易政策不确定性和溢出效应间接影响企业的市场进入退出。贸易政策不确定性会使得出口企业减少新市场进入,并增加市场退出和产品生存风险,而且贸易政策不确定性的负面效应不仅会影响反倾销目标产品,还会对企业内的其他密切相关产品以及集聚区域内的其他竞争企业产生负面影响。由反倾销对宏观层面贸易流量的影响效应以及对微观层面企业生产率、定价、出口的扩展边际和集约边际的影响可以看出,反倾销从不同层次和不同方面对我国经济和贸易有着显著影响。因此,有必要通过多角度的深入研究来构建相应指标,建立有效的贸易政策效应评估体系,以方便企业清晰地掌握反倾销可能带来的影响,并对反倾销事件做出迅速且合适的应对。同时,多角度、多层次的效益损害评估分析还可以为国家制定相关产业政策和贸易政策提供重要参考。

参考文献

Aggarwal A. Macro economic determinants of antidumping: a comparative analysis of developed and developing countries[J]. World development, 2004, 32(6): 1043-1057.

Aghion P, Blundell R, Griffith R, Howitt P. The effects of entry on incumbent innovation and productivity[J]. Review of economics and statistics, 2009, 91(1): 20-32.

Ahn D, Shin W. Analysis of anti-dumping use in free trade agreements[J]. Journal of world trade, 2011, 45(2): 431-456.

Ahn J B, Khandelwal A K, Wei S J. The role of intermediaries in facilitating trade[J]. Journal of international economics, 2011, 84(1): 73-85.

Albornoz F, Pardo H F C, Corcos G, Ornelas E. Sequential exporting[J]. Journal of international economics, 2012, 88(1): 17-31.

Amador M, Bagwell K. The theory of optimal delegation with an application to tariff caps[J]. Econometrica, 2013, 81(4): 1541-1599.

Amiti M, Freund C. The anatomy of China's export growth[M]. The World Bank, 2008.

Amiti M, Itskhoki O, Konings J. Importers, exporters, and exchange rate disconnect[J]. American economic review, 2014, 104(7): 1942-1978.

Amiti M, Khandelwal A K. Import competition and quality upgrading[J]. Review of economics and statistics, 2013, 95(2): 476-490.

Anderson J E, Van Wincoop E. Trade costs[J]. Journal of economic literature,

2004, 42(3): 691 - 751.

Antràs P. Firms, contracts, and trade structure [J]. The quarterly journal of economics, 2003, 118(4): 1375 - 1418.

Antoniades A. Heterogeneous firms, quality, and trade[J]. Journal of international economics, 2015, 95(2): 263 - 273.

Arnold J M, Hussinger K. Export behavior and firm productivity in German manufacturing: a firm-level analysis[J]. Weltwirtschaftliches Archiv, 2005, 141 (2): 219 - 243.

Autor D H, Dorn D, Hanson G H. The China syndrome: local labor market effects of import competition in the United States [J]. American economic review, 2013, 103(6): 21 - 68.

Autor D H, Dorn D, Hanson G H. When work disappears: manufacturing decline and the falling marriage market value of young men [J]. American economic review: insights, 2019, 1(2): 161 - 178.

Bagwell K, Staiger R W. A theory of managed trade[J]. American economic review, 1990, 80(4): 779 - 795.

Bagwell K, Staiger R W. An economic theory of GATT [J]. American economic review, 1999, 89(1): 215 - 248.

Bagwell K, Staiger R W. Protection and the business cycle[J]. The BE journal of economic analysis & policy, 2003, 3(1): 1 - 43.

Baldwin R. Heterogeneous firms and trade: testable and untestable properties of the Melitz model[J]. NBER working paper, 2010, No. 11471.

Baldwin J R, Gu W. Export-market participation and productivity performance in Canadian manufacturing [J]. Canadian journal of economics/Revue canadienne d'économique, 2003, 36(3): 634 - 657.

Baldwin J, Gu W. The impact of trade on plant scale, production-run length and diversification [M]//Producer Dynamics: New Evidence from Micro Data.

Chicago: University of Chicago Press, 2009, 557 - 592.

Baldwin R, Harrigan J. Zeros, quality, and space: trade theory and trade evidence [J]. American economic journal: microeconomics, 2011, 3(2): 60 - 88.

Baldwin R E, Okubo T. Heterogeneous firms, agglomeration and economic geography: spatial selection and sorting[J]. Journal of economic geography, 2005, 6(3): 323 - 346.

Bao X, Qiu L D. Is China's antidumping more retaliatory than that of the US? [J]. Review of international economics, 2011, 19(2): 374 - 389.

Bas M. Input-trade liberalization and firm export decisions: evidence from Argentina [J]. Journal of development economics, 2012, 97(2): 481 - 493.

Bas M, Strauss-Kahn V. Does importing more inputs raise exports? Firm-level evidence from France[J]. Weltwirtschaftliches Archiv, 2014, 150(2): 241 - 275.

Bas M, Strauss-Kahn V. Input-trade liberalization, export prices and quality upgrading[J]. Journal of international economics, 2015, 95(2): 250 - 262.

Belderbos R, Sleuwaegen L. Tariff jumping DFI and export substitution: Japanese electronics firms in Europe[J]. International journal of industrial organization, 1998, 16(5): 601 - 638.

Belderbos R, Vandenbussche H, Veugelers R. Antidumping duties, undertakings, and foreign direct investment in the EU[J]. European economic review, 2004, 48(2): 429 - 453.

Bernard A B, Jensen J B. Exceptional exporter performance: cause, effect, or both? [J]. Journal of international economics, 1999, 47(1): 1 - 25.

Bernard A B, Jensen J B. Why some firms export[J]. Review of economics and statistics, 2004a, 86(2): 561 - 569.

Bernard A B, Jensen J B. Exporting and productivity in the USA[J]. Oxford review of economic policy, 2004b, 20(3): 343 - 357.

Bernard A B, Jensen J B, Redding S J, Schott P K. Firms in international trade[J]. Journal of economic perspectives, 2007, 21(3): 105 - 130.

Bernard A B, Jensen J B, Redding S J, Schott P K. Wholesalers and retailers in US trade[J]. American economic review, 2010, 100(2): 408 - 413.

Bernard A B, Jensen J B, Redding S J, Schott P K. The empirics of firm heterogeneity and international trade[J]. Annual review of economics, 2012, 4(1): 283 - 313.

Bernard A B, Jensen J B, Schott P K. Trade costs, firms and productivity[J]. Journal of monetary economics, 2006, 53(5): 917 - 937.

Bernard A B, Redding S J, Schott P K. Comparative advantage and heterogeneous firms[J]. Review of economic studies, 2007, 74(1): 31 - 66.

Bernard A B, Redding S J, Schott P K. Multiple-product firms and product switching [J]. American economic review, 2010, 100(1): 70 - 97.

Bernard A B, Redding S J, Schott P K. Multiproduct firms and trade liberalization [J]. The quarterly journal of economics, 2011, 126(3): 1271 - 1318.

Bernard A B, Wagner J. Export entry and exit by German firms [J]. Weltwirtschaftliches Archiv, 2001, 137(1): 105 - 123.

Berthou A, Fontagné L. How do multiproduct exporters react to a change in trade costs? [J]. Scandinavian journal of economics, 2013, 115(2): 326 - 353.

Besedeš T, Prusa T J. Product differentiation and duration of US import trade[J]. Journal of international economics, 2006a, 70(2): 339 - 358.

Besedeš T, Prusa T J. Ins, outs, and the duration of trade[J]. Canadian journal of economics/Revue canadienne d'économique, 2006b, 39(1): 266 - 95.

Besedeš T, Prusa T J. Antidumping and the death of trade[J]. NBER working paper, 2013, No. 19555.

Besedeš T, Prusa T J. The hazardous effects of antidumping[J]. Economic inquiry, 2017, 55(1): 9 - 30.

Beshkar M, Bond E W. The escape clause in trade agreements[M]// Handbook of commercial policy, North-Holland, 2016, 1: 69 - 106.

Beshkar M, Bond E W. Cap and escape in trade agreements[J]. American economic journal: microeconomics, 2017, 9(4): 171 - 202.

Bierwagen R M, Hailbronner K. Input, downstream, upstream, secondary and components of subassembly dumping[J]. Journal of world trade, 1988, 22(3): 27 - 59.

Blonigen B A. Evolving discretionary practices of US antidumping activity [J]. Canadian journal of economics/Revue canadienne d'économique, 2006, 39(3): 874 - 900.

Blonigen B A, Bown C P. Antidumping and retaliation threats [J]. Journal of international economics, 2003, 60(2): 249 - 273.

Blonigen B A, Haynes S E. Antidumping investigations and the pass-through of antidumping duties and exchange rates[J]. American economic review, 2002, 92 (4): 1044 - 1061.

Blonigen B A, Liebman B H, Wilson W W. Trade policy and market power: the case of the US steel industry[J]. NBER working paper, 2007, No. 13671.

Blonigen B A, Park J H. Dynamic pricing in the presence of antidumping policy: theory and evidence[J]. American economic review, 2004, 94(1): 134 - 154.

Blonigen B A, Prusa T J. Dumping and antidumping duties [M]//Handbook of commercial policy. North-Holland, 2016, 1: 107 - 159.

Bloom N. The impact of uncertainty shocks[J]. Econometrica, 2009, 77 (3), 623 - 685.

Bloom N, Draca M, Van Reenen J. Trade induced technical change? The impact of Chinese imports on innovation, IT and productivity [J]. Review of economic studies, 2016, 83(1): 87 - 117.

Bown C P. China's WTO entry: antidumping, safeguards, and dispute settlement

[M]//China's growing role in world trade. Chicago: University of Chicago Press, 2010, 281 - 337.

Bown C P. Taking stock of antidumping, safeguards and countervailing duties, 1990—2009[J]. The world economy, 2011, 34(12): 1955 - 1998.

Bown C P. Emerging economies and the emergence of South-South protectionism[J]. Journal of world trade, 2013, 47((1): 1 - 44.

Bown, C. P. & Crowley, M. A. Policy externalities: How US antidumping affects Japanese exports to the EU[J]. European journal of political economy, 2006, 22 (3): 696 - 714.

Bown C P, Crowley M A. Trade deflection and trade depression[J]. Journal of international economics, 2007, 72(1): 176 - 201.

Bown C P, Crowley M A. China's export growth and the China safeguard: threats to the world trading system? [J]. Canadian journal of economics/Revue canadienne d'économique, 2010, 43(4): 1353 - 1388.

Bown C P, Crowley M A. Self-enforcing trade agreements: evidence from time-varying trade policy[J]. American economic review, 2013a, 103(2): 1071 - 1090.

Bown C P, Crowley M A. Import protection, business cycles, and exchange rates: evidence from the great recession[J]. Journal of international economics, 2013b, 90(1): 50 - 64.

Bown C P, Crowley M A. The empirical landscape of trade policy[M]. The World Bank, 2016.

Bown C P, Tovar P. Trade liberalization, antidumping, and safeguards: evidence from India's tariff reform[J]. Journal of development economics, 2011, 96(1): 115 - 125.

Brambilla I, Porto G, Tarozzi A. Adjusting to trade policy: evidence from US antidumping duties on Vietnamese catfish [J]. Review of economics and statistics, 2012, 94(1): 304 - 319.

Brandt L, Van Biesebroeck J, Zhang Y. Creative accounting or creative destruction? Firm-level productivity growth in Chinese manufacturing [J]. Journal of development economics, 2012, 97(2): 339 - 351.

Broda C, Weinstein D E. Globalization and the gains from variety[J]. The quarterly journal of economics, 2006, 121(2): 541 - 585.

Bustos P. Trade liberalization, exports, and technology upgrading: Evidence on the impact of MERCOSUR on Argentinian firms[J]. American economic review, 2011, 101(1): 304 - 340.

Cameron A C, Gelbach J B, Miller D L. Robust inference with multiway clustering [J]. Journal of business & economic statistics, 2011, 29(2): 238 - 249.

Cameron A C, Trivedi P K. Regression-based tests for overdispersion in the Poisson model[J]. Journal of econometrics, 1990, 46(3): 347 - 364.

Carter C A, Gunning-Trant C. US trade remedy law and agriculture: trade diversion and investigation effects[J]. Canadian journal of economics/Revue canadienne d'économique, 2010, 43(1): 97 - 126

Caselli M, Chatterjee A, Woodland A. Multi-product exporters, variable markups and exchange rate fluctuations [J]. Canadian journal of economics/Revue canadienne d'économique, 2017, 50(4): 1130 - 1160.

Chandra P. Impact of temporary trade barriers: evidence from China[J]. China economic review, 2016, 38: 24 - 48.

Chandra P, Long C. Anti-dumping duties and their impact on exporters: firm level evidence from China[J]. World development, 2013, 51: 169 - 186.

Chaney T. Distorted gravity: The intensive and extensive margins of international trade[J]. American economic review, 2008, 98(4): 1707 - 1721.

Chaney T. The network structure of international trade[J]. American economic review, 2014, 104 (11): 3600 - 3634.

Chatterjee A, Dix-Carneiro R, Vichyanond J. Multi-product firms and exchange rate fluctuations[J]. American economic journal: economic policy, 2013, 5(2): 77 - 110.

Chevassus-Lozza E, Gaigné C, Le Mener L. Does input trade liberalization boost downstream firms' exports? Theory and firm-level evidence[J]. Journal of international economics, 2013, 90(2): 391 - 402.

Clerides S K, Lach S, Tybout J R. Is learning by exporting important? Micro-dynamic evidence from Colombia, Mexico, and Morocco[J]. The quarterly journal of economics, 1998, 113(3): 903 - 947.

Conconi P, Sapir A, Zanardi M. The internationalization process of firms: From exports to FDI[J]. Journal of international economics, 2016, 99: 16 - 30.

Correia, S. REGHDFE: Stata module to perform linear or instrumental variable regression absorbing any number of high-dimensional fixed effects[J]. Stata software components, 2014, S457874.

Corsetti G, Crowley M, Han L, Song H. Markets and markups: a new empirical framework and evidence on exporters from China[J]. CEPR discussion paper, 2019, No. 13904.

Crowley M, Meng N, Song H. Tariff scares: trade policy uncertainty and foreign market entry by Chinese firms[J]. Journal of international economics, 2018, 114: 96 - 115.

Crowley M, Meng N, Song H. Policy shocks and stock market returns: evidence from Chinese sdar panels[J]. Journal of the Japanese and international economies, 2019, 51: 148 - 169.

Crowley M Yu M. Market-specific cost shocks and firm export behavior[J]. Working Paper. University of Cambridge, 2013.

Defever F, Ornelas E. Trade liberalization and third-market effects[J]. Working Paper, CEP London School of Economics & Sao Paulo School of Economics,

2014.

Defever F, Heid B, Larch M. Spatial exporters [J]. Journal of international economics, 2015, 95(1): 145 - 156.

Dhingra S. Trading away wide brands for cheap brands [J]. American economic review, 2013, 103(6): 2554 - 2584.

Dixit A K, Stiglitz J E. Monopolistic competition and optimum product diversity[J]. American economic review, 1977, 67(3): 297 - 308.

Dunne T, Roberts M J, Samuelson L. The growth and failure of US manufacturing plants[J]. The quarterly journal of economics, 1989, 104(4): 671 - 698.

Durling J P, Prusa T J. The trade effects associated with an antidumping epidemic: the hot-rolled steel market, 1996—2001 [J]. European journal of political economy, 2006, 22(3): 675 - 695.

Eaton J, Kortum S, Kramarz F. Dissecting trade: Firms, industries, and export destinations[J]. American economic review, 2004, 94(2): 150 - 154.

Eaton J, Kortum S, Kramarz F. An anatomy of international trade: evidence from French firms[J]. Econometrica, 2011, 79(5): 1453 - 1498.

Eckel C, Neary J P. Multi-product firms and flexible manufacturing in the global economy[J]. Review of economic studies, 2010, 77(1): 188 - 217.

Egger P, Nelson D. How bad is antidumping? Evidence from panel data[J]. Review of economics and statistics, 2011, 93(4): 1374 - 1390.

Ethier W J, Fischer R D. The new protectionism [J]. Journal of international economic integration, 1987, 2(2): 1 - 11.

Fajgelbaumy P, Grossman G M, Helpman E. Income distribution, product quality, and international trade[J]. Journal of political economy, 2011, 119(4): 721 - 765.

Falvey R, Greenaway D, Yu Z, Gullstrand J. Exports, restructuring and industry productivity growth[J]. GEP research paper, 2004, No. 2004/40.

Fan H, Li Y A, Yeaple S R. Trade liberalization, quality, and export prices[J]. Review of economics and statistics, 2015, 97(5): 1033-1051.

Fan H, Li Y A, Yeaple S R. On the relationship between quality and productivity: evidence from China's accession to the WTO [J]. Journal of international economics, 2018, 110: 28-49.

Feenstra R C. New product varieties and the measurement of international prices[J]. American economic review, 1994, 84(1): 157-177.

Feenstra R C, Ma H. Optimal choice of product scope for multiproduct firms under monopolistic competition[J]. NBER working paper, 2007, No. 13703.

Feenstra R C, Romalis J. International prices and endogenous quality [J]. The quarterly journal of economics, 2014, 129(2): 477-527.

Feinberg R M. US antidumping enforcement and macroeconomic indicators revisited: do petitioners learn? [J]. Weltwirtschaftliches Archiv, 2005, 141(4): 612-622.

Feinberg R M, Reynolds K M. The spread of antidumping regimes and the role of retaliation in filings[J]. Southern economic journal, 2006, 72(4): 877-890.

Feng L, Li Z, Swenson D L. Trade policy uncertainty and exports: evidence from China's WTO accession[J]. Journal of international economics, 2017, 106: 20-36.

Fernandes A P, Tang H. Learning to export from neighbors [J]. Journal of international economics, 2014, 94(1): 67-84

Finger J M, Nogués J J. Safeguards and antidumping in Latin American trade liberalization: fighting fire with fire[M]. The World Bank, 2006.

Francois J F, Niels G. Political influence in a new antidumping regime: evidence from Mexico[J]. CEPR discussion paper, 2004, No. 4297.

Ganguli B. The trade effects of Indian antidumping actions [J]. Review of international economics, 2008, 16(5): 930-941.

Gawande K, Hoekman B, Cui Y. Determinants of trade policy responses to the 2008 financial crisis[J]. World Bank policy research working Paper, 2011, No. 5862.

Gao X, Miyagiwa K. Antidumping protection and R&D competition[J]. Canadian journal of economics/Revue canadienne d'économique, 2005, 38(1): 211 - 227.

Goldberg P K, Khandelwal A K, Pavcnik N, Topalova P. Multiproduct firms and product turnover in the developing world: evidence from India[J]. Review of economics and statistics, 2010, 92(4): 1042 - 1049.

Greenaway D, Kneller R. Exporting, productivity and agglomeration[J]. European economic review, 2008, 52(5): 919 - 939.

Haaland J I, Wooton I. Antidumping jumping: reciprocal antidumping and industrial location[J]. Weltwirtschaftliches Archiv, 1998, 134(2): 340 - 362.

Hallak J C. Product quality and the direction of trade[J]. Journal of international economics, 2006, 68(1): 238 - 265.

Hallak J C, Schott P K. Estimating cross-country differences in product quality[J]. The quarterly journal of economics, 2011, 126(1): 417 - 474.

Hallak J C, Sivadasan J. Firms'exporting behavior under quality constraints[J]. NBER working paper, 2009, No. 14928.

Handley K. Exporting under trade policy uncertainty: theory and evidence[J]. Journal of international economics, 2014, 94(1): 50 - 66.

Handley K, Limão N. Trade and investment under policy uncertainty: theory and firm evidence[J]. American economic journal: economic policy, 2015, 7(4): 189 - 222.

Handley K, Limão N. Policy uncertainty, trade, and welfare: theory and evidence for China and the United States[J]. American economic review, 2017, 107(9): 2731 - 83.

Hartigan J C, Kamma S, Perry P R. The injury determination category and the value of relief from dumping[J]. Review of economics and statistics, 1989, 71(1):

183 - 186.

Head K, Ries J. Increasing returns versus national product differentiation as an explanation for the pattern of US-Canada trade[J]. American economic review, 2001, 91(4): 858 - 876.

Head K, Ries J. Heterogeneity and the FDI versus export decision of Japanese manufacturers[J]. Journal of the Japanese and international economies, 2003, 17(4): 448 - 467.

Helpman E, Melitz M J, Yeaple S R. Export versus FDI with heterogeneous firms [J]. American economic review, 2004, 94(1): 300 - 316.

Henn C, Papageorgiou C, Spatafora M N. Export quality in developing countries[J]. International Monetary Fund working paper, 2013, No. 13 - 108.

Hoekman B M, Leidy M P. Cascading contingent protection[J]. European economic review, 1992, 36(4): 883 - 892.

Horn H, Maggi G, Staiger R W. Trade agreements as endogenously incomplete contracts[J]. American economic review, 2010, 100(1): 394 - 419.

Hottman C J, Redding S J, Weinstein D E. Quantifying the sources of firm heterogeneity[J]. The quarterly journal of economics, 2016, 131(3): 1291 - 1364.

Hummels D, Klenow P J. The variety and quality of a nation's exports[J]. American economic review, 2005, 95(3): 704 - 723.

Hummels D, Skiba A. Shipping the good apples out? An empirical confirmation of the Alchian-Allen conjecture[J]. Journal of political economy, 2004, 112(6): 1384 - 1402.

Iacovone L, Javorcik B S. Multi-product exporters: Product churning, uncertainty and export discoveries[J]. The economic journal, 2010, 120(544): 481 - 499.

International Study Group on Exports and Productivity (ISGEP). Understanding cross-country differences in exporter premia: comparable evidence for 14 countries[J]. Review of world economies, 2008, 144(4): 596 - 635.

Irwin D A. The rise of US anti-dumping activity in historical perspective[J]. The world economy, 2005, 28(5): 651 - 668.

Jabbour L, Tao Z, Vanino E, Zhang Y. The good, the bad and the ugly: Chinese imports, European Union anti-dumping measures and firm performance[J]. Journal of international economics, 2019, 117: 1 - 20.

Keller W, Utar H. International trade and job polarization: evidence at the worker-level[J]. NBER working paper, 2016, No. 22315.

Khandelwal A. The long and short (of) quality ladders[J]. Review of economic studies, 2010, 77(4): 1450 - 1476.

Khandelwal A, Schott P, Wei S. Trade liberalization and embedded institutional reform: evidence from Chinese exporters[J]. American economic review, 2013, 103(6): 2169 - 2195.

Khatibi A. The trade effects of European antidumping policy[J]. ECIPE working paper, 2009, No. 07.

Kneller R, Yu Z. Quality selection, sectoral heterogeneity and Chinese exports[J]. Review of international economics, 2016, 24(4): 857 - 874.

Knetter M M, Prusa T J. Macroeconomic factors and antidumping filings: evidence from four countries[J]. Journal of international economics, 2003, 61(1): 1 - 17.

Konings J, Vandenbussche H. Antidumping protection and markups of domestic firms[J]. Journal of international economics, 2005, 65(1): 151 - 165.

Konings J, Vandenbussche H. Heterogeneous responses of firms to trade protection [J]. Journal of International economics, 2008, 76(2): 371 - 383.

Konings J, Vandenbussche H. Antidumping protection hurts exporters: firm-level evidence[J]. Weltwirtschaftliches Archiv, 2013, 149(2): 295 - 320.

Konings J, Vandenbussche H, Springael L. Import diversion under European antidumping policy[J]. Journal of industry, competition and trade, 2001, 1(3): 283 - 299.

Koopman R, Wang Z, Wei S J. Estimating domestic content in exports when processing trade is pervasive[J]. Journal of development economics, 2012, 99 (1): 178 - 189.

Kroszner R S, Laeven L, Klingebiel D. Banking crises, financial dependence, and growth[J]. Journal of financial economics, 2007, 84(1): 187 - 228.

Krugman P. Scale economies, product differentiation, and the pattern of trade[J]. American economic review, 1980, 70(5): 950 - 959.

Krupp C M, Skeath S. Evidence on the upstream and downstream impacts of antidumping cases[J]. North American journal of economics and finance, 2002, 13(2): 163 - 178.

Kugler M, Verhoogen E. Prices, plant size, and product quality[J]. Review of economic studies, 2012, 79(1): 307 - 339.

Lall S. The technological structure and performance of developing country manufactured exports, 1985—98[J]. Oxford development studies, 2000, 28 (3): 337 - 369.

Leidy M P. Macroeconomic conditions and pressures for protection under antidumping and countervailing duty laws: empirical evidence from the United States[J]. International Monetary Fund staff papers, 1997, 44(1): 132 - 144.

Li C, Whalley J. Chinese firm and industry reactions to antidumping initiations and measures[J]. Applied economics, 2015, 47(26): 2683 - 2698.

Lileeva A, Trefler D. Improved access to foreign markets raises plant-level productivity... for some plants[J]. The quarterly journal of economics, 2010, 125(3): 1051 - 1099.

Limão N, Maggi G. Uncertainty and trade agreements[J]. American economic Journal: Microeconomics, 2015, 7(4): 1 - 42.

Lopresti J. Multiproduct firms and product scope adjustment in trade[J]. Journal of international economics, 2016, 100: 160 - 173.

Lu Y, Tao Z, Zhang Y. How do exporters respond to antidumping investigations? [J]. Journal of international economics, 2013, 91(2): 290 - 300.

Lu Y, Tao Z, Zhang Y. How do exporters adjust export product scope and product mix to react to antidumping? [J]. China economic review, 2018, 51: 20 - 41.

Maggi G. International trade agreements [M]//Handbook of International Economics. Amsterdam: Elsevier, 2014.

Maggi G, Rodriguez-Clare A. The value of trade agreements in the presence of political pressures[J]. Journal of political economics, 1998, 106 (3), 574 - 601.

Maggi G, Rodriguez-Clare A. A political economy theory of trade agreements[J]. American economic review, 2007, 97 (4), 1374 - 1406.

Maggi G, Staiger R. The role of dispute settlement procedures in international trade agreements[J]. The quarterly journal of economics, 2011, 126 (1), 475 - 515.

Mah J S, Kim Y D. Antidumping duties and macroeconomic variables: the case of Korea[J]. Journal of policy modeling, 2006, 28(2): 157 - 162.

Malhotra N, Rus H A. The effectiveness of the Canadian antidumping regime[J]. Canadian public policy, 2009, 35(2): 187 - 202.

Malhotra N, Rus H A, Kassam S. Antidumping duties in the agriculture sector: trade restricting or trade deflecting? [J]. Global economy journal, 2008, 8(2): 1 - 19.

Mallick S, Marques H. Pricing to market with trade liberalization: the role of market heterogeneity and product differentiation in India's exports [J]. Journal of international money and finance, 2012, 31(2): 310 - 336.

Mallick S, Marques H. Does quality differentiation matter in exporters' pricing behaviour? Comparing China and India[J]. China economic review, 2016, 40: 71 - 90.

Manova K, Zhang Z. Export prices across firms and destinations[J]. The quarterly journal of economics, 2012, 127(1): 379 - 436.

Manova K, Yu Z. Multi-product firms and product quality [J]. Journal of international economics, 2017, 109: 116 - 137.

Marsh S J. Creating barriers for foreign competitors: a study of the impact of anti-dumping actions on the performance of US firms [J]. Strategic management journal, 1998, 19(1): 25 - 37.

Mayer T, Melitz M J, Ottaviano G I. Market size, competition, and the product mix of exporters[J]. American economic review, 2014, 104(2): 495 - 536.

Melitz M J. The impact of trade on intra-industry reallocations and aggregate industry productivity[J]. Econometrica, 2003, 71(6): 1695 - 1725.

Melitz M J, Ottaviano G I. Market size, trade, and productivity[J]. Review of economic studies, 2008, 75(1): 295 - 316.

Melitz M J, Redding S J. Heterogeneous firms and trade [M]//Handbook of International Economics. Amsterdam: Elsevier, 2014, 4: 1 - 54.

Meng N, Milner C, Song H. Differences in the determinants and targeting of antidumping: China and India compared[J]. Applied economics, 2016, 48(43): 4083 - 4097.

Meng N, Milner C, Song H. Antidumping and heterogeneous quality adjustment of multi-product firms: evidence from Chinese exporters[J]. Economic modelling, 2020, 92: 147 - 161.

Miyagiwa K, Ohno Y. Closing the technology gap under protection[J]. American economic review, 1995, 85(4): 755 - 770.

Miyagiwa K, Song H, Vandenbussche H. Accounting for stylised facts about recent anti-dumping: retaliation and innovation[J]. The world economy, 2016, 39(2): 221 - 235.

Moore M O, Zanardi M. Does antidumping use contribute to trade liberalization in developing countries? [J]. Canadian journal of economics/Revue canadienne d'économique, 2009, 42(2): 469 - 495.

Moore M O, Zanardi M. Trade liberalization and antidumping: is there a substitution effect? [J]. Review of development economics, 2011, 15(4): 601 - 619.

Nieberding J F. The effect of US antidumping law on firms' market power: an empirical test[J]. Review of industrial organization, 1999, 14(1): 65 - 84.

Niels G, Francois J. Business cycles, the exchange rate, and demand for antidumping protection in Mexico[J]. Review of development economics, 2006, 10(3): 388 - 399.

Nocke V, Schutz N. Multiproduct-firm oligopoly: an aggregative games approach [J]. Econometrica, 2018, 86(2): 523 - 557.

Nocke V, Yeaple S. Globalization and multiproduct firms[J]. International economic review, 2014, 55(4): 993 - 1018.

Okubo T. Firm heterogeneity and location choice[J]. RITEI discussion paper, 2010, No. DP2010 - 11.

Olley G S, Pakes A. The dynamics of productivity in the telecommunications equipment industry[J]. Econometrica, 1996, 64(6): 1263 - 1297.

Pierce J R. Plant-level responses to antidumping duties: evidence from US manufacturers[J]. Journal of international economics, 2011, 85(2): 222 - 233.

Pierce J R. Antidumping duties and plant-level restructuring[J]. Review of industrial organization, 2013, 42(4): 435 - 447.

Pierce J R, Schott P K. The surprisingly swift decline of US manufacturing employment[J]. American economic review, 2016, 106(7): 1632 - 62.

Prusa T J. Pricing behavior in the presence of antidumping law[J]. Journal of economic integration, 1994, 9(2): 260 - 289.

Prusa T J. The trade effects of US antidumping actions[J]. NBER working paper, 1996, No. 5440.

Prusa T J. On the spread and impact of anti-dumping[J]. Canadian journal of economics/Revue canadienne d'économique, 2001, 34(3): 591 - 611.

Prusa T J, Skeath S. The economic and strategic motives for antidumping filings[J]. Weltwirtschaftliches Archiv, 2002, 138(3): 389 - 413.

Prusa T J, Skeath S. Modern commercial policy: Managed trade or retaliation? [M]//Handbook of International Trade. Amsterdam: Elsevier, 2005, 358 - 382.

Prusa T J, Teh R. Protection reduction and diversion: PTAs and the incidence of antidumping disputes[J]. NBER working paper, 2010, No. 16276.

Qiu L D, Yu M. Multiproduct firms, export product scope, and trade liberalization: the role of managerial efficiency[J]. HKIMP working paper, 2014, No. 02.

Ranjan P, Raychaudhuri J. Self-selection vs learning: evidence from Indian exporting firms[J]. Indian growth and development review, 2011, 4(1): 22 - 37.

Rauch J E. Networks versus markets in international trade[J]. Journal of international economics, 1999, 48(1): 7 - 35.

Redding S J. Theories of heterogeneous firms and trade[J]. Annual reviews of economics, 2011, 3(1): 77 - 105.

Reitzes J D. Antidumping policy[J]. International economic review, 1993, 34(4): 745 - 763.

Rodrik D. What's so special about China's exports? [J]. China & world economy, 2006, 14(5): 1 - 19.

Rovegno L. The impact of export restrictions on targeted firms: evidence from antidumping against South Korea [J]. Working paper, Université Catholique de Louvain, IRES, 2011.

Rovegno L. Trade protection and market power: evidence from US antidumping and countervailing duties[J]. Weltwirtschaftliches Archiv, 2013, 149(3): 443 - 476.

Schmeiser K N. Learning to export: export growth and the destination decision of firms[J]. Journal of international economics, 2012, 87(1): 89 - 97.

Schott P K. Across-product versus within-product specialization in international trade [J]. The quarterly journal of economics, 2004,119(2): 647 - 678.

Staiger R W, Tabellini G. Discretionary trade policy and excessive protection[J]. American economic review, 1987, 77(5): 823 - 837.

Staiger R W, Wolak F A. Measuring industry specific protection: antidumping in the United States[J]. NBER working paper, 1994, No. 4696.

Staiger R W, Sykes A O. International trade, national treatment, and domestic regulation[J]. The journal of legal studies, 2011, 40(1): 149 - 203.

Tabakis C, Zanardi M. Antidumping echoing[J]. Economic inquiry, 2016, 55(2): 655 - 681.

Timoshenko O A. Product switching in a model of learning [J]. Journal of international economics, 2015, 95(2): 233 - 249.

Vandenbussche H, Viegelahn C. Input reallocation within firms [J]. CEPR discussion paper, 2016, No. 11395.

Vandenbussche H, Zanardi M. What explains the proliferation of antidumping laws? [J]. Economic policy, 2008, 23(53): 94 - 138.

Vandenbussche H, Zanardi M. The chilling trade effects of antidumping proliferation [J]. European economic review, 2010, 54(6): 760 - 777.

Verhoogen E A. Trade, quality upgrading, and wage inequality in the Mexican manufacturing sector[J]. The quarterly journal of economics, 2008, 123(2): 489 - 530.

Wagner J. Exports, foreign direct investment, and productivity: evidence from German firm level data[J]. Applied economics letters, 2006, 13(6): 347 - 349.

Wagner J. Exports and productivity: a survey of the evidence from firm-level data [J]. The world economy, 2007, 30(1): 60 - 82.

Wang Z, Wei S J. What accounts for the rising sophistication of China's exports? [M]//China's Growing Role in World Trade. Chicago: University of Chicago Press, 2010, 63 - 104.

Xu B. The sophistication of exports: is China special? [J]. China economic review, 2010, 21(3): 482 - 493.

Xu B, Lu J. Foreign direct investment, processing trade, and the sophistication of China's exports[J]. China economic review, 2009, 20(3): 425 - 439.

Yang Y, Mallick S. Export premium, self-selection and learning-by-exporting: evidence from Chinese matched firms[J]. The world economy, 2010, 33(10): 1218 - 1240.

Yeaple S R. A simple model of firm heterogeneity, international trade, and wages [J]. Journal of international economics, 2005, 65(1): 1 - 20.

Yeaple S R. Firm heterogeneity and the structure of US multinational activity[J]. Journal of international economics, 2009, 78(2): 206 - 215.

Yu M. Processing trade, tariff reductions and firm productivity: evidence from Chinese firms[J]. The economic journal, 2015, 125(585): 943 - 988.

Zanardi M. Antidumping: A problem in international trade[J]. European journal of political economy, 2006, 22(3): 591 - 617.

Zeng K. The political economy of developing country antidumping investigations against China[J]. International interactions, 2011, 37(2): 190 - 214.

包群,叶宁华,邵敏. 出口学习、异质性匹配与企业生产率的动态变化[J]. 世界经济, 2014(4):26 - 48.

鲍晓华. 中国实施反倾销措施的经济效应分析[J]. 经济纵横,2004(1):16 - 19.

鲍晓华. 反倾销措施的贸易救济效果评估[J]. 经济研究,2007(2):71 - 84.

鲍晓华. 中国是否遭遇了歧视性反倾销? ——兼与其他出口国的比较[J]. 管理世界, 2011(3):32 - 43.

鲍晓华. 全球反倾销缘何增长:对反倾销动因及其"南北"差异的研究[J]. 经济管理,

2012(10):21 - 32.

宾建成. 中国首次反倾销措施执行效果评估[J]. 世界经济,2003(9):38 - 43.

曾萍,吕迪伟. 生产率对民营企业出口的影响:基于制度环境与融资约束的调节作用[J]. 国际贸易问题,2014(12):114 - 124.

陈汉林. 美国对华反倾销的贸易转移效应分析及对策[J]. 国际贸易,2008(9):18 - 22.

陈清萍,鲍晓华. 中国对外反倾销的进口贸易流量效应研究——基于国内企业视角的新解释[J]. 当代财经,2016(8):88 - 97.

陈婷. 人民币汇率对多产品企业出口的影响[J]. 世界经济研究,2015(1):48 - 55.

陈勇兵,李燕,周世民. 中国企业出口持续时间及其决定因素[J]. 经济研究,2012,47(7):48 - 61.

陈勇兵,蒋灵多,邢露. 政治关联、融资约束与企业生存[J]. 产业经济评论,2017(02):87 - 108.

陈阵,隋岩. 贸易成本如何影响中国出口增长的二元边际——多产品企业视角的实证分析[J]. 世界经济研究,2013(10):43 - 48.

陈阵,孙若瀛. "反倾销、反补贴"对中国企业绩效的影响:由造纸业与橡胶业观察[J]. 改革,2013(7):96 - 103.

程惠芳,梁越. 贸易政策变动与异质性企业生产率——基于我国制造业企业数据的实证研究[J]. 国际贸易问题,2014(7):3 - 12.

戴觅,余淼杰. 企业出口前研发投入、出口及生产率进步——来自中国制造业企业的证据[J]. 经济学(季刊),2011(1):211 - 230.

戴觅,余淼杰,Maitra,M. 中国出口企业生产率之谜:加工贸易的作用[J]. 经济学(季刊),2014(2):675 - 698.

杜鹏,张瑶. 中国对外反倾销影响因素的实证研究[J]. 宏观经济研究,2011(3):32 - 38.

范剑勇,冯猛. 中国制造业出口企业生产率悖论之谜:基于出口密度差别上的检验[J]. 管理世界,2013(8):16 - 29.

冯宗宪,向洪金.欧美对华反倾销措施的贸易效应:理论与经验研究[J].世界经济,2010(3):31-55.

郭晶,周玲丽.贸易政策不确定性,关税变动与企业生存[J].国际贸易问题,2019,45(5):22-40.

何有良.贸易壁垒会加剧中国出口企业生存风险吗——以中国企业遭遇反倾销为例[J].国际贸易问题,2018(1):145-153.

胡翠,林发勤,唐宜红.基于"贸易引致学习"的出口获益研究[J].经济研究,2015(3):172-186.

胡麦秀,严明义.反倾销保护引致的市场转移效应分析——基于中国彩电出口的实证分析[J].国际贸易问题,2005(10):19-23.

黄小兵,黄静波.异质企业、贸易成本与出口——基于中国企业的研究[J].南开经济研究,2013(4):111-126.

黄新飞,李锐,黄文锋.贸易伙伴对第三方发起反倾销对中国出口三元边际的影响研究[J].国际贸易问题,2017(1):139-152.

蒋为,孙浦阳.美国对华反倾销、企业异质性与出口绩效[J].数量经济技术经济研究,2016(7):59-76.

赖永剑.空间动态外部性、企业异质性与出口决定——基于中国制造业企业面板数据[J].中南财经政法大学学报,2011(2):94-100.

李春顶.中国出口企业是否存在"生产率悖论":基于中国制造业企业数据的检验[J].世界经济,2010(7):64-81.

李春顶,赵美英.出口贸易是否提高了我国企业的生产率?——基于中国2007年制造业企业数据的检验[J].财经研究,2010(4):14-24.

李坤望,蒋为,宋立刚.中国出口产品品质变动之谜:基于市场进入的微观解释[J].中国社会科学,2014(3):80-103.

李坤望,王孝松.申诉者政治势力与美国对华反倾销的歧视性:美国对华反倾销裁定影响因素的经验分析[J].世界经济,2008(6):3-16.

李淑贞.中国反倾销的贸易保护效应:基于产品进口倾向性的比较研究[J].国际贸易

问题,2013(6):106-114.

李秀芳.美国对华化工产品反倾销的贸易限制和转移效应的统计分析[J].消费导刊,2009(20):44-45.

李秀芳,施炳展.补贴是否提升了企业出口产品质量?[J].中南财经政法大学学报,2013(4):139-148.

梁俊伟,代中强.发展中国家对华反倾销动因:基于宏微观的视角[J].世界经济,2015(11):90-116.

梁俊伟,代中强.金砖国家对华反倾销动因:事实与证据[J].国际贸易问题,2016(1):60-70.

林常青.中国对美国出口贸易持续时间及影响因素的研究[J].国际贸易问题,2014(1):61-70.

林常青.美国对华反倾销对中国对美出口风险率的影响——基于生存分析方法的经验检验[J].经济经纬,2016(5):54-59.

刘爱东,谭圆奕,李小霞.我国反倾销对企业全要素生产率的影响分析——以2012年化工行业对外反倾销为例[J].国际贸易问题,2016(10):165-176.

刘秋平.对外反倾销对我国进口贸易的影响效应分析[J].价格月刊,2011(3):30-35.

刘重力,邵敏.印度对华反倾销的贸易转移效应——基于产品角度的经验分析[J].国际经贸探索,2009(9):48-53.

龙小宁,方菲菲,PIYUSHC.美国对华反倾销的出口产品种类溢出效应探究[J].世界经济,2018,41(5):76-98.

毛其淋,盛斌.贸易自由化、企业异质性与出口动态——来自中国微观企业数据的证据[J].管理世界,2013(3):48-65.

聂文星,朱丽霞.企业生产率对出口贸易的影响——演化视角下“生产率悖论”分析[J].国际贸易问题,2013(12):24-35.

彭国华,夏帆.中国多产品出口企业的二元边际及核心产品研究[J].世界经济,2013(2):42-63.

钱学锋,王菊蓉,黄云湖,王胜.出口与中国工业企业的生产率——自我选择效应还是出口学习效应？[J]. 数量经济技术经济研究,2011(2):37 - 51.

钱学锋,王胜,陈勇兵. 中国的多产品出口企业及其产品范围:事实与解释[J]. 管理世界,2013(1):9 - 27.

邱斌,刘修岩,赵伟. 出口学习抑或自选择:基于中国制造业微观企业的倍差匹配检验[J]. 世界经济,2012(4):23 - 40.

冉宗荣. 发展中国家对华反倾销的动因及我国的应对之策[J]. 国际贸易问题,2005(4):122 - 126.

邵敏. 出口贸易是否促进了我国劳动生产率的持续增长——基于工业企业微观数据的实证检验[J]. 数量经济技术经济研究,2012(2):51 - 67.

沈国兵. 美国对中国反倾销的宏观决定因素及其影响效应[J]. 世界经济,2007(11):11 - 23.

沈国兵. 美国对中国反倾销的贸易效应:基于木制卧室家具的实证分析[J]. 管理世界,2008(4):48 - 57.

沈国兵. 单一起诉和多重起诉下美国对中国反倾销的贸易效应:经验研究[J]. 世界经济文汇,2011(6):57 - 72.

沈国兵. 显性比较优势与美国对中国产品反倾销的贸易效应[J]. 世界经济,2012,35(12):62 - 82.

沈瑶,王继柯. 中国反倾销实施中的贸易转向研究:以丙烯酸酯为例[J]. 国际贸易问题,2004(3):9 - 12.

盛丹,包群,王永进. 基础设施对中国企业出口行为的影响:"集约边际"还是"扩展边际"[J]. 世界经济,2011(1):17 - 36.

施炳展. 中国出口增长的三元边际[J]. 经济学(季刊),2010(4):1311 - 1330.

施炳展. 中国企业出口产品质量异质性:测度与事实[J]. 经济学(季刊),2013(1):263 - 284.

施炳展,王有鑫,李坤望. 中国出口产品品质测度及其决定因素[J]. 世界经济,2013(9):69 - 93.

苏振东,刘璐瑶,洪玉娟. 对外反倾销措施提升中国企业绩效了吗[J]. 财贸经济,2012

(3):68－75.

苏振东,邵莹.对外反倾销措施能否改善中国企业绩效?——以化工产品“双酚 A”案件为例[J].经济评论,2013(4):81－87.

苏振东,严敏.美国反倾销反补贴并用对中国出口贸易影响研究——以中国输美橡胶和纸制品为例[J].南方经济,2011(3):56－68.

唐宜红,林发勤.异质性企业贸易模型对中国企业出口的适用性检验[J].南开经济研究,2009(6):88－99.

唐宜红,张鹏杨.反倾销对我国出口的动态影响研究——基于双重差分法的实证检验[J].世界经济研究,2016(11):33－46.

陶攀,刘青,洪俊杰.贸易方式与企业出口决定[J].国际贸易问题,2014(4):33－45.

田巍,余淼杰.企业出口强度与进口中间品贸易自由化:来自中国企业的实证研究[J].管理世界,2013(1):28－44.

佟家栋,谢丹阳,包群等.“逆全球化”与实体经济转型升级笔谈[J].中国工业经济,2017(6):5－59.

汪建新.贸易自由化、质量差距与地区出口产品质量升级[J].国际贸易问题,2014(10):3－13.

王静仪.我国遭受反倾销调查的贸易效应探析——基于欧盟对我国光伏产品反倾销调查的案例分析[J].价格理论与实践,2014(12):115－117.

王世军.国外反倾销对我国自行车出口影响的实证分析[J].数量经济技术经济研究,2003(5):27－30.

王恬,王苍峰.贸易政策变动对异质性企业生产率的影响——对我国制造业企业数据的实证研究[J].世界经济文汇,2010(3):27－41.

王晓磊,沈瑶.中国对外实施反倾销措施的直接经济效应研究——以基础化工产品案件为例[J].财贸研究,2014(2):65－74.

王孝松,施炳展,谢申祥,赵春明.贸易壁垒如何影响了中国的出口边际?——以反倾销为例的经验研究[J].经济研究,2014(11):58－71.

王孝松,谢申祥.中国究竟为何遭遇反倾销——基于跨国跨行业数据的经验分析[J].

管理世界,2009(12):27-38.

王孝松,翟光宇,林发勤.反倾销对中国出口的抑制效应探究[J].世界经济,2015(5):36-58.

巫强,马野青,姚志敏.美国反倾销立案调查对我国上市公司影响的决定因素分析[J].国际贸易问题,2015(3):98-107.

巫强,姚志敏,马野青.美国反倾销立案调查对我国制造业上市公司影响的度量研究[J].国际贸易问题,2014(8):102-112.

奚俊芳,陈波.国外对华反倾销对中国出口企业生产率的影响:以美国对华反倾销为例[J].世界经济研究,2014(3):59-65.

向洪金.国外对华反倾销措施的贸易限制效应与贸易转移效应研究[J].数量经济技术经济研究,2008(10):75-86.

谢建国.经济影响、政治分歧与制度摩擦——美国对华贸易反倾销实证研究[J].管理世界,2006(12):8-17.

谢建国,黄秋月.反倾销与中国的出口损害——基于美国对华贸易反倾销案例数据的研究[J].世界经济研究,2014(2):41-47.

谢建国,章素珍.反倾销与中国出口产品质量升级:以美国对华贸易反倾销为例[J].国际贸易问题,2017(1):153-164.

谢千里,罗斯基,张轶凡.中国工业生产率的增长与收敛[J].经济学(季刊),2008(3):809-826.

谢申祥,王俊力,高丽.美国对华反倾销的动因——基于企业视角的经验研究[J].财贸经济,2016(8):97-110.

谢申祥,王孝松.反倾销政策与研发竞争[J].世界经济研究,2013(1):22-28.

严冰,张相文.贸易自由化与中国工业行业生产率演进——基于动态OP方法的分析[J].中南财经政法大学学报,2015(2):110-118.

杨连星,刘晓光,罗来军.出口价格、出口品质与贸易联系持续期[J].数量经济技术经济研究,2016,33(8):80-96.

杨连星,张秀敏,王孝松.反倾销如何影响了出口技术复杂度?[J].中国经济问题,

2017(3):64 - 75.

杨汝岱,姚洋.有限赶超与经济增长[J].经济研究,2008(8):29 - 41.

杨仕辉,谢雨池.反倾销对中国出口行业损害的实证分析[J].产业经济研究,2011(3):64 - 71.

杨仕辉,许乐生,邓莹莹.反倾销被诉贸易效应的实证分析与比较——基于1998—2008年动态面板数据模型的SYS-GMM估计[J].产经评论,2012(2):122 - 133.

杨艳红,李小平.我国对外反倾销与国内企业的市场势力[J].宏观经济研究,2012(1):38 - 40.

姚洋,张晔.中国出口品国内技术含量升级的动态研究——来自全国及江苏省、广东省的证据[J].中国社会科学,2008(2):67 - 82.

易靖韬,傅佳莎.企业生产率与出口:浙江省企业层面的证据[J].世界经济,2011(5):74 - 92.

殷德生,唐海燕,黄腾飞.国际贸易、企业异质性与产品质量升级[J].经济研究,2011(S2):136 - 146.

尹翔硕,李春顶,孙磊.国际贸易摩擦的类型、原因、效应及化解途径[J].世界经济,2007(7):74 - 85.

叶建亮,刘则.行业异质性与反倾销行为——基于中国、印度、美国的分行业实证分析[J].浙江大学学报:人文社会科学版,2014(3):44 - 57.

余淼杰.中国的贸易自由化与制造业企业生产率[J].经济研究,2010(12):97 - 110.

余淼杰.加工贸易、企业生产率和关税减免——来自中国产品面的证据[J].经济学(季刊),2011(4):1251 - 1280.

张杰,李勇,刘志彪.出口与中国本土企业生产率——基于江苏制造业企业的实证分析[J].管理世界,2008(11):50 - 64.

张杰,李勇,刘志彪.出口促进中国企业生产率提高吗?——来自中国本土制造业企业的经验证据:1999—2003[J].管理世界,2009(12):11 - 26.

张杰,郑文平,翟福昕.中国出口产品质量得到提升了么?[J].经济研究,2014(10):

46－59.

张礼卿，孙俊新.出口是否促进了异质性企业生产率的增长：来自中国制造企业的实证分析[J].南开经济研究，2010(4)：110－122.

张倩，杨庆运，徐卫章.中国对日韩征收反倾销税的贸易救济效应分析[J].统计与决策，2011(15)：138－141.

张燕，谢建国.区域贸易协定的缔结降低了成员国的反倾销威胁吗——以中国为例[J].国际贸易问题，2011(8)：122－131.

赵伟，赵金亮，韩媛媛.企业出口决策："被迫"还是"自选择"——浙江与广东的经验比较[J].当代经济科学，2011(1)：78－84.

附　录

附录 1

HS 编码目录表

HS 编码	商品目录
第一类	**活动物;动物产品**
第一章	活动物
第二章	肉及食用杂碎
第三章	鱼、甲壳动物、软体动物及其他水生无脊椎动物
第四章	乳品;蛋品;天然蜂蜜;其他食用动物产品
第五章	其他动物产品
第二类	**植物产品**
第六章	活树及其他活植物;鳞茎、根及类似品;插花及装饰用簇叶
第七章	食用蔬菜、根及块茎
第八章	食用水果及坚果;柑桔属水果或甜瓜的果皮
第九章	咖啡、茶、马黛茶及调味香料
第十章	谷物
第十一章	制粉工业产品;麦芽;淀粉;菊粉;面筋
第十二章	含油子仁及果实;杂项子仁及果实;工业用或药用植物;稻草、秸秆及饲料
第十三章	虫胶;树胶、树脂及其他植物液、汁
第十四章	编结用植物材料;其他植物产品

(续表)

HS 编码	商品目录
第三类	**动、植物油、脂及其分解产品;精制的食用油脂;动、植物蜡**
第十五章	动、植物油、脂及其分解产品;精制的食用油脂;动、植物蜡
第四类	**食品;饮料、酒及醋;烟草、烟草及烟草代用品的制品**
第十六章	肉、鱼、甲壳动物、软体动物及其他水生无脊椎动物的制品
第十七章	糖及糖食
第十八章	可可及可可制品
第十九章	谷物、粮食粉、淀粉或乳的制品;糕饼点心
第二十章	蔬菜、水果、坚果或植物其他部分的制品
第二十一章	杂项食品
第二十二章	饮料、酒及醋
第二十三章	食品工业的残渣及废料;配制的动物饲料
第二十四章	烟草、烟草及烟草代用品的制品
第五类	**矿产品**
第二十五章	盐;硫磺;泥土及石料;石膏料、石灰及水泥
第二十六章	矿砂、矿渣及矿灰
第二十七章	矿物燃料、矿物油及其蒸馏产品;沥青物质;矿物蜡
第六类	**化学工业及其相关工业的产品**
第二十八章	无机化学品;贵金属、稀土金属、放射性元素及其同位素的有机及无机化合物
第二十九章	有机化学品
第三十章	药品
第三十一章	肥料
第三十二章	鞣料浸膏及染料浸膏;鞣酸及其衍生物;染料、颜料及其他着色料;油漆及清漆;油灰及其他胶粘剂;墨水、油墨
第三十三章	精油及香膏;芳香料制品及化妆盥洗品

（续表）

HS 编码	商品目录
第三十四章	肥皂、有机表面活性剂、洗涤剂、润滑剂、人造蜡、调制蜡、光洁剂、蜡烛及类似品、塑型用膏、“牙科用蜡”及牙科用熟石膏制剂
第三十五章	蛋白类物质;改性淀粉;胶;酶
第三十六章	炸药;烟火制品;火柴;引火合金;易燃材料制品
第三十七章	照相及电影用品
第三十八章	杂项化学产品
第七类	**塑料及其制品;橡胶及其制品**
第三十九章	塑料及其制品
第四十章	橡胶及其制品
第八类	**生皮、皮革、毛皮及其制品;鞍具及挽具;旅行用品、手提包及类似容器;动物肠线(蚕胶丝除外)制品**
第四十一章	生皮(毛皮除外)及皮革
第四十二章	皮革制品;鞍具及挽具;旅行用品、手提包及类似容器;动物肠线(蚕胶丝除外)制品
第四十三章	毛皮、人造毛皮及其制品
第九类	**木及木制品;木炭;软木及软木制品;稻草、秸秆、针茅或其他编结材料制品;篮筐及柳条编结品**
第四十四章	木及木制品;木炭
第四十五章	软木及软木制品
第四十六章	稻草、秸秆、针茅或其他编结材料制品;篮筐及柳条编结品
第十类	**木浆及其他纤维状纤维素浆;纸及纸板的废碎品;纸、纸板及其制品**
第四十七章	木浆及其他纤维状纤维素浆;纸及纸板的废碎品
第四十八章	纸及纸板;纸浆、纸或纸板制品
第四十九章	书籍、报纸、印刷图画及其他印刷品;手稿、打字稿及设计图纸
第十一类	**纺织原料及纺织制品**
第五十章	蚕丝

(续表)

HS编码	商品目录
第五十一章	羊毛、动物细毛或粗毛;马毛纱线及其机织物
第五十二章	棉花
第五十三章	其他植物纺织纤维;纸纱线及其机织物
第五十四章	化学纤维长丝
第五十五章	化学纤维短纤
第五十六章	絮胎、毡呢及无纺织物;特种纱线;线、绳、索、缆及其制品
第五十七章	地毯及纺织材料的其他铺地制品
第五十八章	特种机织物;簇绒织物;花边;装饰毯;装饰带;刺绣品
第五十九章	浸渍、涂布、包覆或层压的织物;工业用纺织制品
第六十章	针织物及钩编织物
第六十一章	针织或钩编的服装及衣着附件
第六十二章	非针织或非钩编的服装及衣着附件
第六十三章	其他纺织制成品;成套物品;旧衣着及旧纺织品;碎织物
第十二类	**鞋、帽、伞、杖、鞭及其零件;已加工的羽毛及其制品;人造花;人发制品**
第六十四章	鞋靴、护腿和类似品及其零件
第六十五章	帽类及其零件
第六十六章	雨伞、阳伞、手杖、鞭子、马鞭及其零件
第六十七章	已加工羽毛、羽绒及其制品;人造花;人发制品
第十三类	**石料、石膏、水泥、石棉、云母及类似材料的制品;陶瓷产品;玻璃及其制品**
第六十八章	石料、石膏、水泥、石棉、云母及类似材料的制品
第六十九章	陶瓷产品
第七十章	玻璃及其制品
第十四类	**天然或养殖珍珠、宝石或半宝石、贵金属、包贵金属及其制品;仿首饰;硬币**
第七十一章	天然或养殖珍珠、宝石或半宝石、贵金属、包贵金属及其制品;仿首饰;硬币
第十五类	**贱金属及其制品**
第七十二章	钢铁

(续表)

HS编码	商品目录
第七十三章	钢铁制品
第七十四章	铜及其制品
第七十五章	镍及其制品
第七十六章	铝及其制品
第七十八章	铅及其制品
第七十九章	锌及其制品
第八十章	锡及其制品
第八十一章	其他贱金属、金属陶瓷及其制品
第八十二章	贱金属工具、器具、利口器、餐匙、餐叉及其零件
第八十三章	贱金属杂项制品
第十六类	**机器、机械器具、电气设备及其零件;录音机及放声机、电视图像、声音的录制和重放设备及其零件、附件**
第八十四章	核反应堆、锅炉、机器、机械器具及其零件
第八十五章	电机、电气设备及其零件;录音机及放声机、电视图像、声音的录制和重放设备及其零件、附件
第十七类	**车辆、航空器、船舶及有关运输设备**
第八十六章	铁道及电车道机车、车辆及其零件;铁道及电车道轨道固定装置及其零件、附件;各种机械(包括电动机械)交通信号设备
第八十七章	车辆及其零件、附件,但铁道及电车道车辆除外
第八十八章	航空器、航天器及其零件
第八十九章	船舶及浮动结构体
第十八类	**光学、照相、电影、计量、检验、医疗或外科用仪器及设备、精密仪器及设备;钟表;乐器;上述物品的零件、附件**
第九十章	光学、照相、电影、计量、检验、医疗或外科用仪器及设备、精密仪器及设备;上述物品的零件、附件
第九十一章	钟表及其零件

(续表)

HS 编码	商品目录
第九十二章	乐器及其零件、附件
第十九类	**武器、弹药及其零件、附件**
第九十三章	武器、弹药及其零件、附件
第二十类	**杂项制品**
第九十四章	家具;寝具、褥垫、弹簧床垫、软坐垫及类似的填充制品;未列名灯具及照明装置;发光标志、发光铭牌及类似品;活动房屋
第九十五章	玩具、游戏品、运动用品及其零件、附件
第九十六章	杂项制品
第二十一类	**艺术品、收藏品及古物**
第九十七章	艺术品、收藏品及古物
第二十二类	**特殊交易品及未分类**
第九十八章	特殊交易品及未分类

附录 2

中国和印度反倾销诉讼的目标行业

HS－2	行业	中国		印度	
		反倾销案例	涉案 HS－6 产品数	反倾销案例	涉案 HS－6 产品数
02	肉及食用杂碎	4	5	0	0
04	乳品;蛋品;天然蜂蜜;其他食用动物产品	0	0	1	1
05	其他动物产品	1	5	0	0
11	制粉工业产品;麦芽;淀粉;菊粉;面筋	1	1	0	0
22	饮料、酒及醋	3	3	0	0

(续表)

HS-2	行业	中国		印度	
		反倾销案例	涉案HS-6产品数	反倾销案例	涉案HS-6产品数
23	食品工业的残渣及废料;配制的动物饲料	1	4	9	55
25	盐;硫磺;泥土及石料;石膏料、石灰及水泥	0	0	4	11
27	矿物燃料、矿物油及其蒸馏产品;沥青物质;矿物蜡	0	0	10	39
28	无机化学品;贵金属、稀土金属、放射性元素及其同位素的有机及无机化合物	7	17	114	235
29	有机化学品	128	163	281	371
31	肥料	0	0	6	16
32	鞣料浸膏及染料浸膏;鞣酸及其衍生物;染料、颜料及其他着色料;油漆及清漆;油灰及其他胶粘剂;墨水、油墨	0	0	11	26
37	照相及电影用品	9	8	27	40
38	杂项化学产品	11	37	22	44
39	塑料及其制品	25	65	123	216
40	橡胶及其制品	9	34	38	92
44	木及木制品;木炭	0	0	9	35
47	木浆及其他纤维状纤维素浆;纸及纸板的废碎品	9	5	0	0
48	纸及纸板;纸浆、纸或纸板制品	34	37	24	42
50	蚕丝	0	0	5	21
53	其他植物纺织纤维;纸纱线及其机织物	0	0	2	14
54	化学纤维长丝	12	14	36	47
55	化学纤维短纤	2	3	42	79
56	絮胎、毡呢及无纺织物;特种纱线;线、绳、索、缆及其制品	0	0	5	10

（续表）

HS－2	行业	中国		印度	
		反倾销案例	涉案HS－6产品数	反倾销案例	涉案HS－6产品数
58	特种机织物；簇绒织物；花边；装饰毯；装饰带；刺绣品	0	0	2	10
59	浸渍、涂布、包覆或层压的织物；工业用纺织制品	0	0	8	19
64	鞋靴、护腿和类似品及其零件	0	0	4	6
68	石料、石膏、水泥、石棉、云母及类似材料的制品	0	0	22	19
69	陶瓷产品	0	0	7	23
70	玻璃及其制品	2	4	39	33
72	钢铁	77	26	354	163
73	钢铁制品	19	12	16	52
74	铜及其制品	0	0	7	24
76	铝及其制品	0	0	14	36
81	其他贱金属、金属陶瓷及其制品	0	0	2	5
84	核反应堆、锅炉、机器、机械器具及其零件	0	0	42	125
85	电机、电气设备及其零件；录音机及放声机、电视图像、声音的录制和重放设备及其零件、附件	0	0	101	144
87	车辆及其零件、附件，但铁道及电车道车辆除外	5	5	7	28
90	光学、照相、电影、计量、检验、医疗或外科用仪器及设备、精密仪器及设备；上述物品的零件、附件	12	27	8	24

图书在版编目(CIP)数据

反倾销的模式、动因与影响研究 / 孟宁著. — 南京：南京大学出版社，2020.12

(中国特色经济学. 研究系列)

ISBN 978-7-305-24058-4

Ⅰ. ①反… Ⅱ. ①孟… Ⅲ. ①反倾销—贸易政策—研究—中国 Ⅳ. ①F752.023

中国版本图书馆 CIP 数据核字(2020)第 259265 号

出版发行　南京大学出版社
社　　址　南京市汉口路 22 号　　　邮　编　210093
出 版 人　金鑫荣

丛 书 名　中国特色经济学·研究系列
书　　名　反倾销的模式、动因与影响研究
著　　者　孟　宁
责任编辑　张　静

照　　排　南京南琳图文制作有限公司
印　　刷　江苏凤凰通达印刷有限公司
开　　本　787×960　1/16　印张 15.5　字数 256 千
版　　次　2020 年 12 月第 1 版　2020 年 12 月第 1 次印刷
ISBN 978-7-305-24058-4
定　　价　55.00 元

网址：http://www.njupco.com
官方微博：http://weibo.com/njupco
官方微信号：njupress
销售咨询热线：(025) 83594756

图书在版编目（CIP）数据